电商精英系列教程
流程化管理

淘宝大学　编著

电子工业出版社
Publishing House of Electronics Industry
北京·BEIJING

内 容 简 介

本系列丛书由淘宝网组织一流专家团队编写,将淘宝网的网店运营专才教程化整为零,得出网店运营细分门类:美工、客服、推广、数据化营销、流程化管理,以满足日新月异的电子商务人才发展需求,也适合各培训机构、职业院校作为教材使用,同时满足部分学员自学的需求。

本书主要讲解网店流程化管理的基础知识,其间穿插实用的案例。希望读者经过专业系统的学习,能够迅速掌握网店流程化管理的职业技能。本书适合网店后台流程管理人员和电子商务专业的学生学习参考。

未经许可,不得以任何方式复制或抄袭本书之部分或全部内容。
版权所有,侵权必究。

图书在版编目(CIP)数据

流程化管理 / 淘宝大学编著. —北京:电子工业出版社,2012.2
电商精英系列教程
ISBN 978-7-121-15703-5

Ⅰ. ①流… Ⅱ. ①淘… Ⅲ. ①电子商务－商业经营－中国－教材 Ⅳ. ①F713.36

中国版本图书馆 CIP 数据核字(2012)第 004928 号

策划编辑:林瑞和
责任编辑:徐津平
文字编辑:张丹阳
印　　刷:北京盛通商印快线网络科技有限公司
装　　订:北京盛通商印快线网络科技有限公司
出版发行:电子工业出版社
　　　　　北京市海淀区万寿路 173 信箱　邮编 100036
开　　本:797×980　1/16　印张:21　字数:470 千字
版　　次:2012 年 2 月第 1 版
印　　次:2020 年 1 月第 15 次印刷
定　　价:68.00 元

凡所购买电子工业出版社图书有缺损问题,请向购买书店调换。若书店售缺,请与本社发行部联系,联系及邮购电话:(010)88254888,88258888。
质量投诉请发邮件至 zlts@phei.com.cn,盗版侵权举报请发邮件至 dbqq@phei.com.cn。
本书咨询联系方式:010-51260888-819,faq@phei.com.cn。

序 一

电子商务在中国近几年以极其惊人的速度发展，也改变了我们所处的商业环境。电子商务来源于传统商业，却也超出于传统商业。一方面，商务的本质要求其必须具备企业的运营流程；另一方面，电子商务因为信息透明及交易链路环节的缩短，在快速响应的要求下，网商在整体运营和管理上相对于传统商业也要面临更多新的挑战。

淘宝网商从最早的集市卖家一天几单、几十单到现如今动辄几千单甚至上万单的规模，其实也是网商在运营和管理上不断摸索和创新的过程。随着市场的不断发展和竞争的日益激烈，网商总是面临着这样的一个问题：如何能保证业务在投入资源少的情况下，更快速、更高效的发展？

为了回答这个问题，我们邀请了目前在运营管理上见解深入的IT服务商和网商一起来撰写这本《流程化管理》，希望能够一方面沉淀电子商务这些年快速发展的运营管理知识，另一方面帮助网商了解电商的整体运营流程、解决发展的瓶颈。

实际上，没有哪一套标准的业务模式或者流程是能够"一招鲜，吃遍天"的，电子商务的运营和管理也是具有充分的个性化。网商的产品、目标客户、架构甚至地域性都影响着其业务的运营需求，因此，《流程化管理》给网商所提供的不是一个工具而是使用工具的方法。它从整体业务需求着手，分解为不同的模块，而每个模块中又包含了相应的流程和操作方法。书中也积累了大量翔实的案例，网商在学习方法的同时也能了解到如何结合自身企业、解决自身问题。

这本书正是在这样的基础上诞生的。我向广大网商推荐这本书，希望它能够帮助大家在电子商务的道路上更快、更好的发展！

淘宝网副总裁王文彬（菲青）

2011 年 12 月 23 日

序 二

"这两年是我 20 多年来变化最大的两年。"

"我自己都觉得像在做一场还没有醒的梦。"

"别人都觉得我跑得很快,但我觉得还不够,还能再快一点吗?"

这些对话都出现在淘宝大学的课堂里,这里聚集着一帮有共同梦想,但又有共同烦恼的人。因为期望学习到电子商务发展中自己所必须掌握的知识,而聚集在一起。也是为每一个人自己的梦聚集在一起。

两年前,我用了大半年的时间走过了 30 多个高校,与任课的老师,在校的学生交流,听他们说电子商务是什么,听他们畅想未来他们准备做些什么,他们要实现什么。但是听到更多的是在教与学的过程中,原来有那么多的困难和无奈。学生们对电子商务充满好奇,除了有丰富、实惠的商品,有方便、快捷的购买渠道,这个领域对于他们的未来还意味着什么,同学们都不知道。老师对电子商务充满梦想,他们知道专业的理论知识,他们知道电商发展的必要因素,但在课堂上应该真正把什么样的内容教授给学生,老师们都很困惑。

过去的一年,我走过超过 20 家传统企业,50 个以上的成长网商。他们既是电子商务勇敢的参与者,也是最先的受益者。聊到网商最需要在哪些方面成长时,营销、运营、美工、创意、物流、供应链一条条被列举了出来,但最终归根结底又都是人。专业的人才是克服业务发展困难真正的必需。而所有的企业和网商都在张望,专业的人才在哪里?目前我们的高校还很难培养出真正满足网商所需的人才,网商自己更多地承担了培养、发展和组织人才的作用。所以为网商提供人才,帮助企业培养人才就成为迫切的需求。

电商精英系列教材凝结了淘宝大学小二、讲师、机构和出版社的巨大心血。团队从调研、规划、整理、研发到编辑，耗时大半年，组织会议、通宵工作不计其数，这是一次系统的梳理，更是一次专业的凝聚。它专门面向需要从事于电子商务方向工作的人员，也适用于电子商务企业培养内部员工。这是一套专业的技能型教材。

知识在于分享，更在于传递。希望淘宝大学的这套教材能帮助所有从事电子商务的人，帮助网商更快地成长。

淘宝大学校长 刘博（家洛）

2011 年 12 月 13 日

前　言

随着电子商务的快速发展，网商企业的规模不断扩大，对人才专业化、细分化的需求更为迫切；然而实战型的电商人才匮乏，已然成为电商行业快速发展的瓶颈！淘大人肩负起这一使命，召集优秀电商企业代表、淘宝大学讲师、合作机构等组织，组成项目组，历经半年，以网商企业的组织架构和岗位设置为导向，研发电商精英系列教程；第一阶段研发了《网店客服》、《网店美工》和《网店推广》三个方向的教程，后续以客户需求为导向推出了《数据化营销》和《流程化管理》。这一系列教程以专业性、系统性、实用性为宗旨，以助推网商的成长和发展为己任，推动开放、透明、责任、分享的新商业文明的发展。

《流程化管理》一书主要用于指导目前正在网店从事后台流程管理的工作人员，也可以作为电子商务专业学生的参考用书。本书在编排上尽可能做到用通俗的语言描述专业的问题，用简单的语言叙述复杂的问题，简明扼要、通俗易懂、循序渐进、易学易用。

本书由淘宝大学组织研发，融合并征求了公司商家事业部小二的意见和建议，历时3个多月编写而成。其中第1章由闵捷编写，第2章由秦华编写，第3章由徐志宏编写，第4章由叶萌编写，第5章由倪桂云编写，第6章由翟旭君编写，第7章由计三勇编写，第8章由徐周飞编写，第9章由王晓华编写；附录案例由罗岚凤和倪桂云编写，最终全书由承渊统稿。

本书在编写的过程中得到了淘宝网商家事业部的大力支持，在此表示由衷的感谢！

由于编写时间较紧，遗漏之处在所难免，敬请广大读者批评指正并提出宝贵意见。

淘宝大学

2011年12月

目 录

第1章 概论 ... 1

1.1 流程化需求 ... 2
1.2 流程优化方向 ... 6
1.3 流程运营体系梳理 ... 8
1.3.1 运营组织模型 ... 8
1.3.2 会员管理策略 ... 9
1.3.3 商品展示策略 ... 10
1.3.4 商品搜索策略 ... 13
1.3.5 购物车策略 ... 13
1.3.6 支付方式策略 ... 13
1.3.7 配送方式策略 ... 14
1.3.8 退换货策略 ... 14
1.3.9 购买体验策略 ... 14
1.3.10 订单处理 ... 15

第2章 采购管理 ... 17

2.1 电商企业采购过程核心概念 ... 18
2.2 电商企业采购的特点 ... 20

- 2.3 电子商务供应链采购的基本流程 ··· 23
  - 2.3.1 商品编码的编制环节 ··· 24
  - 2.3.2 商品的采购计划 ··· 26
  - 2.3.3 大货物流跟踪 ··· 28
  - 2.3.4 采购到货准备 ··· 29
  - 2.3.5 采购到货清点 ··· 29
  - 2.3.6 大货到货检验 ··· 30
  - 2.3.7 采购到货上架 ··· 31
- 2.4 电商企业的初次采购管理 ··· 32
  - 2.4.1 市场分析 ··· 33
  - 2.4.2 产品结构分析 ··· 34
  - 2.4.3 供应商的选择 ··· 36
- 2.5 电商企业的追单管理 ··· 37
  - 2.5.1 生产型追单 ··· 37
  - 2.5.2 档口拿货型追单 ··· 40
  - 2.5.3 定制开发型追单 ··· 40
- 2.6 电商企业供应商管理 ··· 41
- 2.7 电商企业采购人员的考核管理 ·· 42
- 2.8 从 0 单到 2000 单的电商企业供应链管理之路 ······················ 44

第 3 章 仓储管理 ··· 47

- 3.1 仓储管理相关概念 ··· 48
  - 3.1.1 什么是仓储 ··· 48
  - 3.1.2 仓储的价值 ··· 48
  - 3.1.3 仓储管理的基本原则 ··· 49
  - 3.1.4 仓储成本 ··· 50
  - 3.1.5 仓储管理的基本流程 ··· 52
- 3.2 仓储规划及布局 ··· 53
  - 3.2.1 仓储的规划设计 ··· 53

	3.2.2	仓库设计需要考虑的重要因素	56
	3.2.3	仓库的布局与设计	58
	3.2.4	仓库设计的数据及信息	61
	3.2.5	库位规划	62
	3.2.6	多仓规划设计	63
	3.2.7	仓库管理系统	64
3.3	入库作业		65
	3.3.1	基本流程	65
	3.3.2	摆位与储存流程	66
	3.3.3	摆位对分拣的影响	67
	3.3.4	仓位补货作业	67
3.4	库存管理与库存控制方法		68
	3.4.1	库存分类	69
	3.4.2	库存控制	70
	3.4.3	储存定位系统	72
	3.4.4	ABC 分类管理方法	73
	3.4.5	盘点作业	75
3.5	分拣作业		76
	3.5.1	基本流程	76
	3.5.2	如何加快分拣作业	77
	3.5.3	拣选的方式	77
3.6	发货作业		78
	3.6.1	基本流程	78
	3.6.2	出库方式	79
3.7	仓储管理案例		80

第 4 章 客户服务 ……83

4.1	客户服务概述		84
	4.1.1	客户服务的定义	84

　　4.1.2　客户服务的 4 个层次 ………………………………………… 84
　　4.1.3　客户服务的价值 ……………………………………………… 85
　　4.1.4　客户服务的基本流程 ………………………………………… 86
4.2　售前服务 ……………………………………………………………… 88
　　4.2.1　售前服务范围 …………………………………………………… 88
　　4.2.2　服务描述 ………………………………………………………… 89
4.3　售中服务 ……………………………………………………………… 97
　　4.3.1　售中服务范围 …………………………………………………… 97
　　4.3.2　服务描述 ………………………………………………………… 97
4.4　售后服务 ……………………………………………………………… 101
　　4.4.1　售后服务范围 …………………………………………………… 101
　　4.4.2　服务描述 ………………………………………………………… 102
4.5　呼叫中心 ……………………………………………………………… 115
　　4.5.1　为何建立呼叫中心 ……………………………………………… 115
　　4.5.2　建立什么样的呼叫中心 ………………………………………… 116
　　4.5.3　呼叫中心业务 …………………………………………………… 116
　　4.5.4　呼叫中心与网店 ERP …………………………………………… 119
4.6　应用案例 ……………………………………………………………… 120

第 5 章　订单处理 ……………………………………………………… 123

5.1　订单概述 ……………………………………………………………… 125
　　5.1.1　订单的含义 ……………………………………………………… 125
　　5.1.2　订单状态的分类 ………………………………………………… 125
　　5.1.3　订单处理的含义 ………………………………………………… 126
　　5.1.4　订单处理的本质 ………………………………………………… 127
　　5.1.5　订单处理包含的关键因素 ……………………………………… 128
　　5.1.6　订单处理涉及的相关单据 ……………………………………… 131
　　5.1.7　订单处理的基础流程简介 ……………………………………… 133
5.2　订单处理流程 ………………………………………………………… 135

  5.2.1 岗位规划设计 ……………………………………………… 135
  5.2.2 不同订单处理流程 …………………………………… 137
  5.2.3 订单处理中常见问题以及给店铺带来的影响 ………… 148
 5.3 订单处理案例 ……………………………………………………… 151
 5.4 小结 ………………………………………………………………… 154

第6章 分销管理 ……………………………………………………………… 155

 6.1 分销概述 …………………………………………………………… 156
  6.1.1 分销定义 ……………………………………………… 156
  6.1.2 网上分销市场发展 …………………………………… 157
 6.2 分销形式与渠道类型 ……………………………………………… 160
  6.2.1 分销形式 ……………………………………………… 160
  6.2.2 分销渠道类型 ………………………………………… 162
  6.2.3 分销渠道战略 ………………………………………… 165
 6.3 分销管理 …………………………………………………………… 167
  6.3.1 分销运营四要素 ……………………………………… 167
  6.3.2 分销管理环节 ………………………………………… 170
 6.4 分销常见问题 ……………………………………………………… 178
 6.5 案例分析 …………………………………………………………… 180
 6.6 小结 ………………………………………………………………… 183

第7章 会员关系管理 …………………………………………………………… 185

 7.1 CRM 概述 ………………………………………………………… 186
  7.1.1 CRM 的定义 ………………………………………… 186
  7.1.2 CRM 的分类 ………………………………………… 186
  7.1.3 电商企业为什么要选择 CRM ……………………… 188
 7.2 CRM 在电商应用中的基本流程 ………………………………… 189
  7.2.1 CRM 执行大致流程 ………………………………… 189
  7.2.2 CRM 执行流程之采集数据 ………………………… 190

- 7.2.3 CRM 执行流程之会员状态分析 193
- 7.2.4 CRM 执行流程之会员等级 198
- 7.2.5 CRM 执行流程之会员分组 204
- 7.2.6 CRM 执行流程之数据分析 208
- 7.2.7 CRM 执行流程之营销活动 212
- 7.2.8 CRM 执行流程之效果评估 218
- 7.3 案例部分 220
  - 7.3.1 案例 1：白送也赚钱 221
  - 7.3.2 案例 2：不精准的新品推广，让客服压力剧增 223
  - 7.3.3 案例 3：女装行业的 CRM 解决方案 225
- 7.4 总结 226

第 8 章 绩效管理 229

- 8.1 绩效管理的概念 230
  - 8.1.1 什么是绩效管理 230
  - 8.1.2 为何要进行绩效管理 231
- 8.2 绩效管理的意义 233
  - 8.2.1 战略意义 233
  - 8.2.2 组织意义 234
  - 8.2.3 长远发展意义 234
- 8.3 绩效管理的应用流程 235
  - 8.3.1 绩效管理的基本原则 236
  - 8.3.2 绩效管理的载体 236
  - 8.3.3 绩效管理的步骤 237
  - 8.3.4 绩效管理的驱动力 237
- 8.4 绩效考核的流程 237
  - 8.4.1 绩效考核目标的来源 237
  - 8.4.2 目标的拆解与达成四部曲 239
  - 8.4.3 绩效评估 240

8.5 影响绩效达成的因素 ... 242
8.5.1 员工技能 ... 242
8.5.2 内部条件 ... 242
8.5.3 外部环境 ... 243
8.5.4 激励效应 ... 243
8.6 绩效考核的应用 ... 243
8.6.1 常用的绩效考核方法 ... 243
8.6.2 KPI考核的组成结构 ... 244
8.6.3 考核表格的制作 ... 248
8.6.4 员工岗位发展 ... 254
8.7 绩效管理成功案例 ... 254
8.7.1 案例解析 ... 254
8.7.2 绩效考核指标的选择 ... 260
8.8 小结 ... 262

第9章 账务管理 ... 263

9.1 基本概念 ... 264
9.2 企业整体概述 ... 264
9.3 电商企业模型 ... 265
9.3.1 传统企业转型电商 ... 265
9.3.2 纯电商企业 ... 266
9.4 财务人员组织结构 ... 267
9.5 业务、财务对账 ... 268
9.5.1 对账概述 ... 269
9.5.2 供应商对账 ... 269
9.5.3 客户对账 ... 272
9.5.4 运营费用 ... 277
9.5.5 物流费用对账 ... 278
9.5.6 存货核算 ... 279

9.5.7　货品库存 281

　　　9.5.8　支付宝对账 282

　　　9.5.9　报表 284

　9.6　总账 286

　9.7　客户案例 287

附录 A　电商流程化管理实例 1 289

附录 B　电商流程化管理实例 2 305

第1章

概 论

1.1 流程化需求

2010年淘宝商城双11大促销,单日交易额9.36亿元,其中2家店铺交易额超2千万元;11家店铺交易额超千万元;总共181家店铺交易额过百万元,创造了商业史上的一个神话。到了2011年双11活动,全天淘宝商城交易额达33.6亿元;其中,第一个小时的销售收入就惊人地达到4.39亿元,再次创造电子商务一天销售额的新纪录!所有这些,似乎都充分印证了马云的那句"要不电子商务,要么无商可务"。在这些疯狂的故事背后,我们也看到很多企业相继遭遇库存不准,订单错误,快递爆仓等诸多挑战。综合总结来看,由于电子商务的需求波峰和波谷的抖动性剧烈,因此对于内部流程化以及跨平台、跨商业伙伴的流程化管控均提出了很高的要求,包括如下几个方面的协同。

(1) 不同商业伙伴的高度协同

- 生产制造商(紧密型、松散型)。
- 电子商务零售分销和直销渠道。
- 仓储服务商。
- 第三方物流服务商。
- 其他。

(2) 供应链的端到端的动态平衡与优化

- 从计划、研发、生产、采购、物流、商品管理、电子商务直销和分销渠道管理、仓储物流到最终消费者的整个供应链的高效协同与可视化。
- 对上:优化生产计划与需求间的动态平衡。
- 对下:对电子商务多渠道销售的库存分配和补货。
- 针对市场变化作出快速反应。
- 对供应链总体库存情况的可视性。

(3) 电子商务快速发展对内部治理及风险管控提出的迫切需求

- 如何发挥财务对业务的指导与监控。
- 电子商务快速发展过程中对人力资源管理的需求。

（4）多个应用系统的高度集成

- 多种异构系统的长时间并存。
- 新老系统的并存。
- 对内核心供应链及对外多种合作伙伴间的协同。
- 各种应用系统间紧密集成的要求，淘宝、B2C 商城、分销、财务、计划、生产采购、WMS、BI 等多个系统的整合。

在本书后面几个章节中，会就采购管理、仓储管理、财务管理、分销管理、CRM 客户关系管理、订单服务等展开具体的阐述。

看似是市场需求的暴增带来的供应链问题，其实则是品牌零售运营管理过程中，从以计划驱动到以需求驱动，从以产品为中心到以消费者为中心的转型之痛。

回到线下零售，我们来看一个场景：早上收银员上班，10:00 开门，之前要开机，输备用金，检查机器是不是用过，打一个清单。然后就开始销售了，白天基本上都一样，换班打一个换班清单。到晚上结账的时候，有结算的清单，做各种各样的业务统计，点钱款，包括信用卡、券之类的。还会打管理报告，如做不做变价、做不做折扣，或者取消，报告由领班签字，然后到后台去做合计对账，最后把数据传给西班牙。

这就是 ZARA 南京西路店每天的日常工作流程。当然，也许我们关注的并不是这些看上去没有什么差别的流程，而是在 ZARA 背后，全球复制的一个流程化的零售管控平台。

- 标准的单一化的模式复制：ZARA 在每个区域市场都保持供应链的单一节奏，最重要的是，对于每个国家的每个门店，无论是直营还是加盟，ZARA 都强势地要求其使用标准化的信息系统和运营流程 。
- 高科技的物流中心：位于西班牙总部的物流中心拥有非常成熟的自动化管理软件系统，可以快速地以每周 300 万件的速度将货品发送到世界各地。
- 先进的生产模式：采用和丰田汽车公司（TOYOTA）联合开发的准时生产系统（Just In Time），可以定制生产流程，迎合市场需求。
- 强大的供应商管理平台：位于全球的供应商都可以在这个平台上填写海关通关、出关的数据，ZARA 可以在上面看到货物的流向。同时，网络化的操作消除了因时差带来的工作拖延。

再看看另一个案例，瑞典的时尚服饰巨头 H&M。

- H&M 总部和 22 个生产办事处的所有部门间的沟通都是基于 ICT（Information and Communication Technologies）平台完成的。在 H&M 总部，设计与采购部门协同工作，每个设计理念都有一支由设计师、采购员、助理、打板师、财务总监及部门经理组成的虚拟团队，通过共享的企业供应链资源整合系统来实现各个系统之间的信息共享，这样在设计初期便可以在价格、市场反馈和流行时尚之间取得平衡。
- H&M 内部采用名为 OFS（Offer Follow up System）的信息系统跟踪供应链生产计划。对于制作基本款式的亚洲供应商，H&M 的高效供应链策略是在满足产品供给的同时，使成本控制到最低，因此它与供应商之间的沟通都在信息化系统中进行，从而可以保证在这条供应链里，更多的工作是靠生产办事处的员工以标准化流程进行监控。
- 归纳总结上述两个案例，可以发现他们在"资源整合平台、快速反应系统、统一标准流程、客户关系管理、统一店铺运营"这 5 个方面都做得非常不错，而这 5 个方面恰恰是根据企业战略需求，进行 IT 实施的基本策略，如图 1-1 所示。其实无论是电商企业还是传统企业，其本质都是零售，都需要技术和数据驱动的电子商务时代革命加速传统零售的转型。

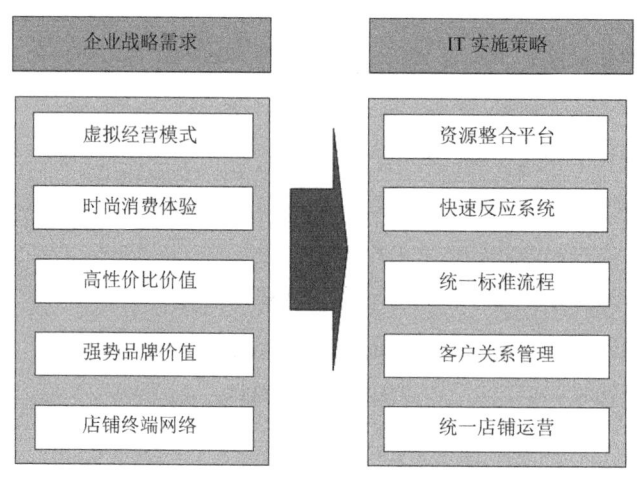

图 1-1　企业战略与 IT 实施策略

总结一下，电子商务时代品牌零售的运营服务平台的具体发展策略如下。

（1）以客户体验为核心，客户体验是品牌成功的关键，也将是电子商务平台发展的核心策略。

#	工作重点	目的
1	网站用户体验	便捷、人性化的电子商务平台
2	会员体系的建设	优质、个性化的会员服务体系
3	客户服务体验	全员的、持续的客户体验改进机制
4	物流、支付等体系建设	便捷、人性化的消费体验

（2）以营销日历为核心运营工具，这是有效整合内部资源的基础。营销日历是以零售日历和商品上市主推主题为主轴，商品渠道管理、视觉陈列、品牌推广、客服和物流等运营计划的集成，改变过去以各个部门工作计划为主的模块化运营模式，真正实现以一个后台系统支持多个前台网站的电子商务大平台格局。

过去核心运营工具	现在的核心运营工具
各部门的工作计划	营销日历：以零售日历和商品上市主推主题为主轴，商品渠道管理、视觉陈列、品牌推广、客服和物流等运营计划的集成

伴随着移动互联网的快速崛起，以及以消费者为中心的渠道升级，近期另一个流程化运营的热点便是"O2O"，可以理解为"Online to Offline（线上到线下）"。实质上，不仅是线上线下消费者的互通，更关键的是品牌商需要一种创新的业务模式，一种整合线上资源和线下资源的业务模式。这种模式对于纯粹的电子商务网站来说是无法复制的，而在实体渠道、供应链资源整合的优势对于品牌商传统业务的追随者也是无法复制的。这种新型业务模式可以称为"渠道电子商务"。

顾客在购买时通常有两种最主要的诉求，一种是对商品的诉求，希望买到质优价廉的商品，一种是服务的诉求，在购买时希望得到良好的环境、咨询、试穿、便捷的退换货等服务。任何一种诉求得到良好的满足，都能极大促进销售。

电子商务由于减少了中间环节，不受空间地域的限制，在价格以及货源、陈列方面具有明显优势，而门店在直接接触的服务方面具有明显优势。这两种优势结合的结果，就是在门店销售的同时，也实现电子商务的销售，门店的服务就是电子商务的服务，两者不分你我，共为一体，相辅相成。

在融合的过程中，两者的角色要逐步发生变化。门店逐步成为一种产品体验和服务的平台载体，而商品库存的载体则由电子商务来承担。门店不需要堆积过多的库存，因为如果顾客在看样试穿后觉得很好，可以从网上下单，由此可以获得比门店直接购买更多的折扣和积分。这个过程不一定需要顾客来完成，门店服务人员可以帮客户完成所有的订购动作，对于非网民顾客，也能享受到电子商务带来的益处。门店在腾出更多陈列空间的同时，就可以做更多不同款式的出样，无法出样的款式可以通过计算机终端、电视屏幕陈列，于是一个小型店铺能够达到中型店铺的货品款数和结构水平，中型店铺能达到大型店铺的水平，由此又能带动更多的顾客走进店铺挑选，挑选更长的时间。

对于电子商务而言，这个过程打破了一个传统的理念。不是通过计算机购买才叫电子商务，通过门店购买也可以是电子商务。电子商务的最终目标还是要实现销售。实现更低成本的销售，这才是电子商务的魅力所在。当然，"渠道电子商务"并不是否定传统的电子商务模式，纯粹在网上购买的客户，往往也会转化为门店中的顾客。这给门店又带来大量的客源，而不受传统的"地段位置"的影响。门店提供了传统电子商务梦寐以求而不得的服务，例如，顾客可以试穿，可以体验质感，可以在自己身上搭配，可以要求改裤长，可以直接得到导购的表扬和微笑，充分释放购买冲动。如果要退换货，不需要找快递公司等发货，只需要打个电话到店里，预约一下什么时候去退换即可。

设想一下，在一个 100 平方米的社区型小型店铺中，顾客可以浏览品牌商所有的货品，并且可以试穿超过 70%的款式。当选定款式后，如果当天不急着从门店拿走，可以让导购帮忙在网上下订单，从而刚上市的新款也可以 9 折购买。门店人员不用忙于奔波补货，更多时间是跟顾客交流，推荐搭配，协助下单。顾客不会因为收银台前长长的队伍而却步，因为在旁边的终端上可以用自己的支付宝或者信用卡完成自助结账。

门店电子商务更大的益处是在于降低了公司整体的库存成本。分公司和门店需要准备的库存逐步下降，更多的商品是直接从配送中心送到顾客手中，甚至直接从工厂到顾客手中。

1.2 流程优化方向

要做到以消费者为中心，以产品体验为核心的流程优化，需要把握销售渠道、服务体验、品牌价值、客户管理、商业智能这 5 大基本要素，如图 1-2 所示是流程优化的 5 大要素。

销售渠道	服务体验	品牌价值	客户管理	商业智能
• 整合淘宝、拍拍等第三方 B2C 渠道 • 加盟商订单转移、利益共享模式 • 终端的补货申请 • 整合服务会员的销售管理	• 有吸引力的产品和价格 • 简单易用的商品搜索和选择 • 直观友好的网站页面 • 订单处理的过程提醒和服务互动 • 安全便捷的支付方式	• 线下和线下的品牌宣传互动 • 高可靠和可用的系统加强品牌形象 • 网上写手引导用户口碑传播提升品牌价值	• 注册和客户基本信息管理 • 淘宝网等第三方网站客户信息关联转移 • 客户联系历史记录（不同渠道） • 个性化、区域化的服务 • 客户信息挖掘	• 按照预先定义的绩效指标反馈运营绩效 • 平台交易情况监控 • 为销售和市场提供数据传递和挖掘(基于不同客户级别不同细分市场和不同的产品线)

图 1-2 流程优化 5 大要素

技术平台则需要考虑以下 5 大要素。

1. 渠道和展现

（1）多渠道的支持与合作；

（2）多语言支持 ；

（3）频道内容和商品的组合展现；

（4）安全与统一的用户视图；

（5）个性化支持……

2. 网站引擎核心业务功能

（1）商品搜索；

（2）预定与支付；

（3）增强的服务与销售产品组合；

（4）多渠道的管理；

（5）用户订单的统一管理；

（6）物流配送支持……

3. 商品搜索引擎

（1）支持品类化的商品层次搜索；

（2）基于季节、生活场景、体验的商品搜索；

（3）可基于客户的自定义搜索；

（4）限时抢购、积分换购商品搜索……

4. 完全的系统整合

（1）和淘宝等网站的整合；

（2）和客服中心、电子交易平台、第三方物流的整合；

（3）和第三方电子媒体、软文的整合……

5. 功能强大的后台系统的支撑

（1）ERP 财务，采购模块支持；

（2）强大的商品管理和折扣管理；

（3）库存管理、加盟商信用管理；

（4）银企互联平台、统一资金管理；

（5）强大的 BI 商业智能分析系统……

1.3 流程运营体系梳理

本节会从运营体系构建、会员管理策略、商品展示策略、商品搜索策略、购物车策略、支付策略、物流配送策略、退换货策略、购买体验策略、订单处理等策略展开。

1.3.1 运营组织模型

如图 1-3 所示，运营组织模型描述的是一个电子商务的运营组织体系，在这个组织体系中会发现涉及运营和技术支持平台，两者之间需要紧密配合。因为电子商务平台本身是技术密集型的。运营策略、营销方法、陈列方法等都可以通过技术平台得以体现。

与传统的业务相比，电子商务有部分岗位是比较特殊的，例如，服饰编辑。网站是平面媒体，就需要使用平面媒体的方式来进行推介。服饰编辑的作用在于通过文字、活动、平面设计等综合手段，来向消费者传递产品的信息，得到视觉和文字感官上的满足。

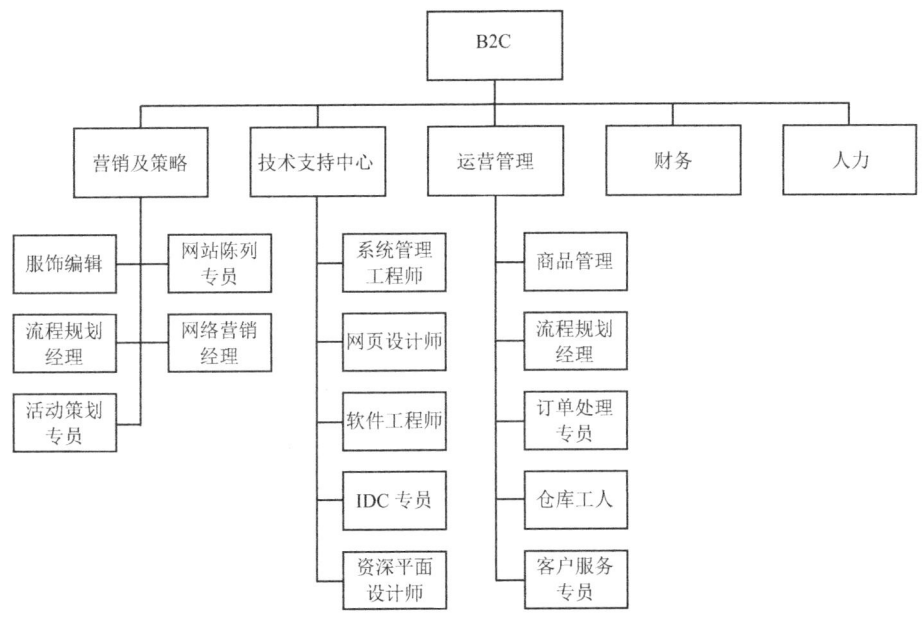

图 1-3　运营组织模型（供参考）

还有网站陈列人员，道理和传统门店是相通的，在最好的位置要卖最想卖的产品。网站展示的位置有其专业性，什么商品出现在首页，什么商品需要出现在搜索的第一条记录，哪些位置是最能抓住消费者眼球的，都是网站陈列人员需要研究的事情。

网络营销经理负责网站的销售。他需要统筹陈列、商品、服饰等岗位，策划各种活动，采取各种网络营销手段，例如，广告投放、网站联盟、关键字搜索、公共论坛植入等方式吸引顾客，促使销售量达到最高。

在技术的部分，一方面是支持系统平台稳定运行的技术人员，例如，系统平台的管理工程师、IDC 的专员（负责解决大流量访问以及网络安全问题），另一方面是使网站能持续改进优化的软件开发人员、平面设计与网页设计人员。

1.3.2　会员管理策略

会员管理策略重点在于如何获取会员的真实有效信息，以及如何保持会员在网站上的活跃度。因此，可以采用的策略如下。

（1）使用有效的邮箱或手机号码注册会员，可以获得真实的会员信息，并获得第一个黏结点。

（2）会员支持昵称，可以修改签名，可以自定义头像，充分满足会员个性化的要求。

（3）会员系统和品牌商的 VIP 系统整合，在各个渠道发展并共享会员信息。

（4）会员分等级，不同级别的会员在享受的服务政策上有所区别，鼓励会员往高等级发展。

（5）会员消费积分管理、积分换购，充分促进交叉销售和向上销售。

（6）更多的线上会员活动，例如，社区、博客、小游戏等。

1.3.3 商品展示策略

商品展示策略要紧密围绕着顾客体验。要将产品的信息和特点准确、方便地展示给顾客。例如，现有的一些网站采用的策略是可以借鉴的。

（1）真人出样的海报型图片展示，如图 1-4 所示的真人海报，采用真人模特来展现产品效果，扩大眼球效应。

图 1-4　真人海报

（2）多视角的商品展示，为了让消费者更全面地了解产品，营造真实的实体购物体验，如图 1-5 所示是对商品的多角度展示。

图 1-5　多视角展示

（3）丰富的尺码信息，重视产品规格描述，特别是服饰类产品，如图 1-6 所示，准确详细的尺码信息有助于帮助消费者选择到合身的商品，减少客服咨询量以及退换货比例。

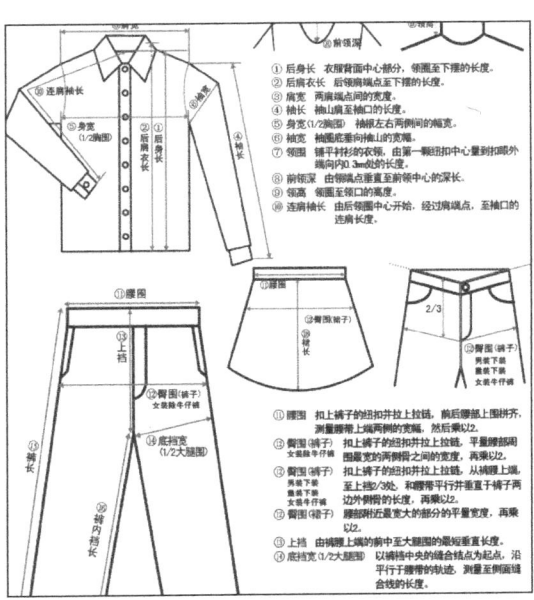

图 1-6　尺码细节展示

（4）放大的细节效果，如图 1-7 所示，放大产品细节，使消费者产生看到实物一般的真实体验，感受到面料的材质和质感。

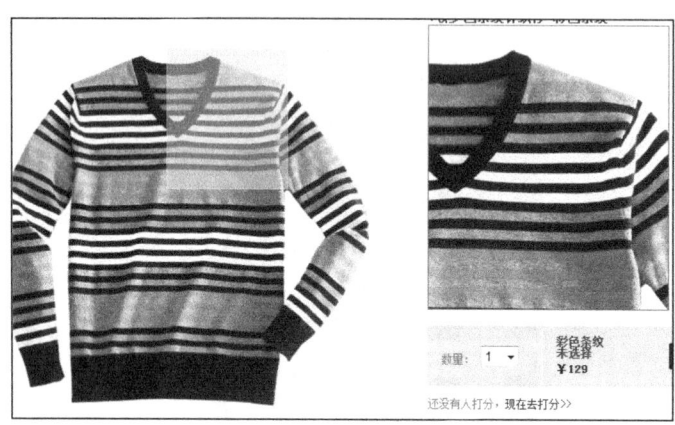

图 1-7　放大细节效果

（5）丰富的产品描述，如图 1-8 所示，可以代替导购员，让消费者更好地理解产品定位、设计理念等。

产品描述：

寒冷冬季，一件贴身舒适的针织衫，让您享受温暖的同时又能增加时尚色彩，是不可缺少的过冬单品。

凡客诚品全新推出V领多色条纹针织衫，精心优选32支双股的100%天然精梳棉纱，细腻的纤维柔软顺滑，穿着舒适感及保暖性兼具。经典的v领设计，非常适合内搭各类衬衫与打底衫；顺直流畅的贴身剪裁，让您减少束缚感。整身彩色的条纹设计可谓是精华之处，使用了以黑色、薰衣草紫色、花灰色以及暗紫色为主的颜色搭配，自然美观，并不花俏，提升您时尚儒雅的气质。

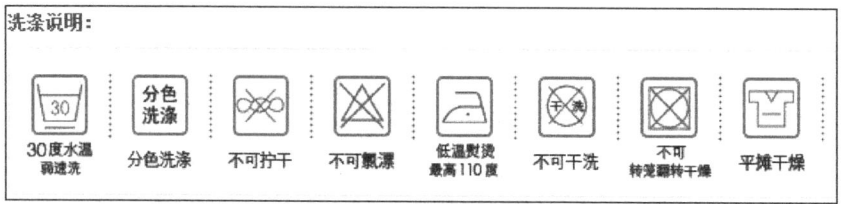

图 1-8　产品描述

（6）贴心信息，如图 1-9 所示的保养信息，尽可能地把完整的产品信息呈现给消费者。

图 1-9　保养信息

1.3.4 商品搜索策略

电子商务网站存放了上千种甚至上万种商品。但对于最好的网站，平均单次页面访问数不超过 4 个现实，网站必须能提供多种商品搜索方法。例如：

（1）关键字的搜索，搜索目标包括商品名称、描述、卖点等文字内容；

（2）基于标签的搜索；

（3）按生活场景的搜索；

（4）按价格的搜索；

（5）按体型的搜索；

（6）按风格的搜索；

（7）按兴趣点的搜索。

Google 的案例一再证明搜索是极好的营销手段。顾客在输入关键词时明确告诉网站他的需求，而接下来网站就要好好思考如何返回结果了。把最想卖的商品放在最前面，把促销信息放在醒目的位置，这才实现了营销的目的。

1.3.5 购物车策略

购物车是顾客在网站上最复杂的操作过程，因此也是在消费体验中重点要关注的环节。购物车的设置要满足以下策略。

（1）简洁：清晰明了的结账流程，简单清楚的购物车内容。

（2）便捷：在任何一个步骤，用户都可以改变之前步骤的一些决定，或者回到之前的步骤，再回来时也应非常容易，没有任何的信息丢失；提供衣橱的暂存区域，购物时随时可以存放和查看。

（3）易用：常见问题的步骤旁边应及时出现帮助符号，可以随时解答顾客心中的疑惑。

1.3.6 支付方式策略

支付方式的策略取决于国内的电子商务环境，主要的策略有以下几点。

（1）提供多种支付方式，满足不同人群的需要。

（2）采用最为大众的支付方式，避免全面的支付，以减少运营的成本。例如，支付宝、信用卡、货到付款以及银行转账是最常用的4种支付方式。

（3）支持虚拟信用管理，方便加盟商门店网上订货取货的统一结算。

（4）支持信用评级管理，实现支付与用户信息、用户信用的绑定。

1.3.7 配送方式策略

配送方式策略采用多种配送方式组合，来满足不同角度的需要。对于运费敏感的消费者，可以提供平邮方式，对于速度敏感的消费者，可以使用快递。而快递又要根据地域和服务能力做出筛选，例如，要覆盖全国，需要使用EMS；对于沿海发达地区，可以使用圆通、顺丰等；对于需要货到付款的，可以使用宅急送等。

配送需要充分考虑如何利用传统门店渠道资源有效解决最后一公里的配送成本问题，同时，通过支持"网上订购、门店取货"的方式可以有效解决用户体验的问题并增加销售机会。

1.3.8 退换货策略

退换货的策略方法应首先和竞争网站比较，先达到普遍的水平。例如，提供7日退换货服务，首次退换货的费用由公司承担等。然后再根据实际运营的成本情况，有选择、有条件地提供更有吸引力的退换货政策。这种政策又要和营销手段相结合，例如，高等级的会员，或特殊的商品等。

在门店电子商务的策略下，门店发挥其服务平台作用，成为退换货的窗口。例如，顾客需要退换货时，在与线上的客服得到确认后，客服会将信息转给服务的门店和物流部门。物流部门和门店准备好顾客需要的货品，在约定的时间通过门店给顾客办理退换货。换后的商品直接在门店销售，省去了反向物流的成本。

1.3.9 购买体验策略

购买体验是电子商务营销最基础和最重要的环节。建立购买体验研究体系，通过调研、实际使用观察等方式，研究消费者在网站每个环节的操作诉求，从而优化网站的使用方式和流程，获取更高的客户满意度，使客户有更好的购买体验。

通过建立网上页面访问分析系统，可以有效分析网页设计中的流程问题以及销售转化率的提升空间，从而不断提升用户的购买体验。

1.3.10 订单处理

品牌商电子商务是多渠道整合的系统，无论从淘宝、拍拍或者是自有网站、门店过来的订单，都将纳入订单处理中心做统一的处理。

在初期，订单都在统一的一个地点做拣配。这样的策略避免新业务对原有的作业流程产生影响，并且有利于控制分拣、配送质量。

通过门店产生的订单，会在订单中记录该门店的店号信息和导购信息。后台系统自动生成销货给分公司的相关单据，并直接反映在分公司的财务收入上，加盟商也是如此。

订单在拣配完成后，交给快递公司进行发运。选择何种运输方式，在订单生成的过程中已经决定。在发运的步骤中，需要将订单和快递单的信息进行关联，通过快递公司的信息平台，可以跟踪到物流的进度。

订单在执行环节中，设定多个检查点。在这些检查点上检查订单的有效状态。如果订单状态发生变化，例如，顾客决定取消或更改订单，则在检查点上转入异常处理流程，终止拣配或重新拣配。

第二个阶段，订单将在多个电子商务仓库进行拣配。多个仓库的目的在于更贴近消费者，以降低运输费用，缩短配送时间。订单将根据送货地址转发到最合适的仓库。

第三个阶段是整体供应链的整合。对成熟的款式或常年的款式，实现供应商管理库存，订单直接发往供应商，由供应商完成订单的处理。供应商来管理这些款式的库存，自行判断库存水平，并安排生产。

电子商务网站的运营模型强调的是根据运营效果不断修正定位，参照如图1-10所示的电子商务整体战略，持续推进渠道整合和业务整合，优化营运模式，使之服务于品牌商电子商务的整体发展规划。

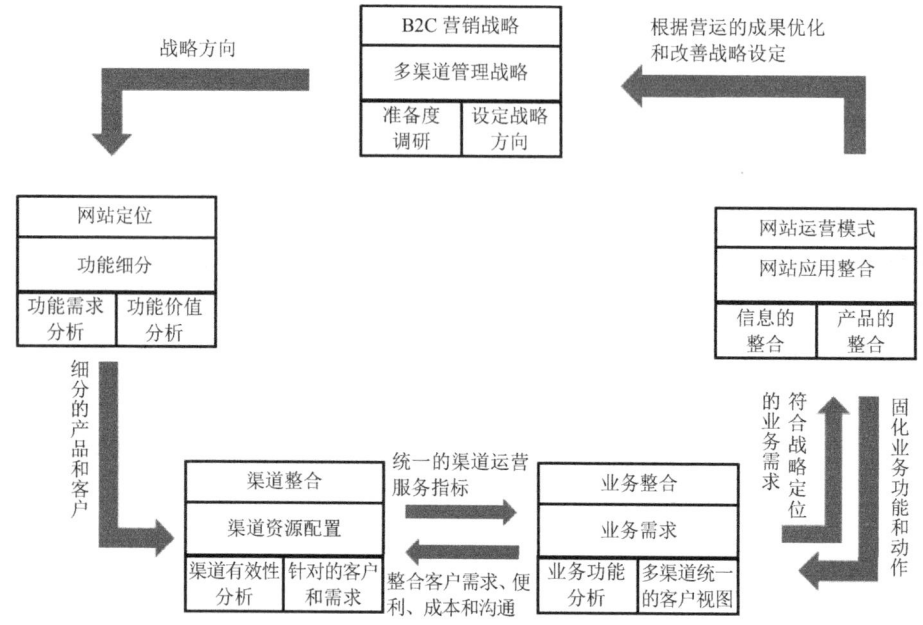

图 1-10 电子商务整体战略

同时,在具体的平台运营考核模型中可以参考如图 1-11 所示的评估维度,从技术评估、功能评估、客户满意度评估以及用户质量评估等多个纬度展开。

评估项目	评估指标	评估指标	评估周期
技术评估	稳定性 安全性 负载能力	人工测试 软件测试	每周统计
功能评估	完整性 便捷性 易用性	人工测试 用户测试	每周统计
客户满意度评估	访问速度、购物流程 送货速度、实物符合度 产品质量、产品丰富性 定价合理性、系统功能 售后服务、服务态度	系统自带用户评分功能 客户调查问卷、主动呼出 有奖调查 客服反馈统计	实时统计 每周报告
用户质量评估	访问量、会员活跃度 用户群体 IP 分布、上游链接 了解网站的途径	系统自动分析 调查问卷	实时统计 每周报告

图 1-11 评估维度

第 2 章
采购管理

很多电商企业并不一定很关注电子商务供应链的管理，尤其在销售规模较小的时候，主要关注点会放在推广上。

淘宝几乎每天都有店铺在发生奇迹，某店铺一天做到了多少营业额，开店多长时间累积了多少信誉等级，一个一个奇迹的发生都让广大电商企业热血沸腾。但往往不为众人所知的是，很多店铺在一夜之间销售额大幅下滑，甚至短期内关店。前台运营的失误并不致命，致命的失误往往发生在后台！

电子商务本质上就是零售，不管店铺的销售渠道是通过网络、电话、电视、店面、邮购目录还是其他，其本质就是零售。而对于零售行业来说，为消费者提供物美价廉的商品、良好的用户体验，是永恒不变的原则。因此，采购管理是保障电商企业长远发展的重要环节。

2.1 电商企业采购过程核心概念

1. 采购

零售业中的采购实际上是指各种类型的商品采购。商品采购是指零售企业为实现企业销售目标，在充分了解市场要求的情况下，根据企业的经营能力，运用适当的采购策略和方法，通过等价交换，取得适销对路的商品的经济活动过程。俗话说"采购好商品等于卖出一半"，"只有错买，没有错卖"。零售企业如果想采购到适销对路、品质优良的商品，采购过程中就应遵循一定的原则。

2. 库存周转率

库存周转率是指某时间段内商品销售出库总金额（总数量）与该时间段库存平均金额（或数量）的比，是指在一定时间内库存周转的速度。货品的周转率有利于加快资金周转率，保持良性库存。

3. 商品代码

商品代码又称商品代号、商品编号，它是赋予某种或某类商品的一个或一组有序的符号排列，是便于人或计算机识别商品与处理商品的代表符号。

4．采购计划

采购计划是指采购人员在了解市场供求情况、认识企业经营活动过程中和掌握商品销售规律的基础上对计划期内商品采购管理活动所做的预见性的安排和部署。

5．采购订单

采购订单表示对与供应商进行采购业务的正式、最终的确认。通过它可以直接向供应商订货并可查询采购订单的收货情况和订单执行状况，通过采购订单的关联跟踪，采购业务的处理过程可以一目了然。

6．采购入库单

采购入库单是对采购实物入库数量的确认，也是对采购人员和供应商的一种监控，如果缺乏实物入库的控制，不能防止采购人员与供应商串通舞弊，虚报采购量、实物短少的风险。它是企业内部管理和控制的重要凭证。

7．采购到货差异表

采购到货差异表记录实际采购入库数量与计划采购入库数量的差异，是进行供应商考核和供应商结算的重要凭证。

8．采购入库检验报告

采购入库检验报告记录采购到货的入库检验结果的报告，包含检验的要点、检验商品的合格率以及不合格品所暴露的商品质量问题的报告。此报告同样作为供应商考核和供应商结算的重要凭证。

9．供应商的产能

供应商的产能由于受供应商人力资源以及生产设备的制约，供应商每日生产的产能是固定的。锁定供应商的产能将是保障产品的采购量和交货时间的最重要因素。

2.2 电商企业采购的特点

很多传统企业在对原有供应链的管理上有极其丰富的经验,但进入电子商务后,供应链仍然出现很大问题。主要是传统零售与电商零售在业务形态上有很大区别,以至于对供应商的要求也发生了很大的变化。

以下做几个简单的对比,来说明传统供应链和电子商务供应链的区别。

1. 库存的周转速度

以服装为例,如图 2-1 所示,传统的品牌服装公司,例如"以纯",全国有 3000 多家门店,每一家门店每款商品至少存放一套尺码,以此款商品有 3 种颜色 4 种尺码(S、M、L、XL)来计算,常见的尺码配比是 2∶3∶3∶2,也就是需要 10 件,然后再乘以 3 种颜色,每个门店至少要存放 30 件商品。如果低于此数量,就会对销售产生严重影响。那么,3000 家门店一共需要存放 9 万件商品,因此他的下单量非常大,生产的周期也会比较长。

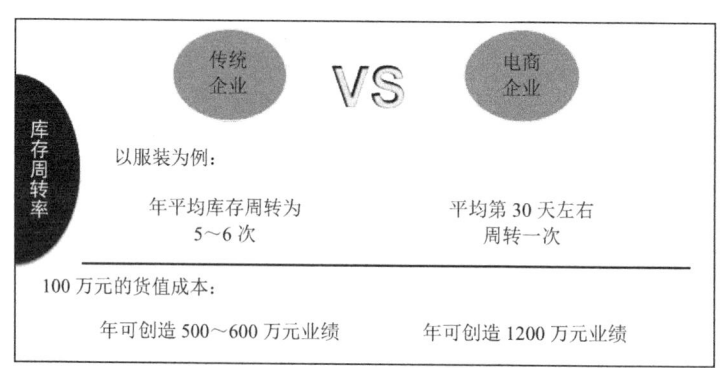

图 2-1 传统企业与电商企业库存周转率对比

然后,商品需要从工厂运输到全国各地的分仓,再从全国各地的分仓运送到 3000 多家门店,物流运输的时间也是很长的。传统的零售企业受这些客观因素的制约,它的生产往往是反季节生产的方式,也就是说,今年夏季的商品会在去年冬季就已经下单生产,如此长的供应链周期会导致库存的周转率很低。针对衣服企业来说，一年有四个季节，标准的是周转四次，如果管理得比较好，个别的款式可以有一到两次的调整，所以说传统的服装企业库存周转速度一般为一年 5~6 次，不同的商品，由于销售周期不同会有不同的周转数。

而电商企业往往是由工厂送到有限的几个仓库里，全国所有订单都从这些仓库发货给客户，不需要对数千个门店进行库存的铺货。理论上，库存周转周期可以缩短到这个产品的生产周期。仍然以服装企业为例，大部分电商企业的周转期都能控制在 30 天左右。这样库存周转的差异非常大。假设公司准备投入 100 万元货品成本，在传统的年周转 5~6 次的库存周转速度下，所能提供的商品货值已经决定了该店铺一年最多做 500~600 万元的生意。而针对电子商务，每个月都能周转一次，换句话说 100 万元的货值能够做 12000 万元的生意，这个差距就非常大了。这也解释了为什么很多电商企业商品利润率比较低，但企业纯利润却比较高。少赚 10%的利润，但是库存周转比传统企业提高 100%，绝对利润却提高了 180%。

因此，电子商务供应链的第一要务是库存周转的速度。

2. 商品开发的驱动力不同

传统企业由于供应链时间周期很长、反季节生产的特点，所以它的开发会有很强的预测性，就是市场预测型开发。往往在传统企业内部，产品部、商品部、设计部会很强大，公司明年产品受不受市场欢迎，从源头全靠他们了，他们说这款产品将会非常好卖，需要大量生产，成也是这款，败也是这款了。这是一个非常精专的领域，进入门槛也很高。而电商企业就可以把这个开发风险能尽可能压缩到最小，电商企业往往会倾向于跟随市场型的产品开发。而电子商务的业务特点，已经实现了目前国际上非常流行的服装品牌 ZARA 的概念，即"永远不会创造流行，永远是紧跟流行"，它和预测市场驱动型产品开发完全不一样，一个是从后端往前驱动，一个是从前端往后驱动，如图 2-2 所示。

从后端往前驱动对开发者要求非常高，产品开发的风险也是非常大的。唯一的好处是，由于是由后端往前端驱动，会导致产品风格、产品定位、产品结构比较容易把握，是先有产品定位、产品结构，再一层一层往前推，产品结构会比较好。

而从前端往后驱动，产品开发风险小，但是它也有难点，难点在于：首先，你的市场分析和跟踪的要求比较高、供应链响应时间比较短、对供应商的要求也会比较高。其次，在你紧跟市场的产品开发过程中，相对而言容易偏失你对品牌的定位和对产品结构的把控，从而丢失产品的品牌力。这是跟随型产品开发需要特别注意的地方。

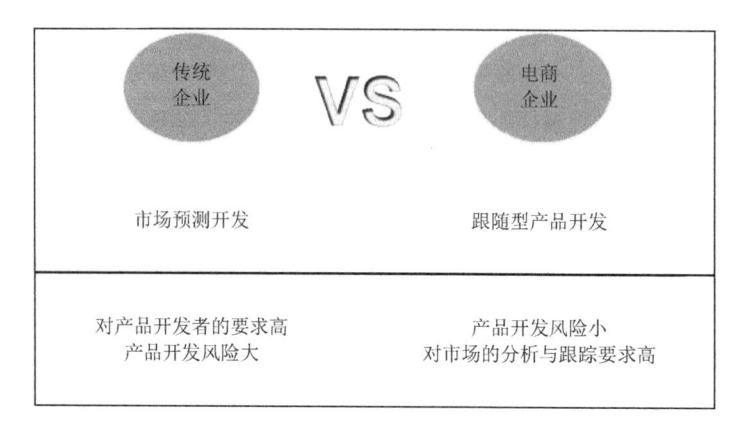

图 2-2　传统企业与电商企业商品开发驱动力的差异

3. 采购订单的下单频次、单量不同

如图 2-3 所示反映了传统企业和电商企业的采购订单下单差异。传统企业由于反季节生产（冬季出售的商品一般在夏季已经完成了生产过程），供货周期时间长，所以往往下单的批次比较少，单量比较大，对供应商的响应要求很低。而电商企业由于库存周转率快、跟随型开发的特点，供应链追求的是多批次、少批量、快速响应。电商企业的采购批次非常频繁，理论上最小批次间隔时间可以是这个商品本身的生产周期。

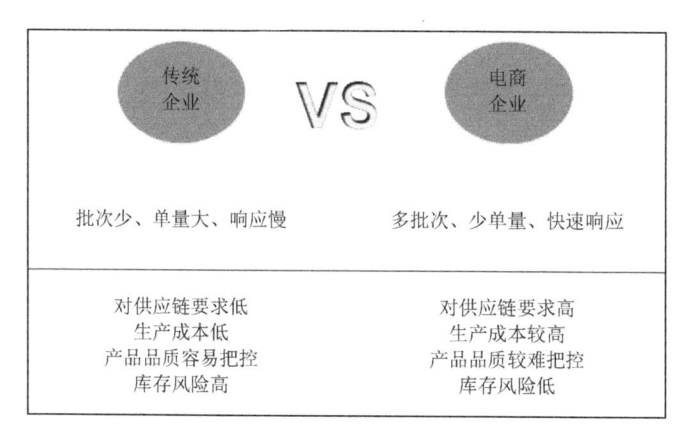

图 2-3　传统企业与电商企业采购订单下单差异

对于传统企业，由于响应时间慢，所以对供应商的生产计划比较容易合理安排产能，对供应商要求也就相对比较低。由于下单批次比较少、单次下单量比较大，原料的大量采购和大规模生产会使生产成本比较低，产品品质比较容易把控。但是相对而言，库存风险会比较高，这是显而易见的问题。

而针对以多批次、少单量、快速响应为特点的电商企业的供应链管理，对供应链的要求就非常高了，需要供应商的快速反应，单次下单比较少，会使生产成本比较高，特别是在工厂的产能把控问题上，如果发生产能不足时，为了保障正常的销售库存，有时候会被迫让产品在别的工厂生产，哪怕同一个工厂下单生产，生产所用的流水线不同，生产工人不同，产品的品质也会有些许差异，直接导致产品的品质很难把控。消费者往往认为电商的产品品质没有线下的产品品质好，这就是其中一个重要原因，不是他们不愿意做好，而是品质把控的难度要比传统企业大得多。但是，电商企业的好处也是显而易见的，库存的风险相对比较低。所以说整个电商供应链的采购管理，都必须围绕这几个特点来进行，明确电商企业供应商的优势，不断放大优势，明确在电商供应链上的劣势，尽可能通过流程以及管理的方法，去屏蔽或弱化劣势。

2.3　电子商务供应链采购的基本流程

电子商务供应链采购的基本流程如图 2-4 所示。

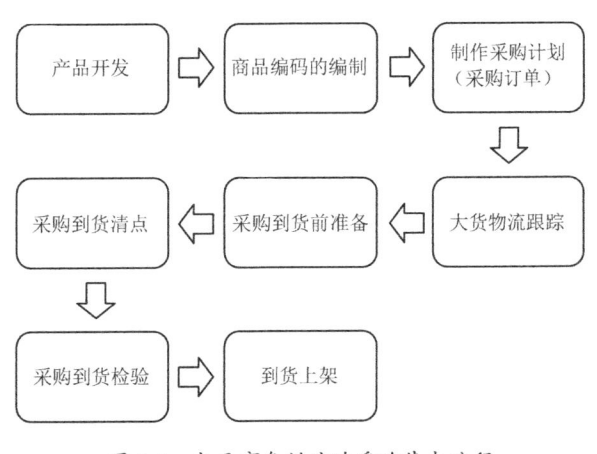

图 2-4　电子商务供应连采购基本流程

2.3.1 商品编码的编制环节

商品编码的编制是很多电商企业不关心的问题，随便编一个，甚至不编！实际上，商品编码的编制是零售企业商品管理的基础，特别针对电商企业，顾客选购产品时是无法与商品进行直接接触的，在交易过程中，会经过一个交易和发货的流程，通过几个岗位的共同协作才能完成一次交易。而且由于电子商务运营的需要，也决定了所出售的商品名称、规格名称随时都有可能发生变化，这对促进销售是有一定意义的。而在后端的运营中，不可能用产品名字作为工作语言，今天叫这个名字，明天可能就不叫这个名字了，这样整个企业就无法沟通了，所以说商品编码会成为企业的内部通用语言。例如，某商品货号为339001、01 号颜色、05 号大小，不需要过多的解释，所有的员工都很明确是什么商品，没有任何歧义。而如果某商品叫"双排扣小码偏大的红色格子大衣"，那么很容易产生歧义，而且这个名字可能由于运营的需要，还会有所变化，后台的操作难度极大。

从产品的编码的功能性来划分，只有两类：一个是商品代码，一个是规格代码。通俗地讲，就是商品的货号和商品的颜色、尺码、大小、长度等规格号。

在传统企业里，编码规则是一门学问，针对电商的创业型企业可能无法如此规范，但编码的最低要求是唯一性。不可以今天339001 这个货号是衬衫，明天就变成裤子了，这样后台的操作就完全混乱了。一个产品，编码完成后，就相当于有了身份证号，不可删除、不可修改、不可重复。如果有能力规范，商品的编码可以符合一定的规则，这个规则符合商品的关键性属性。每个商家的商品属性不一样，可以把最重要的关键性属性放入商品编码规则里，但也不宜过多，否则会对后台操作人员造成比较大的困扰，因为一般来说，商品编码为6~8 位，员工读货号时肯定是分两段读出，一口气最顺是读3 个数字或4 个数字，这样记忆和沟通会比较容易。一旦超过这个数字，如10~12 位，那么记忆和沟通就会比较困难。所以商品代码规则中可添加最重要的商品属性，而一些辅助性的、次关键性属性，可以作为商品标签放到后面的分析中。

仍然以服装类目为例，某服装店铺销售品牌服装，品牌一定是关键性因素；季节往往也是一个关键性因素；品类，如衣服、裤子，一般也列为关键属性；年份，也经常是此类店铺的关键性因素。由于商品编码的不可变性和重要性，所以商品代码的编码规则不是一个低层员工能做的事情，必须由公司最高管理层决定。一旦商品代码的编码规则制定完成后，一般不可更改。即使可能漏、错某个属性，例如，编码的时候忘了加季节，过了两三个月发现了这个问题，一般也就将错就错了，不再修改。如果迫不得已，一定要变更，更换的代价是高昂的，整个后台的操作将会受到极大的困扰。

规格代码是精确到商品 SKU（库存量单位，现引申为产品统一编号的简称）最小分类，精确到这个商品的最终属性，无法再拆分的分类。根据商品的实际情况，可能会有颜色、尺寸、长度等。规格代码的编制也要有一个编制规则，在制定规格代码的编制规格时有一个重要问题，即近似属性合并。还是以服装行业举例，各种各样的红色数不胜数，深红色、粉红色、玫瑰红色、酒红色等，而条码长度是固定的，这样就变得无法编制代码了。从商品规格结构的角度，没有必要把粉红色跟嫩红色分开。所以商品编码是求大同，近似属性合并。除非同一款商品有两个规格，正好有一款粉红色和嫩红色，这样就必须加一个新的规格代码。其次，规格代码编制还有一个重要要求，即只能新增，不能删除和修改。一位的颜色规格代码最多能编制 10 种颜色，例如，白色的代码是 02，当业务需要增加一个青色时，发现白色不太好卖，把白色删除了，然后 02 号代码变成青色。这样，原有的所有白色商品全部错了，从销售、库存、采购等全线流程白色都变成了青色。

所以说，从商品编码规格编制的角度来说，有其不可变化性、严肃性，必须由公司最高管理层次决定。

如图 2-5 所示为一个典型的多品牌运作的以鞋类为主、服装为辅的店铺商品编码规则表。商品代码由 6 位数字组成，第 1 位是品牌，1 代表品牌一，2 代表品牌二，以此类推。而在编制规则时，一般都会有个通用编码用于无法规类的商品。第 2 位是品类，1 代表凉鞋，2 代表靴子等。第 3 位是年份，9 代表 2009，0 代表 2000，这个代码的规则可以用 10 年。第 4 位到第 6 位，是商品的货号、流水号。这样只需要看到这个货号就可以知道这件商品是什么品牌的、什么年份开发的款式、什么品类，而且对应的商品是唯一的款式。

规格代码属性为分为两类，颜色和尺码。由于主营鞋和服装，同一款式通过颜色和尺码的区别能精确到不可再分的唯一特征商品。

在企业实际商品编码编制过程中，一般都建议企业将商品编码编制规格表由指定的一个人负责，也就是说，商品编码的工作只能由一位员工完成。同一件商品可能不同的人会产生分歧，同样的颜色可能我认为它是粉红色而你认为是淡红色，对裤子的分类，实际情况可能出现九分裤、七分裤、五分裤等很多长度，但编码规则只有长裤、中裤、短裤，那么，五分裤、七分裤、九分裤如果划分？每一个人对所谓的长裤、短裤的理解是不一样的，因此这种划分没有绝对的合理或者不合理，只需要按同一个标准进行。而只安排一位员工负责商品代码的编制就可以通过管理保证了商品代码的唯一性。允许多人同时编制货号，比较容易造成货号的流水码重复。一旦流水码重复就不可避免千万商品货号重复，从而造成后台的混乱。

条型码使用	10位												
网店/DM下单使用	6位 商品代码						4位商品规格代码						
编码组成	品牌		品类		年份		商品号	主色						尺码	
长度	1		1		1		3	2						2	
规则	编码	含义	编码	含义	编码	含义	编码	含义	编码	含义	编码	含义	编码	含义
	0	通用	1	凉鞋	9	2009	1	第1个sku	0	无色	15	杏色	29	宝蓝色	0	通用
	1	品牌一	2	单鞋	0	2010	2	第2个SKU	1	黑	16	咖啡色	30	锈色	11	S
	2	品牌二	3	靴子	1	2011			2	白	17	卡其色	31	浅金色	12	M
	3	品牌三	4	服装	2	2012			3	红	18	梅红色	32	金色	13	L
					3	2013			4	蓝	19	粉红色	33	酒红色	14	XL
			8	赠品	4	2014			5	黄	20	土黄	34	古铜色	15	XXL
			9	附件	5	2015			6	绿	21	枣红	35	深灰	16	XXXL
					6	2016			7	紫	21	灰绿色	36	银黑	33	215
					7	2017			8	橙	22	军绿色			34	220
					8	2018			9	粉	23	米白色			35	225
									10	藏青	24	橘红色			36	230
									11	米	25	桃红色			37	235
									12	银	26	蛋黄色			38	240
									13	灰	27	藏蓝色			39	245
									14	棕色	28	迷彩色			40	250

图 2-5　某主营时尚女性服装和鞋类企业商品代码编码规则

2.3.2　商品的采购计划

编写商品采购计划的要素如图 2-6 所示。

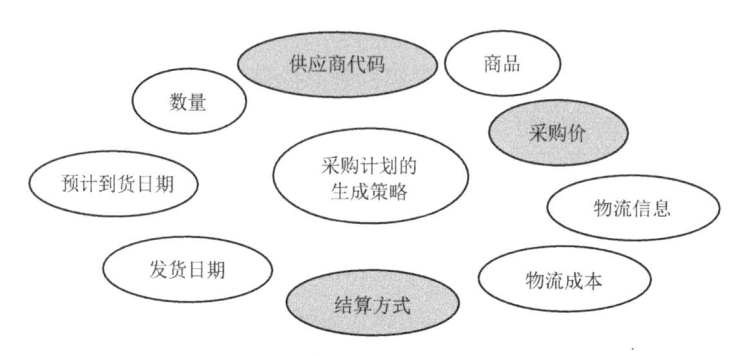

图 2-6　编写商品采购计划的核心要素

1. 供应商代码

供应商代码作为采购计划的必要因素之一，是结算的重要依据，但为什么要使用代码呢？因为对一家品牌企业来说，供应商资料是高度机密的，所以一般都建议公开的单据文件中使用供应商代码，而不是供应商名称，倒不是说流程上必须这么做，而是处于企业内控的角度，最好这样操作。供应商代码与供应商详细信息对应表只掌握在采购部。

2. 商品代码

这里的商品代码有两层含义，对内使用的是自己店铺所编制的内部商品代码，对外使用的往往是供应商的产品货号（如果供应商有自己的货号）。

3. 采购价

采购价是最终与供应商结算的依据。

4. 物流信息

这里的物流信息是指供应商到仓库的大货物流信息，这是保证到货准时的必要条件之一。在后面的内容中会详细阐述。

5. 物流成本

物流成本是要和采购价格并入生产成本的内容之一。商品的生产成本不仅仅是商品的生产员工成本、原材料成本，还包含大货物流成本，加在一起才是商品最终的生产成本。

6. 结算方式

结算方式是与供应商结算的重要依据。

7. 发货日期

发货日期是指供应商发货的日期，同样是保证到货准时的必要条件之一。在后面的内容中会详细阐述。

8. 预计到货日期

预计到货日期是指发货后预计到达仓库的日期,此日期是让仓库能预先安排好到货后的接货工作。

9. 数量

数量用于和最终的收货数据进行比对。

图 2-6 中把灰色内容(供应商代码、采购价、结算方式)隐藏,其余就是仓库部门必需的大货到货计划。

中间部分的采购计划生成策略是最重要的核心部分。总体来说分为两类:初次采购计划生成策略与追单采购计划生成策略。这个策略针对不同的业务和不同的商品都不一样。关于初次采购计划生成策略与追单采购计划生成策略将在后面用两个单独的章节进行详细阐述。

订单下达后,针对传统企业供应链生产周期较长的特点,生产过程的品质和进度的把控是一个重要的工作环节。而针对电子商务多批次、小量的特点,这个过程比较快,因此它的影响因素并不大。这里就不做详细说明了。

2.3.3 大货物流跟踪

由于电商企业对货期的要求比较紧,因此必须跟踪供应商何时发货,只有准时发货才能保证商品准时到货。

第三方大货物流公司的选择。大货物流的运输批次相对比较少,因此,从此供应商发货到达仓库的平均时间可以推断出你的预计到货时间,需要根据时间安排好接货资源。甚至供应商是何时将货交给物流公司都会对到货时间有比较大的影响。例如,如果是下午 5 点接货,送到仓库时预计的到货时间,一般都是下午到货,这样就应该提前安排仓库人员晚上加班接货的事宜。反过来,如果预计到货时间是上午,则不需要安排加班事宜,而是安排仓库员工分组,分为正常的配货发货组和到货的接货组。所以说物流的跟踪对下一个环节的采购到货准备工作会有很大的影响。

2.3.4 采购到货准备

很多企业会忽视这方面的准备工作，往往导致大货到了以后，整个仓库手忙脚乱，一边还在发货，一边大货已经到了，最后导致接货搞得乱七八糟。

由于仓库已经事先得到了采购的预计到货时间表，再通过大货物流跟踪，可以预计这单商品是否会晚到，如果晚到，大约会晚几天，将会在什么时间到达仓库，知道了时间能够比较好地安排好仓库的工作。

仓储部门需要做好以下几个方面的准备工作：

（1）到货堆场准备：大货到货后未最终上架前需要比较多的临时场地堆放。

（2）人力资源的准备：根据到货的时间和到货的货量需要安排好足够的人力资源。

（3）货架准备：现在库房有多少空余的货位，大货到货后，什么商品放在什么库位需要事先安排好。

2.3.5 采购到货清点

采购到货清点的流程图如图 2-7 所示。

收包清点 ⇒ 详细到货数量清点 ⇒ 到货差异确认

图 2-7 采购到货清单的流程

1. 收包清点

收包清点即与货运公司进行货运包裹的交接。由于货运公司将商品送到仓库后一般都不会停留很长时间。因此，不可能做详细商品数量的清点。与货运公司收货清点时，要仔细核对物运清单，注意以下两点：第一，货运大包的数量是否与货运清单一致；第二，货运大包的外包装是否有破损，是否有拆封痕迹。如果核对无问题即可签收，否则可拒收或在货运公司在场的情况下立刻联系发货供应商。

2. 详细到货清点

签收货运大包后，就要进行拆包清点，统计详细到货商品和数量。此时需要注意的问题是在临时堆场许可的情况下，按 SKU（款式、规格）分类堆放清点。这样不仅可以提高清点准确率，还可以提高接下来的检验和上架环节的效率。

3. 到货差异确认

最后，也是最重要的，根据实际到货情况与预计到货情况的差异，制造大货到货差异表。采购人员应该在第一时间就此大货到货差异表中的差异值与发货供应商进行确认，以及就差异数进行沟通与协调。此表也是作为采购人员与供应商之间结算最原始的凭证。

2.3.6 大货到货检验

大货到货后，很多店铺为了保证商品质量往往要对商品进行检验。在这个环节中，很多企业在到货后就直接盲目地进行检验，这种做法往往效率和成效都不是很高。采购到货的检验流程如图 2-8 所示。

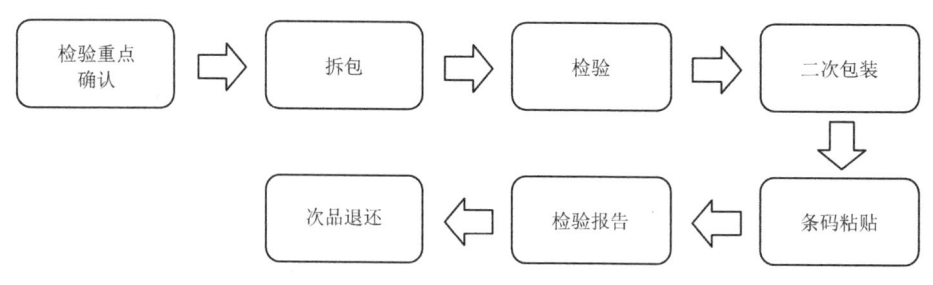

检验重点确认 ⇒ 拆包 ⇒ 检验 ⇒ 二次包装 ⇓ 次品退还 ⇐ 检验报告 ⇐ 条码粘贴

图 2-8　采购到货检验流程

检验重点确认环节。零售商品检验和工厂生产过程中的商品品质检验，实际上标准还是有一些差异的。以鞋类商品为例：对工厂来说，这双鞋的质量检验是有很多专业指标的，如鞋跟坡度、黏性、皮料的厚度等。此类检验需要一定的专业知识，但并不一定是顾客最关心的。而对于零售型入库检验来说，以顾客的眼光来检验商品是最重要的，例如，所需要检验的这款鞋，鞋面是由两块不同颜色皮料拼接而成，那么拼接线的胶水或线痕一定不能很明显，虽然这不是工厂级品质检验的必要条件，但却是入库检验的必要条件。因为客户对此项检验尤其关注，而皮料厚料是否均匀就显得不是很重要了。由于每款鞋的款式不同，或者说顾客对每个款式的关注角度不同，每款产品的检验标准都有所不同。所以一般都在正式大货检验前，先进行该款商品的检验标准确认，就是说每一款产品由采购人员或者设计师来对这款商品检验重点进行一个确认，到底这款产品的检验重点是什么，什么是可以接受的，什么是不可以接受的。

等检验标准确认完成之后，即可以进行正常的大货检验了。在大货检验过程中一般遵循两点原则：第一，检验程序流程化，拆包、检验、粘贴条码、二次再包装，进行流水线操作，能够提高检验的效率。第二，集中检验一款商品，检验员连续对同一个款式，甚至同一个规格进行检验，不仅能让检验员对商品的检验标准能形成一个明确的认识，还可以提高检验速度。

其中还有一个重要的环节就是条码的粘贴，如果没有能力让工厂完成产品条码粘贴工作，强烈建议增加条码的粘贴环节，只有粘贴好条码的商品，才能在后期使用扫描枪进行条码扫描发货、出库验证、盘点等工作，这些都将极大地提高店铺发货的效率和准确率。在这里，也建议对单一商品进行集中检验，这样将极大提高条码粘贴的准确性，一旦条码粘贴错误，后期发货、盘点等操作的出错率将无法控制。

最后根据检验后的结果，编制大货到货检验报告。大货到货检验报告是与供应商结算和考核的重要依据之一。

采购人员根据大货到货检验报告，与供应商进行协商与沟通，将确认的检验次品退还供应商。

2.3.7 采购到货上架

采购到货上架的流程如图 2-9 所示。

商品与货位匹配 ⇒ 整仓堆场 ⇒ 零仓上架 ⇒ 店铺上架

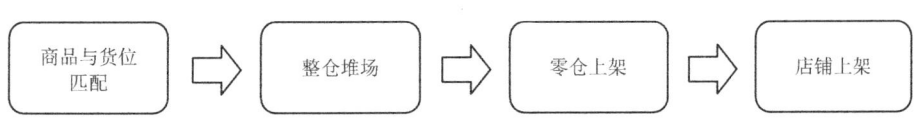

图 2-9　采购到货上架流程

1. 商品与库位的匹配

根据大货到货前期准备时完成的商品与库位的匹配方法，将商品放入对应的库位上。

2. 整仓堆场、零仓上架

为了保证最大的库房利用率，很多店铺使用零仓、整仓法的库房规划方式（此规划方式将会在第3章进行详细阐述）。整仓堆场的表现形式为商品以整箱的方式进行堆放，在整箱堆放时有三个关键点：第一，每一箱中只能存放同款同规格的商品，不能混放。第二，每一箱的商品数量都一样，主要是方便调仓以及盘点的统计。移仓和盘点确认数量的时候，只要数箱数就可以了。如果整仓装箱很随意，就必须要进行开箱清点，将极大地降低工作效率。第三，整仓的取货或者移仓，既然是以箱存放的，必须以箱为单位进行取货，也是为了盘点或移仓统计效率而需要采取的必要措施。

零仓上架，电子商务仓库最大的特点就是零仓配货，从零仓角度来讲，零仓的商品库存量的计算是零仓库房规划的一个关键点，零仓库存量过大会导致零仓面积过大，零仓面积过大会导致配货线路过长，导致配货效率降低。如果零仓面积过小，导致零仓商品库存量过少，以及从整仓到零仓的补货频率过于频繁，这样同样会导致配货效率下降。一般零仓的库存量约等于该商品日销售量的1.5倍为佳，既保证了一天的配货量需求，每天一次的补货操作和仓储效率也得到了保障。

店铺上架环节，商品入仓后，就可以根据入仓合格品的准确数量更新店铺店存。特别需要注意的是，如果是预售商品库存更新，店铺商品店存数量在现货的基础上还需要增加在途商品数量。在途商品数量就是已经确认采购订单，而未到货的商品数量。由于在途商品存在着晚货期、实际到货与预计到货数量不符、次品率等不可预知的问题，因此在途数一定会存在数量上的风险，一般不作100%的计算，这个风险的数据把控根据供应商质量进行控制。

2.4 电商企业的初次采购管理

电子商务供应链的一个特点就是产品的开发是跟随性的开发，也就是从前端市场驱动后端的产品开发，而前端市场驱动就一定离不开市场的分析。

2.4.1 市场分析

淘宝市场分析数据来源如图 2-10 所示。

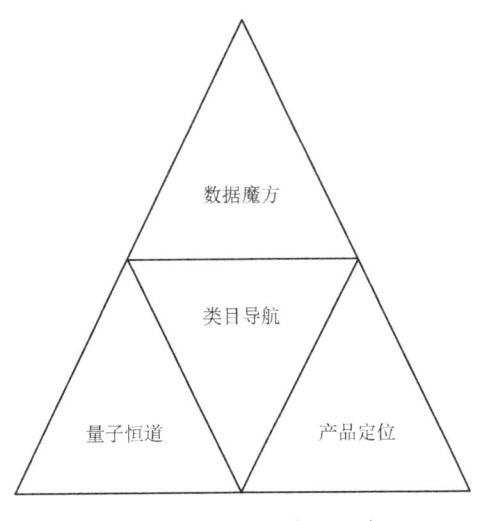

图 2-10 淘宝市场分析数据来源

1. 数据魔方

数据魔方可以针对店铺所属类目产品销量进行流行元素的分析，以及流行元素的销售增长趋势，如流行颜色、印花等。还可以通过数据魔方看到所属类目商品的销售产品结构统计，以及产品结构销售变化的趋势，例如，近期天气越来越冷了，可以统计出单外套类秋装的销量和初冬类薄衫之间的销售比例关系以及比例关系的变化趋势。

2. 量子恒道

量子恒道中有热卖的飙升榜、销量榜、关注榜等行业数据。可以统计出近期店铺所在类目商品销量、飙升以及关注度最高的商品。通过对这些产品的分析，了解这些产品的特征和特点，对于下一个采购计划的选款也是非常关键的考虑因素。

3. 类目导航

淘宝的类目导航数据并不是一两个人拍脑袋就能决定的事情,所有的类目导航是为了方便顾客挑选商品,找到顾客最想要的商品。如何能知道最近一段时间顾客都喜欢找什么商品呢?淘宝的技术后台会根据近期顾客在淘宝上搜索和点击的热点情况,来挖掘现在淘宝上大多数顾客都找什么商品,以什么关键词寻找什么类型的商品。店铺当然不可能直接了解到这些数据,但通过观察淘宝类目导航的变化,可以知道淘宝近期某个类目上的顾客都在寻找什么类型的商品。

4. 店铺的产品定位

如果完全绝对化地按照上述市场数据来源来选择商品,就失去了作为零售品牌或零售店铺的产品定位。从产品定位的角度来说,要把通过市场分析所获得的流行元素趋势回归到本店铺的产品定位上来,而不是简单的模仿。否则,店铺或品牌都将失去其自身的价值,无法让顾客对店铺有鲜明的认知。这样的店铺会在激烈的市场竞争中逐步被淘汰。

2.4.2 产品结构分析

产品结构的分析如图 2-11 所示。

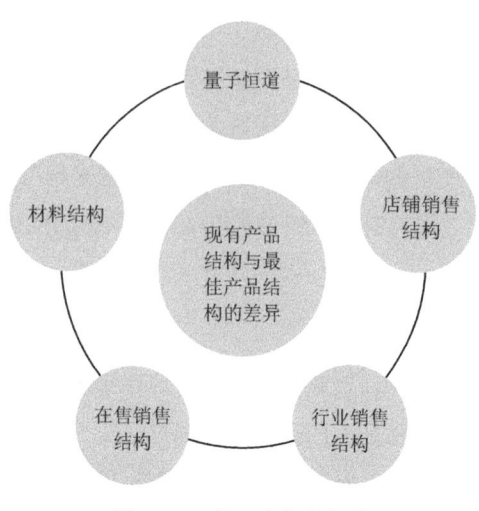

图 2-11 产品结构分析图

量子恒道的店铺流量数据和商品流量数据都将告诉你针对你的店铺，顾客所寻找的商品，而这个流量的分配比例与店铺商品实际的销量比例之间的差值，就是下一次选款所需要关注的内容。例如，当店铺内衬衫相关商品浏览比例比较高，但成交数据并不高时，就说明目前店铺现有的衬衫款式不符合店铺顾客的需求，但是顾客对衬衫的需求却比较旺盛，这时要考虑是否开发衬衫的款式。数据魔方可以统计出行业类目销售的商品结构和自己店铺的销售结构。

通过以上这些产品结构的分析，再对本店铺内近期商品的销售结构进行对比，例如，衬衫与外套的销售比例关系，甚至短袖衬衫与长袖衬衫的比较关系，各种颜色销量的比例关系。通过分析得出行业销量结构比例与现有铺店销量、库存的比例关系的差异，就能得出下一个采购计划的产品结构最佳的比例关系。所有这些分析都基于前面所谈到的商品代码和规格代码的编制。编制规则不合理，甚至无任何规则，产品结构分析将无从谈起。

就实际的销售情况来说，每一款商品由于风格不同，针对的目标顾客也不同，会导致规格结构产生偏离。

举一个例子，一款高跟、高水台的时装鞋，喜欢穿这样款式鞋子的女孩一般身高偏矮，这样会导致此款鞋子尺码比例向下偏离。平底鞋高个子女孩购买的比例略高，身材较高的女孩脚型比较大，所以商品的尺码销售结构比例也会向上偏离。因此每一款产品的规格比例在参考了行业数据后，根据具体款式针对的顾客群不同，也需要有些偏离。

通过产品结构比例的分析可以了解到在售产品结构，库存商品结构的比例关系是否与所分析的行业的比例关系一致，是否与流量的比例关系一致，如果不一致，需要通过新的产品开发采购计划来弥补这个结构，让它趋向一致。

另外还有一个非常重要的分析，称之为材料结构。所谓的材料结构需要在初次采购时考虑，是服务于追单的考虑因素。众所周知，产品生产周期的长短往往并不取决于直接生产周期，而是取决于原材料的采购或加工周期。这样，材料结构是否合理就变得非常关键。如果所开发的产品款式的材料均为市场上比较容易找到的现货或者材料无须二次加工（加工周期很短），此商品的追单周期就可以减少很多，追单周期的时间把控性也会很强。如果实在无法满足上述情况，新产品开发的材料是否与现有产品（特别的热销商品）的原材料结构相符。如果能相符，就意味着新开发的产品与原有的产品原材料可以进行集中采购和统一加工，这样会极大缩短原材料的采购和加工周期，包括原材料的成本都会下降很多。即使店铺采购是直接到档口拿货，档口商品的存货量也会制约该商品的销售总量。如果原材料结构比较合理，也就意味着档口供应商的追单生产周期比较短，成本比较低。

2.4.3 供应商的选择

中国是一个生产大国，往往同一款商品有几个供应商可以供货，选择一个好的供应商是一款商品质量和货期保证的重要因素。选择供应商的4个要素如图2-12所示。

品质、产能、成本、响应时间都是很重要的因素，所有因素均为最佳的供应商，也就是所谓绝对完美型的供应商，往往是不存在的，4个要素如何平衡和取舍常常成为店铺采购人员很头痛的问题。

从电子商务采购的特点来说，个人认为品质是不可或缺的基本要素，因为品质是保证店铺长期发展和顾客回头率，从而形成品牌忠实度的重要因素之一。而产能是当商品成为爆款时，供应商是否能够提供足够数量产品的保证。响应时间是在电子商务采购特有的多批次、少单量、快速追单的特点下，商品不因为断货而导致销量大幅下滑或提前进行预售而影响成交率的重要保证。成本是保障此款产品赚取的利润，或者保障此款产品就售价优势的重要条件之一。

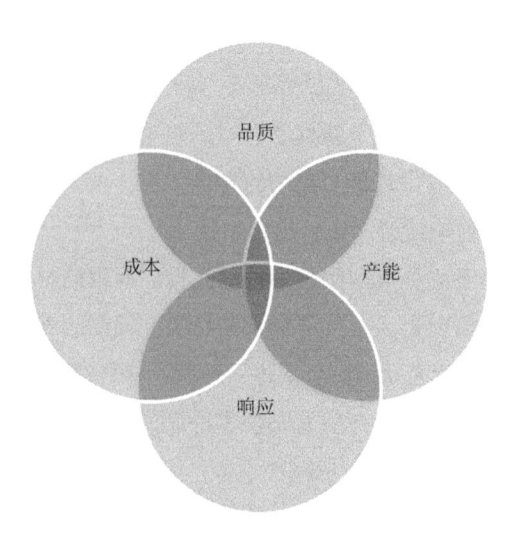

图2-12 选择供应商的4个要素

根据店铺对产品的品质、响应时间、产能、成本的要求不同，在供应商的选择上倾向性也会不同，甚至针对不同的款式特点，例如，某款式设计得非常时尚，是非常有个性的风格款、形象款，由于它的风格独特，成本往往较高，售价也应相较高，此类商品并不以贡献销售额为主要目标。由于商品的售价较高，因此，此商品的购买者对品质要求比较高，所以商品品质是第一要素，由于售价高，此类产品的销量一般不会很多，所以产能是最弱的要素，响应时间也是最弱的要素。而且相对成本越高的商品，该商品的定位就越高，商品售价的定倍率也高，成本的因素原则上也不是最关键的因素。再举一个相反的例子，某款商品成本较低，商品的适用人群较广，因此可能形成爆款。此款商品的成本是比较关键的因素，由于销售高，每降低些许成本，对于绝对的利润提升有很大的帮助。同样由于销售量可能会比较大，此款商品的供应商的产能和响应时间是最重要的因素，品质的因素虽然是不可以忽略的因素，但相对断货而导致的销售下滑风险就会变得弱化一些。不同定位的款式，由于业务对其供货的要求不同，供应商考虑的因素权重是有差异的。

2.5 电商企业的追单管理

由于电商企业采购的特点，追单管理将是采购环节的重中之重。一般来说，大致有3种追单采购业务类型，分别是生产型追单、档口拿货型追单和定制开发型追单。

2.5.1 生产型追单

生产型追单是指追单通过工厂下达生产指令来完成追单的采购类型。生产型追单的特点是：由于是工厂下达采购订单，所以生产型追单往往有最小起订量和生产周期的要求。

生产型追单有以下4个关键因素。

（1）商品的上下架日期，一般商品的销售（特别是时尚品或者季节性商品）都有一个产品生命周期。所谓的商品下架日期并不是说到了那个下架日期的时间点，将此款商品下架不再出售，而是说，即使此款商品的销量不错，由于已经接近下架日期，同样不再追单。例如，到了秋季，某一款夏装销量仍然比较大，但是如果追单，等追单商品到货了，可能已经到了初冬时节，此款商品必然滞销，所到货的商品也必定成为库存商品。

（2）在库和在途商品库存所能支撑的销售天数（已经下达采购订单，却还没有到货的商品数量称为在途商品库存），在计算追单数量和追单时间点时，必须考虑在库和在途商品库存销售天数和数量。

（3）供应商产能的管理，因为生产型追单往往要管理到供应商产能，供应商现在有没有富余产能，将会在什么时间点有多大生产量的产能，将是决定追单量和追单周期的一个重要因素。

（4）追单时间和追单量的计算，这也是生产型追单最难也是最重要的环节。

如图 2-13 所示是一个因延误追单时间而导致销售下滑的案例。

通过日销售曲线可以看出，2011 年 1 月 25 日是此款商品销售的第 1 天，由于做了老顾客的新品营销，从而销售了 28 件的基础销量以后，随着运营推广的投入，这款商品的销量呈现持续上扬的态势，已经有了形成爆款的趋势。在图 2-13 中"最佳追单时间点"这个点上，就是上升速度最快的，商家在这时往往不做追单的管理，在 2011 年 2 月 12 日时，虽然此款商品的库存量还有很多，但实际库存可以支撑的销售天数已经接近了此款商品的生产周期，商家认为这应该是最佳的追单时间点，但恰恰由于忽略了真正的最佳追单时间点，等到 2011 年 2 月 14 日达到爆款的爆发点时，此款商品产生了断码。由于断码导致销量大幅滑坡，此时此款商品实际已经失去做爆款的可能了，等到 2011 年 2 月 18 日追单的大货到货，此款商品已经大面积断码。众所周知，从一个新款到将其推广成爆款，店铺已经投入了很大的资源。但如果销量下滑，再重新通过推广再次形成爆款难度将更大。此时到货的追单商品已经成了库存。原本一个将为店铺贡献大量营业额的商品，由于错过了最佳的追单时间，反而成了滞销库存商品，实在可惜！

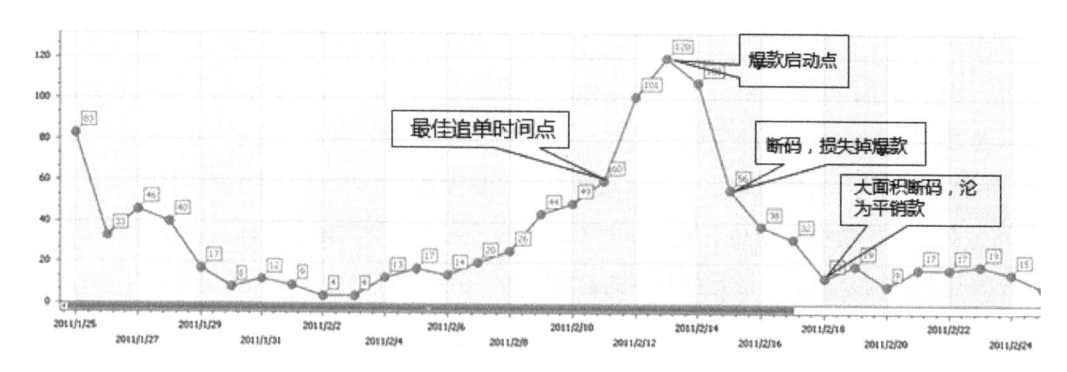

图 2-13 因错过最佳的追单时间导致的销售下滑

如图 2-14 所示为理论上完美的追单曲线。

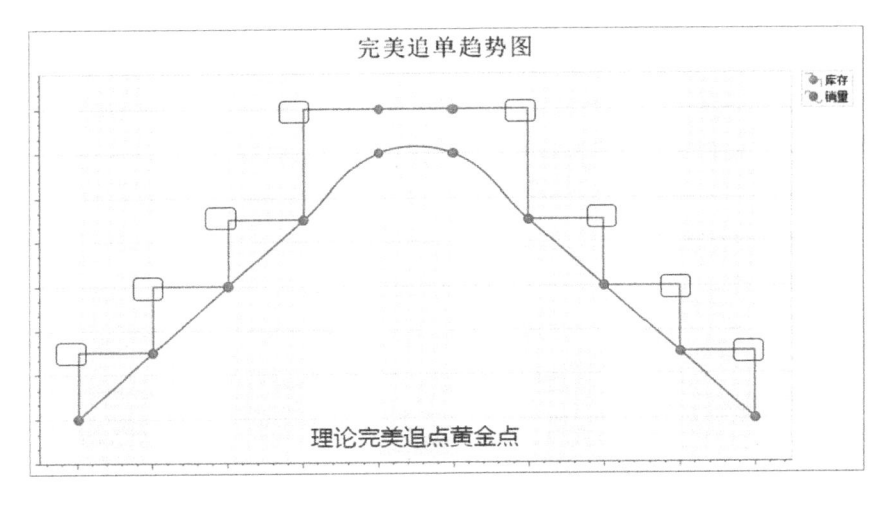

图 2-14 理论上完美的追单曲线

图 2-14 中下面的弧线为标准的一个产品销售生命周期的销量变化曲线。上面的直线为理想化的可销库存量曲线，可销库存量最大的时间（圈出来的点）就是最佳的追单时间点，两个圈出的点的时间间隔为此款商品的生产周期。换句话说，每销售完成现有可销库存，下一批的追单刚好到货，而到货的商品数量刚好支撑一个生产周期所需要的可销天数，这就是一个最完美的追单曲线。由于实际的销售情况，完美的追单曲线仅限于理论上的存在，而实际操作中是无法达到的。但在计算追单时间点和追单量的时候要尽可能趋向这个曲线。

在实际的追单计算时应考虑以下几个关键点。

（1）流量、销量、收藏量增长量的平均值，是指一款商品在未进行额外的变化时（这种变化包含修改商品描述、修改商品售价、参加特殊活动等），在未来的销售趋势是逐步走高还是逐步下降，实际上跟这款商品流量、销量、收藏量的增量涨幅有一定关系。尤其是收藏量，收藏量增加的涨幅日益提高，这款商品在正常情况下销售，销量会逐步提升，而如果收藏量增加的涨幅日益减少，这款商品的销量在不进行额外的营销处理的情况下，往往呈逐步滑坡的状态。

（2）前七天的销量和流量的计算需要扣减七天内推广而直接导致的数量。例如，在前七天上过聚划算的，聚划算当天的销量和流量也要扣掉，否则计算的偏差会很大。

（3）如果经过计算，所需要追单的数量的生产周期已经超过了此款商品的下架日期，也就意味着此款商品追单到货之日已经进入了此款商品的滞销期，则此款商品不再追单。

（4）如果计算出的追单数量小于此款商品的最小下单数量，则按此款商品的最小下单数量下单。但如果按最小下单数量加上现有库存和在途数量可支撑的销售天数又超过此款商品的下单日期，此款商品仍然不追单。

2.5.2 档口拿货型追单

档口拿货型追单是指此款商品拥有一个成熟的现货供应商，可以直接在供应商处采购现货。档口拿货型追单的特点：第一，采购的时间可以忽略不计，供应商有现货的库存可以提供，采购过程中不计算商品的生产周期。第二，档口拿货型追单一般没有最小起订单的制约。

档口拿货型的追单有两个关键点。

（1）供应商供货能力的管理：采购人员必须跟踪供应商现货库存量；包括供应商现有库存量能否满足需求，供应商追单的能力和周期，这取决于供应商的产能以及此产品的生产周期，特别是原材料的采购周期。

（2）商品的红线库存管理，就是说此款商品需要预留支撑多少天销售的红线库存，当可销库存数量少于红线库存后，该款商品需要追单，追单量以补足红线库存量为佳。红线库存量的取值取决于档口拿货的难度，根据难度，店铺需要有能支撑几天销量的红线库存。如果供应商存货量极大，随时可以提供充足的商品，那么店铺的红线库存理论上可以设置为零，也就是说店铺先销售再根据已经销售的商品进行采购。库存的周转率和风险降低到极限。

2.5.3 定制开发型追单

定制开发型追单往往适合于结婚钻戒行业、家具行业等有定制化生产需求的行业。定制开发型追单的特点在于大多都是无货型的销售，就是先销售后采购的模型，而且每一次采购都是有特定定制化生产需求的，往往是针对家具行业、婚戒行业、拍照行业等。

个性化定制开发型采购有两个关键点。

（1）采购订单和销售订单具有很强的关联性，需要根据销售订单详细内容生成相对应的采购订单，相同商品的采购订单不可合并采购。

（2）前台的销售人员必须要跟踪销售订单的采购订单过程，由于是定制开发型采购，顾客都需要等待相应的时间才能收到商品，而且往往这样的业务类型是需要向顾客承诺交付商品时间的。这样顾客对其所购买的商品的生产进度完成情况比较关注（有没有开始下单生产，工厂何时生产完成，仓库何时到货、何时发货）。换句话说，它的生产状态的跟踪过程不仅仅是由采购人员操作，前台销售人员也需要跟踪整个采购或生产的过程，以满足顾客对采购进程的关注需求。

2.6 电商企业供应商管理

现实中，很多电商企业在供应商管理中还是野蛮粗暴型的管理。供应商的取舍，全凭采购人员对供应商的个人印象，这样就很有可能发生与某个供应商成功合作 99 次，但最近一次出现了比较严重的问题，从此就不再合作了。或者与某供应商合作了 99 次，每次都有一些小问题，虽然都对店铺造成了一定的影响，但影响都不大，而近期的一次合作非常好，超过了采购人员对他的预期，采购人员因此对这个供应商的印象变得很好。这样的供应商管理风险会比较大。

供应商的管理关键是对供应商的质量进行管理。供应商的质量分析简单来说包含 3 个考核标准。

（1）供应商入库质检退货率。在前面采购基本流程中采购入库检验报告就是提供此考核标准的原始依据。采购退货率高的供应商的产品质量往往不稳定。

（2）产品销售的退换货率。在采购入库检验环节已经提到采购入库的检验并不是对技术层面的品质检验，而以是消费者的眼光去对商品特别受顾客关注的地方进行检验，这样可能会导致该商品在顾客使用过程中发生的隐性质量问题，例如，衣服的色牢度是检验入仓不可能检验出来。所以在后期销售订单的退货流程中，需要详细记录退货入库的商品以及商品退货类型。如果因质量问题而导致的退货率高的商品，需要计算到供应商的考核标准范围内。

（3）由于电子商务对供应商的响应时间、生产周期要求比较高。因此，供应商的一次到货率以及延期到货率同样也是供应商考核的重要指标。特别是生产型采购的到货，以实际的情况来说，预计到货数量经常与实际的到货数量存在差异。如果说某供应商一次到货率为 80%，采购人员只能按预计到货期的采购订单 80%的采购数据来计算库存支撑销售天数。

如果某供应商平均到货延期 3 天，就意味着该供应商所提供商品追单时间需要提前 3 天进行计算。3 天的延期对于传统企业来说影响可能并不大，但对于电商企业来说，影响可能会非常大，也许就因为这 3 天，热销的商品开始断码，由于断码或被迫进入预售，导致商品的流量转化率下滑，此商品的热销势头就此终止。3 天后入库的商品成了库存商品。

谈到供应商管理，就不得不谈到供应商的采购结算管理，这与传统企业的采购结算管理基本相同，本书不做详细阐述。只提醒几个关键点，电商企业的供应商结算管理往往属于商贸型供应商结算管理，与生产型企业的材料供应商结算管理不同。第一个关键点，商贸型的供应商结算是按照实际入库的合格品货值来结算的。第二个关键点，结算账期的管理是按照实际到货批次货值进行结算。供应商账期的常见类型有：先款后货型，全部到货后结算型（定期结算型），以及先订金后结算型。

2.7 电商企业采购人员的考核管理

随着电商企业的日益成熟，企业内部考核体系也日益完善。特别是客服人员、推广人员、页面美工的考核等。但关于采购人员的考核很多企业并不关注，而采购人员的考核偏偏是最关键的，产品有问题，采购量过多或过少，对店铺的销量影响是致命的。采购人员的考核标准主要有以下几点。

1. 商品动效率

商品动效率是指某一时期内该商品的销售件数与期末的商品可销库存数之间的比例关系。

商品动效率如果过高，商品的销售速度大于库存所能支撑的可销库存值，最直观地反映了采购追单是有问题的，除非这个商品属于已经不再追单的、即将进入下架期的商品，如果该商品处于上升期，则是非常不正常的。而商品动效率过低直接反映商品的销售速度不足以消化目前可销库存量，就是库存量偏大了。

2. 商品的断货率或预售率

商品进入预售是一种因断货而采取的无奈的手段，在没有足够品牌力支撑的前提下，预售会极大地影响流量的转换率。主销商品有多少款已经断货或进入预售期则代表采购人员对追单的时间点和追单的把握不准。

3. 库存的周转率

仓库的库存周转率实际并不在仓库人员的管理范围内，而是由采购人员进行管理的。不是说货回来越快越好，或者越慢越好。大货到货过快，库存量就会过多，不仅对商品快速配货有所影响，而且货款的占用也会过多。而大货到货过慢，会直接导致商品断货，从而对销售产生巨大影响。最佳的状态是让库存周转率维持在一个比较恒定的周转速度中。周转速度以保持在库可销库存货值与周转期内的销售额成一定的比例关系为宜。如果店铺主营时尚性、季节性商品。季初和季末的库存货值应该偏高和偏低。也就是说，除了季初和季末以外，商品到货的速度与销售出货的速度是趋向一致的，才能保障库存的周转率是恒定的。

4. 季末商品售罄率

季末商品售罄率是指商品在计划的下架日，通过销售周期，采购人员所选择的商品，累计正常的销售量（不包含季末需要通过清仓的手段销售量）与采购总量之间的比值。售罄率偏低，虽然此商品最终也能通过清仓式的丢货完成销售，但本质上此款商品的开发或者追单是失败的。如果售罄率比较高，则该款商品的开发和追单是成功的。

5. 到货延迟率

采购人员还有一个重要的职能，就是对供应商的把控，商品是否能按时、保质、保量的全部到货，是采购人员对供应商把控能力的体现。只有采购人员能把控供应商的产能、生产过程中的每个时间节点，才能最终保证该款商品按时、保量的全部到货。因此，到货延迟率是作为采购人员的重要考核标准之一。

2.8 从 0 单到 2000 单的电商企业供应链管理之路

笔者曾见证了一家女装店铺从刚刚进入淘宝，夫妻共同创业，通过了 4 年的运营逐步发展成为日均发单 2000 单的淘宝双金冠大卖家。

1. 初入淘宝

刚刚进入淘宝的前三个月，由于店铺比较小，订单很少，所销售的商品都是从附近的批发市场进行采购。选款是凭着采购人员（老板娘）个人对商品的喜好。在档口直接完成选款、下单、检验、结算的全部采购环节。

2. 日均订单 50～100 单时期

随着销售订单量的逐步增长，每日发单已经达到了 50～100 件商品。店铺发生了较多错货现象，经常有顾客反应收到的商品不是她所选购的商品。经过内部的排查发现问题主要发生在商品的命名上，由于在售商品数量已经达到 400 款，商品到达仓库后仓储人员第一时间要给这件商品起"小名"，例如，双排扣呢子大衣、双排扣背后印花呢子大衣等。在配货时，不仅大大降低了配货的效率，而且影响了配货的准确率。店铺为此特地购买了针对电子商务的发货管理软件，主要看中其在发货时可以通过扫描出库来保障发货的准确。这时就需要对商品进行编码，通过编码进行条码的编制后就可以进行扫描出库。通过条码的管理，公司的发货效率和准确率都得到极大提高。同时还发现一个好处，店铺以商品的货号作为企业内部对此款商品的工作语言，彻底改变了不直接面对产品实物或图片无法准确描述商品的尴尬局面。

3. 日均订单 100～500 单时期

随着订单的增加，销售比较好的单品销量已经超过 500 件。批发商的存货量已经不能满足销售的需求，经常由于库存不足而导致热销商品无法继续销售，已经到了必须寻找工厂进行下单生产才能满足销售的需要。由于刚刚开始与工厂合作，产品质量的稳定性与货期的保证成为供应链上最大的问题。所生产的商品由于质量的稳定性与货期问题而导致的差评、投诉、延迟交货使运营一团混乱。店铺的好评率一降再降，已经严重影响了店铺的发展。主要有以下两个问题，第一，经过多次深入工厂了解供应链的情况，发现货期的管理主要是生产过程的管理。由于女装的裁剪、缝纫、熨烫等工序流水线操作比较快，只要进入流水线，生产周期很短，经常导致延误货期的是布面的采购和印染、铺料的采购或定制过程的问题。因此，公司不再委托工厂代采面料，而以自行采购面铺料，再交由工厂加工生产。采购货期的时间关键点以面铺料到位和流水线上线为重要的管理。通过这个措施，货期的准确性大大提高。第二，商品的品质不稳定。经过排查和寻找原因，发现造成此现象的主要原因是检验标准不统一。有时为了赶货期，检验人员擅自降低了实际上顾客很在意的检验标准，而导致大量的退换货。或者产品本身质量并无问题，但颜色或尺码发生了偏差而产生大量的投诉。为此店铺制定了检验环节，就是采购到货后选取一件商品由采购部进行第一次检验，包含对商品的颜色、尺寸、材质等的检验，然后制定出检验的要求和标准，使仓库的检验人员明确了检验的要求以及合格品的标准。通过这两个措施，货期的延迟情况大大减少，就算延迟了货期也不会像以前一样到交货期才知道，能比较早的知道产品是否延期以及延期时间。

4．日均订单1000单以上

店铺订单终于稳定在每日1000单以上，一个季节内销量2000件以上的商品已经不在少数，商品的反复追单已经成为日常运营中的重要环节。追单的准确性与及时性成为公司目前比较严重的问题，过晚追单和错误的追单数据（包含错误的追单颜色比和尺码比）往往会让一个爆款的商品变成库存商品，前期所赚取的利润大多在季末因库存的压力而被迫倾销的过程中消耗大半，而且经常低折扣的倾销严重影响了顾客的购买体验。为了解决这个问题，店铺采取安排专人跟踪每一款商品的销售情况，特别是热销商品的销量。通过热销商品的销售趋势来计算现在库存可支撑销售的天数，从而计算最佳的追单时间，通过计算商品的销售颜色和尺码比例，来调整追单商品的颜色比和尺码比。针对即将过季商品的追单，切忌盲目追单。通过这一系列的措施，商品的追单准确性大大提高，库存周转率提高了50%。

综上所述，店铺非常幸运地选择了电子商务公司，在电子商务的热潮中，公司的发展速度已经大大超出了预期。但感觉最缺乏的反而是零售企业最基础的供应链的管理，店铺的成长之路也是店铺供应商管理能力提升之路。我们深深认识到，只有在解决了供应链管理问题的前提下，店铺的营销、运营和推广才能不受制约，才能继续在电子商务的热潮中奔跑。

第 3 章

仓储管理

3.1 仓储管理相关概念

本节让读者能够掌握：
- 什么是仓储？
- 为什么需要仓储？
- 现阶段的仓储发展如何？
- 什么是B2C仓储的基本流程？

3.1.1 什么是仓储

"仓"也称为仓库，是存放、保管、储存商品的建筑物和场所的总称，具有存放、保护、管理储藏商品的功能；"储"表示将商品储存以备用，具有收存、保护、管理、储藏商品、交付使用的意思，也称为储存。从概念上来说，是利用仓库存放、存储商品的行为。 仓库是相对静态的，而仓储是动态的，两者有着重要的区别。本章中统一称为"仓储"。

仓储有一个基本的功能，它包括了商品的进出、库存、分拣、包装、配送及信息处理6个方面。当商品不能及时并完全销售时，企业就需要有一个专门的存放点，这个就称为静态的仓储行为，其中对商品的保管和控制及其采用的方法则是动态行为。

3.1.2 仓储的价值

简单而言，仓储的价值是为了满足供应链上下游的需求。在保证维持正常经营与销售的需求下，既要达到库存最小化的情况，又能够让卖家的库存量以及库存成本达到最低，这是一个重要而相对复杂的过程。不同的发展阶段、不同经营类目的企业，都需要针对自身的运营情况做出一些适当的调整或改变。

仓储管理的一个重要目标是柔性最大化，柔性是通过信息技术实现的，信息技术能够为存储和商品处理提供一些更高效、更便捷的方法，从而影响仓储的各个方面。常规意义上，柔性包括以下方面：商品分类、增值服务以及安排发货的方式。柔性的控制是相对灵活的。

随着物流向供应链管理的发展，企业越来越多地强调仓储是作为供应链中的一个独特角色。仓库不再只是单纯存储货物的库房了，而正在向配送中心演化。以服装行业为例，一个淘宝金冠卖家发货量已经达到每天 1000 单以上，就需要在自己仓库的布局里安排物流快递的中转分中心，这就意味着他们已经开始向配送中心转化。

仓库的面积大小跟商品的 SKU 数量及商品库存数量有着密切联系，直接决定了仓库的利用率，利用率越高，说明仓储布局规划越合理。

3.1.3 仓储管理的基本原则

仓储管理的基本原则是效率原则，是指在一定劳动要素投入量下商品的产出量比，高效率是现代经营管理的基本要求。高效率就意味着产出量大，劳动要素利用率高。仓储的效率则表现在仓容利用率、货物周转率、进出库时间、装卸车时间的指标上，从而达到快进、快出、多储存、保管好的高效率仓储。存货是一项重要的流动资产，它会占用大量的流动资金。在电商企业中，存货会占到企业总资产的 30%～50%，其管理、利用情况如何，直接关系到企业的资金占用水平以及资产运作效率。

虽然限制仓储空间会对仓储运作造成威胁，但却是很多淘宝卖家高层管理者所青睐的解决方案，主要原因是管理层面总有一种误解，即"总能在仓库中找到再放一件东西的地方"。然而，当仓储空间达到极限的时候，商品就会开始摆放在通道上、分拣区以及其他空地上，或放置在预留给其他商品的空间。这样的结果是，库存精确度降低，效率下降，绩效滑坡，最终导致服务水平下降。最大限度利用仓储空间，需要有效地移动、快速进出，可以有效抵消增加仓储空间的成本。

有效空间计算，必须考虑通道、分拣区和其他存储空间所占的建筑物空间。基于这种原则，如果说仓储的空间"满"了，从实际操作的角度来看，储存的空间已经到达了 80%～85%。要有效规划空间，就要对商品和商品的流动进行反复分析，制定仓储设施和储存模式（订单拣选模式）的动态布局。总而言之，如果没有切合实际的空间布局，不理解分类的需要，不理解摆位和补货的原则，整个仓储运营就会很快产生问题。换一种说法，速度比储存的密度更加重要。如果你一定要在某些作业中牺牲速度，在摆位的地方可以紧缩空间，但要在分拣/包装的地方保持快速操作的空间。这将加快仓库作业的运转速度，也就提升了卖家的发货速度。

货物的周转率是你的商品存放在仓库中的周转次数，是从数值的角度给予卖家一个相对科学的计算公式：

$$货物周转率 = 货物的销售数量/货物的库存数量$$

一个卖家的某件商品的库存周转率，如果一年的周转次数超过 6 次，是相对比较合理的周转次数。如果周转次数低于 6 次，可能你的商品周转情况不是很好，需要加快该商品的周转速度，如加大推广力度、清仓促销等。若有些爆款商品的周转次数比较高，甚至超过 20 次、30 次，就说明这个商品卖得特别好，需要重新审视你的采购订货点及采购量，确保供应链持续不断的供货。进出货的时间指货物在进库及出库的过程中，所需要花费的总体时间，速度越快，相对的效率就越高。装卸车的时间是当物流卡车到达仓库时，需要以最快的速度把货搬下或者搬上卡车。

3.1.4 仓储成本

仓储成本是一项非常重要的财务资产，目前大部分卖家很少能精确地计算出仓储成本，主要是因为仓储成本的构成不够明确。笔者在这里简要介绍仓储成本如何计算。

针对持有库存的生产型卖家及销售型卖家企业，仓储成本主要包括：仓储持有成本、订货或生产准备成本、缺货成本和在途库存持有成本。

1. 仓储持有成本

仓储持有成本是指为保持适当的库存而发生的成本，它可以分为固定成本和变动成本。固定成本与一定限度内的仓储数量无关，如仓储设备折旧、仓储设备的维护费用、仓库职工工资等。变动成本主要包括以下 4 项成本：资金占用成本、仓储维护成本、仓储运作成本、仓储风险成本。

2. 订货成本

订货成本是指企业为了实现一次订货而进行的各种操作的费用，包括处理订货的差旅费、办公费等支出。

3. 缺货成本

库存决策中另一项主要成本是缺货成本，是指由于库存供应中断而造成的损失。这种现象在淘宝卖家中非常普遍，尤其在顶端卖家与小型卖家中比较突出，究其原因是供应链环节出现了问题，当货物的供应跟不上销售的节奏时就出现了断链。其中包括原材料供应中断造成的停工损失、产成品库存缺货造成的延迟发货损失（卖家退款及淘宝条例中规定的赔款等）和丧失销售机会的损失（商誉损失、错过销售旺季等）。缺货成本主要包括以下几个方面。

（1）延期交货。延期交货可以有两种形式，一种是缺货商品可以在下次供应到货时得到补充，另一种是利用快递延期交货。如果客户愿意等到下一个供应商交货时间订货，那么卖家实际上没有什么损失。如果缺货商品需要快速延期交货，那么就会发生特殊订单处理和额外运输费用，从而提高了物流成本。

（2）失去销售。尽管一些买家可以允许延期交货，但是仍有一些买家会转向其他供应商，也就是说，许多卖家都有生产或销售商品的竞争者。当一个卖家没有买家所需的商品时，买家就会从其他卖家那里订货，在这些情况下，缺货导致失去销售，对于卖家来说，直接损失就是这种商品的利润损失。这样，可以通过计算这批商品的利润来确定直接损失。

（3）失去客户。第三种可能发生的情况是由于缺货而失去客户，也就是说，买家永远转向了另一个卖家。

4. 在途库存持有成本

在途库存持有成本不像前面讨论的三项成本那么明显，然而在某些情况下，卖家必须考虑这项成本。从理财的角度来看，在途运输商品仍是卖家的库存，甚至包括买家确认收货后再产生退货的成本。因为这种在途商品交给买家之前仍然属于卖家所有，运输方式及所需的时间是储存成本的一部分，卖家应该对运输成本与在途存货持有成本进行分析。

举个例子，如果一个卖家的缺货订单有上千张，而实际情况是卖家希望按订单生产（这是一个超前的思维模式，常称为"零库存"），这是一个不合理的情况，因为风险会很大，尤其是淘宝目前平台管理水平越来越成熟，对卖家的要求更为严格，而供应链的风险因素太多，所以建议在供应链得不到强力支撑的情况下，若不能按照订单来进行生产，不如尽量减少持有库存，加快库存周转速度，可以控制卖家整体缺货的环境，这样更为合理。

3.1.5 仓储管理的基本流程

如图 3-1 所示为针对电子商务尤其是 B2C 类型的仓库管理基本流程。

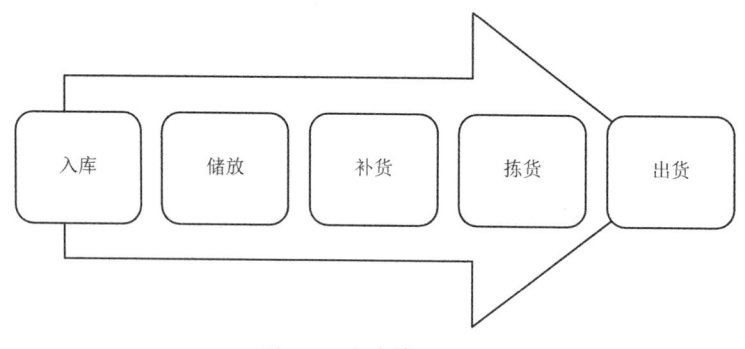

图 3-1　仓库管理流程

1. 入库

入库是商品储存的开始，主要指货运物流公司的车到达仓库后，仓库管理人员开始着手收货，包括接运提货、装卸搬运、检查验收、办理入库手续等一系列作业环节所构成的操作过程。

2. 储放

货物进仓后需要明确指出货物的存放位置（最好的方式是提前指定，一旦大货到仓时会加快货物储放的速度）。储放的具体位置会直接决定后续仓库作业流程的速度和效率。

3. 补货

通常的 B2C 仓库会将仓库的区域划分为零库和整库，即单款 SKU 商品储放的货架和整箱商品存放的区域。这样的规划会有利于减少订单拣货路径的长度，并加快拣货员的拣货速度。补货也称为"仓位补货"，因零库货架上的商品不足，而需要从整库的整箱商品中拣取并存放于相应的零库货架上，俗称"调拨"。

4．拣货

拣货也称"分拣"，为了满足订单中的商品，而从库区中提取货物，通常会有两种拣选方式："摘果式"和"播种式"。不同的卖家可以根据自己的类目特性、仓库实际情况、每天订单发货量、人员配备等条件来选取适合自己的拣货方式。

5．出货

出货包括订单效验、订单打包、出库交接等流程，当拣选的订单与货物一同拿到包装台前，需要对订单内所含的商品与所拣选的商品进行效验，确认发货订单商品的正确性。而后进行打包配货，以及出库与快递公司交接等操作。

尤其要注意的是货物入库后需要储放到指定的位置，可能是整箱储放位，或存放到散装的储放位，也有可能卖家的供货量比较小，直接放在货架上。储放摆位的顺序直接决定卖家的拣货顺序，卖家应尽量争取把货物在仓内移动的次数降低，促使整体的仓库移动成本降低。

3.2 仓储规划及布局

本节让读者能够掌握：
- 仓储的规划需要考虑哪些因素？
- 仓储的内部布局有哪些？
- 什么是库位编码？如何制定库位编码？
- 库位存储系统是什么？其优缺点有哪些？
- 什么是移动式库位？
- 多仓情况下该如何规划设计仓库？
- 为什么需要仓库管理系统？

3.2.1 仓储的规划设计

制定仓储规划时，同时还要考虑货物的重量和其他特殊因素，如货物是不是需要冷藏，这样就需要一些特殊的环节来存放。

仓储设计必须考虑商品的移动特性，如果货物的体积或者质量比较大，就必须把这些大件的商品放置在尽量靠近仓库的出货区。在设计过程中必须考虑以下3个因素：仓库的层数、空间使用计划和商品流。

理想的仓库设计是一个单层建筑，这样就能避免垂直搬运货物。通常作业瓶颈产生在垂直搬运设施处，如电梯和传送带。仓库设计应该使空间使用率最大，尽管传统行业中的仓库设计高度已经达到了20~30米，但绝大多数B2C商城以及淘宝卖家的仓库层高是6~9米。过高的设计会加大成本的投入，其中的产出比需要卖家自己衡量。如果考虑到层高较高，为加大空间的使用，可以采用一些阁楼式的货架。

如果是多层仓库，整体仓库的使用情况会比较复杂，一般而言仓库电梯的效率并不是非常理想，如果考虑大量发货的情况，仓库的高度会影响卖家的发货速度。

如图3-2所示，例C是最常规、最容易被接受的出入口布局，也是最好的方法。仓库设计应该便于商品持续向前移动穿过仓库。仓库存库区域的布局设计应该使商品流动更加方便。布局和商品处理系统是一个整体。

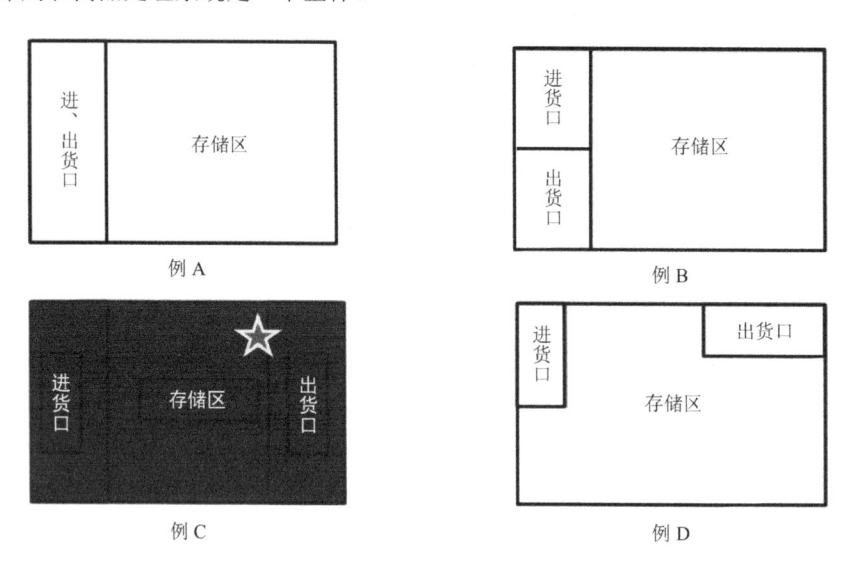

图3-2 仓库规划图例

如图3-3所示，建议有一个持续向前的过程，上方是货物的进口，下方是货物的出口，货物通过收货区➔存储区➔订单分拣区➔包装打包区➔待发区（交接区）。基本形式上，货物是这样流转的方式，这就是持续向前的方式。

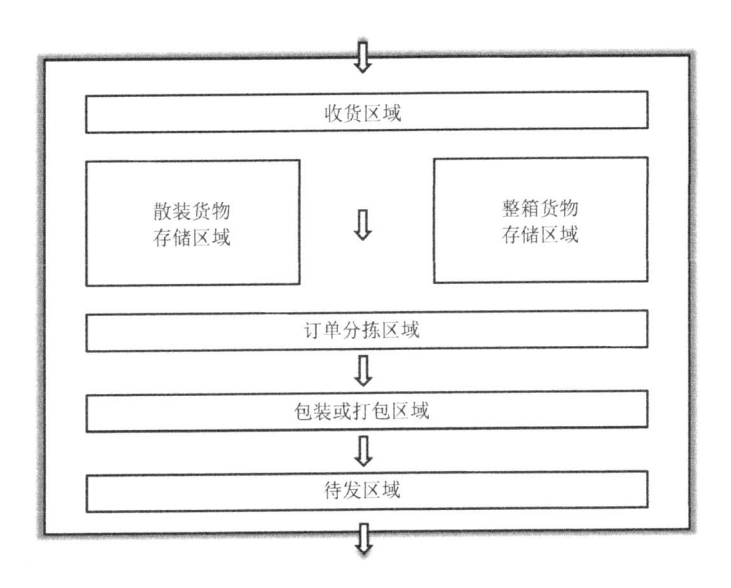

图 3-3　商品流动流程

如图 3-4 所示展示了另一种仓库布局，货物的入库作业或仓位补货的操作，协助订单分拣作业。

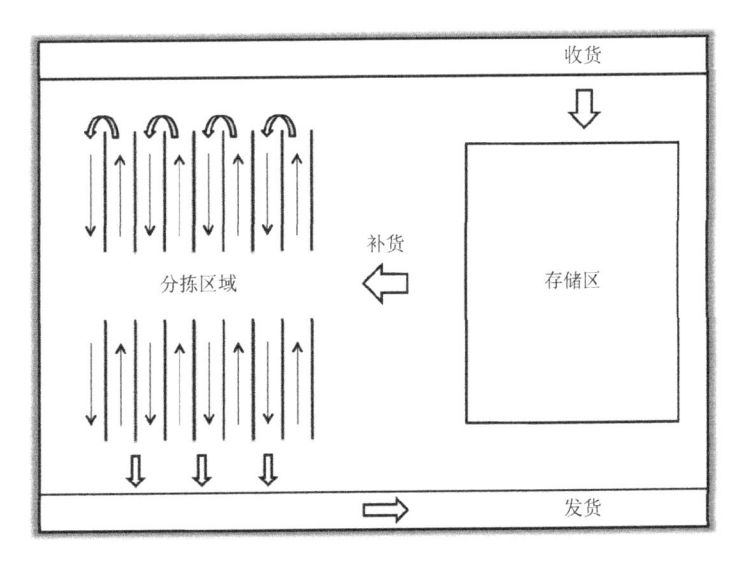

图 3-4　另一种仓库布局

图3-4的平面设计几乎是正方形的。正方形设计的倡导者认为这种设计框架使整体运作效率最优。正如本章前面提到的那样，产品应该在特定区域进行订单分拣。如图3-4所示就属于这种情况，其中用拣货区或分拣区的标志标出了这个区域。这样做的主要目的是使订单分拣人员在进行订单分拣时移动的距离最小。

分拣区需要存储区的支持，当产品到达仓库后，将被转移到存储区，分拣区则根据需要从存储区补进产品。在分拣区内，根据产品的质量、体积和补给速度来确定产品放置的位置，尽可能减少运出产品的移动。订单分拣人员使用拖车在分拣区内进行买家订单的装配。图3-4中的箭头表示产品分拣作业的流向。货架间拣货采用U形法，以及在通道间拣货过程中需要采用V形法，这样可以在两排货架之间拣货。如果卖家的仓储管理系统做得比较好，系统会提示订单的拣货路径。

不论使用什么方法，最开始都需要预测在一定时间内，仓库内每种商品的基本库存和安全库存的数量。一个控制库存的很好原则就是预留10%～20%的额外空间来应付增加的库存量、新商品和新的业务机会。

3.2.2 仓库设计需要考虑的重要因素

1. 仓库选址原则

仓储的规划和设计中，从选址的原则角度来看需要考虑以下几个方面的因素。

（1）劳动力环境选址：劳动力环境选址是关键因素之一，劳动力环境会帮助卖家在未来的发展以及大促来临时，找到合适的劳动力来满足业务持续不断发展的需要，而这个因素通常会被广大的卖家忽略。

（2）政策环境（如税收优惠、减免等）：政府的税收优惠、减免可以一定程度上缓解卖家的资金压力。

（3）土地空间：同样是一个考虑未来发展的重要因素，如果业务量暴增，而仓库的土地空间面积不足，会极大限制卖家的发展速度。这时就不得不再去找新的仓库地址。

（4）物流配送：物流配送的便捷性会影响货物是否能够快速抵达，或者订单是否能够迅速随车发出，如果物流配送不便利，就会给卖家业务的运营带来极大的麻烦。建议选择多家物流公司都能抵达的区域范围。如果这个仓储地点靠近物流分转中心，我们就理解为在物流配送的环节中是比较可靠的，或者是比较灵活的。

2. 仓库作业设计原则

仓库作业的主要设计原则如图3-5所示。

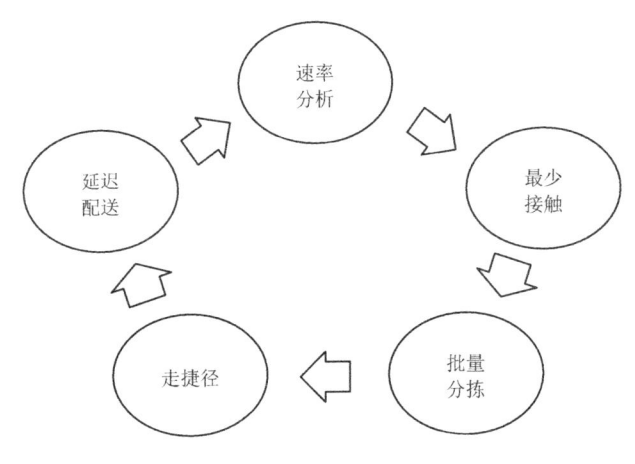

图 3-5 仓库作业主要设计原则

（1）速率分析：每个SKU速率分析都会注重分拣高速率商品和低速率商品时劳动力的消化。

（2）最少接触：与所存商品接触得越频繁，运作成本就会增加得越多。

（3）批量分拣：在大多数的配送作业中，一个员工每天至少有50%的时间用于走路和找货。在一个仓库中，分拣工作本身就要耗费大半的劳动力。通过将订单集中在一起，形成不同的订单组，并利用一些技术按组进行分批分拣，配送中心能够大大减少员工行走时间。

（4）走捷径：将商品直接从接收区域送到分拣区域而不经过储存和补货环节，越库转运，以及直接从储存区进行整箱分拣。

（5）延迟配送：尽量推迟对有特殊目的或为特殊客户定制的商品做任何工作。延迟战略的一个主要应用就是在接收订单后再对其个性化的要求进行处理。

3. 仓库及库区设计原则

仓库及库区的设计原则有以下几点：

(1)装卸月台的要求；

(2)消防安全设施；

(3)根据优化的通道布局，配置支撑建筑物的立柱；

(4)出库门的大小是否满足批量处理货物的需求；

(5)办公室和休息区的选址；

(6)整个库区的照明充足；

(7)影响库内商品平稳流动的障碍物；

(8)从收货到存储区到发货的最短距离；

(9)计算机工作站的位置；

(10)临时空托盘存放区域；

(11)将未来的扩张、存储商品种类变化等因素考虑在内。

3.2.3 仓库的布局与设计

在仓储空间中，不管货物是地面直接堆积还是以货架储放，都需要占用仓储面积，若能有效利用仓储空间，仓储成本自然会减少。空间的利用方法有以下3种。

1．向上发展

尽量利用仓储的高度空间，这样会加大仓储的仓容利用率。采用阁楼式的货架，可以充分利用仓库的空间。

2．平面经济的有效利用

(1)非储存空间设置角落。所谓非储存空间设置角落即将厕所、楼梯、办公室清扫工具室等设施尽量设置在保管区域的角落或边缘。

(2)减少通道面积。减少通道面积相对就增加了储存面积，但可能会因通道变窄、变少而影响作业人员的通行。因此，在空间利用率与作业影响两个条件中根据自己需求的权重来取一个平衡点。

(3)货架的安装设置应尽量采取方形配置，如图3-6所示。

图 3-6 货架采取方形配置

3. 库位设计

（1）库区空间规划布局设计：库位管理的重点有两个方向，一是如何增加库区空间的有效利用，二是如何促进货物的流动。

（2）库位编码：为了方便记忆与记录，库位编号、品名、序号、标签记号等用以识别的记录代码非常重要。实际上库位的编码如同货物的住址，库位编码并没有特别的要求，只要能够清楚、唯一地标示出库位的地址信息，以便仓管人员能够找到货物存放的对应位置。

建议库位编码的方法如下：

库区编码（1~2 位英文字母）+ 货架号（2 位数字）+ 货架层（1 位数字）+ 货架单元（1 或 2 位数字）

例如，A01-3-1、B02-2-13 等，以此类推。如图 3-7 所示是库位系统的简单货架图。假定你的货架是三层，库位编码管理的最好方法是，可以把这些库位编号打成条码，贴在货架的下方，后续的发展过程中可以采用一些移动扫描枪，直接来获取商品及库存数据等。

3F	1	2	3	4	5	6	7	8	9
	库存编码:A01-3-1	库存编码:A01-3-2	库存编码:A01-3-3	库存编码:A01-3-4	库存编码:A01-3-5	库存编码:A01-3-6	库存编码:A01-3-7	库存编码:A01-3-8	库存编码:A01-3-9
2F	N/A	N/A	N/A	N/A	N/A	N/A	N/A	N/A	N/A
1F	N/A	N/A	N/A	N/A	N/A	N/A	N/A	N/A	N/A

图 3-7　库位系统简单货架图

4．货架系统的布局与设计

货架系统的布局与设计主要考虑以下 3 个方面：

（1）货架的材质与结构；

（2）货架的层高；

（3）通道宽度和安全搬运间距。

如图 3-8 所示是很常规的仓储布局方式，仓储利用率相对比较高。在 A 区、B 区、C 区，如果通道面积过大，仓储利用率就降低，反之，就会发生堵塞。通常情况下，主通道取决于仓库货物的搬运工具大小，次通道的宽度可以控制在 2～3 个人并行来回走动，当然也可以做得更大一点，取决于货品的体积及拣选工具。

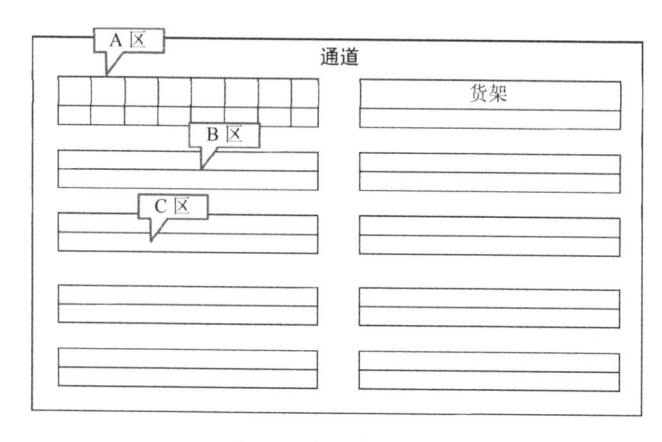

图 3-8　仓储布局方式

3.2.4 仓库设计的数据及信息

仓库设计的数据及信息包括以下几个方面：
- 库存单元的数量；
- 设计库存单元的规格；
- 年吞吐量、月吞吐量；
- 季节性；
- 增长率设计；
- 收货特征；
- 订单特征；
- 发货特征；
- 存储特征；
- 库存周转。比较理想的是大多数库存的周转次数至少达到 6 次，某些情况下更高。

本节简要介绍"ABC"分类法（3.4.4 节重点介绍），所谓"ABC"分类法即将货物按其出入库的频繁程度、数量和质量的不同进行分类，并按类保管。在货物的库位布置中，根据"ABC"的分类方法，应将出入库次数频繁、数量大、质量大的 A 类货物放置在离库门较近的地方，反之则可放置在离库门较远处。这种布置方式有利于缩短货物的平均搬运距离。减少搬动次数及距离，做最有效的搬运工作，增加货物移动速度，使得存货成本及相关成本得以降低。

仓储规划的 3 个关键因素为存区、时间和人。

（1）存区。空间的规划应考虑到暂存区的位置。暂存区可作为理货、暂存及调节季节区。例如，在淘宝的一次聚划算活动中，当你直接把货从整库区拿出来，放在固定的区域，这个区域称作暂存区域，你可以在聚划算发货的过程中直接发货，不再需要通过拣货，因为聚划算的发单量很大，而且货品单一，所以可以直接包装出货。

（2）时间。通过仓储的划时段运用，不仅可以提高空间的使用率，更可以提高人员及设备的效率。

（3）人。应实施人性化管理，着重人员的训练，以提高效率与正确率。工作的内容应单纯化，以便利用兼职人员。

3.2.5 库位规划

库位规划指在不同的库位上存储，货物存储的策略是怎样的，以及不同策略的优点和缺点，什么样的卖家可以使用什么样的存储方式。如图3-9所示，库位规划的策略主要分为以下几种。

定位储放，这种方法比较常规，就是每项存储商品都有一个固定的库位，现阶段大多数卖家正在使用这种方法，这种方法容易管理，但是存储空间的浪费率比较高，不可能所有的商品都有一个SKU，库位的整体利用情况肯定会降低，即仓容利用率较低。如果库位单元都已被占满，则新品上架的存储空间会是一个问题。

随机储放，这个其实是比较重要的一种存储方式，每个上架的商品指派的库区空间是随机的，可以随时变化，今天可以放这个库位单元，明天也可以放那个库位单元，这个取决于现场的实际情况。所以库区空间的使用率会比较高。

分类储放，所有商品按照一定特性加以分类且每一种商品有固定的储放位置。

分类随机储放，顾名思义，是随机储放的一种演变，是在这个分类基础上做了一些随机库位的利用。

储存策略	内容	优点	缺点
定位储放 （适合小卖家）	每一项储存商品都有固定库位，商品不能互用库位	容易管理	库位空间利用率较低
随机储放 （适合大卖家）	每一个商品被指派的库位是随机产生且经常可变	库区空间的使用效率较高	库位管理须与仓库管理系统结合
分类储放 （适合中小卖家）	所有商品按照一定特性加以分类且每一种商品有固定的储放位置	便于畅销品存取、管理容易	库位空间利用率较低
分类随机储放 （适合超级卖家、大卖家）	每一类商品有固定存放的库区，但各类库区内的库位为随机指派	可提高库区利用率	库位管理须与仓库管理系统结合

图3-9 库位规划的储存策略

随机库位，又称移动式库位或动态库位，商品无须按照指定的库位存放，可以提升仓储容积利用率，提高仓库作业的效率，通常适合大卖家，或有长远发展规划的卖家使用。

3.2.6 多仓规划设计

随着电子商务在中国的发展速度越来越快，大卖家已经开始考虑自己的多仓规划了。分仓，也就是根据实际的业务需要及未来的业务增长趋势设定多个仓库，用以满足持续不断的物流及仓库的需要。有效的分仓可以加快物流配送，提高买家满意度，当然如果没有找到合适的分仓方法，则会陷入更大的困境，造成缺货及物流供应链断裂。分仓又称多仓。

下面来看看多仓的规划设计，目前大部分卖家由于业务规模限制还没有涉及多仓的规划。这里只做简单的介绍。

（1）配送网络中应该设有多少个仓库？应该设在哪里？

根据配送网络系统设计原则，配送网络中应该设有多少个仓库？例如，在业务量越来越大的情况下，单独一个仓库已经不能满足发展的需求，到底需要多少个仓库比较合理，这些仓分别应该设在哪里，这就回到了 3.2.2 节提到的选址位置。不同的商品类目，以及商品的热销区域会直接影响仓库的大小及具体的地理位置。通常情况下会将仓库设定在北京、上海、广州等地，一方面因为是全国地区性的物流中心，对供应链和配送发货都比较集中，另一方面这些城市周围的订单量比较大，可以降低物流运送成本。

（2）仓库之间应该是怎样的运转模式呢？

- 地区仓，顾名思义是以地区划分仓库的地理位置以及负责送达的省份和城市等。如在上海的仓库叫华东区仓库，所有的华东区订单都是上海仓库发货；华南区仓库可能设在广州或者深圳，支持华南地区的发货。
- 母子仓，通过地区仓每个主仓负责周边若干省市的配送任务，每个主仓可能还分为若干个子仓，存储不同的品类。典型的例子有京东商城等。仓与仓之间的库存调拨并不频繁，缺点是丧失了很多销售机会，如某 SKU 北京无货，而上海有货，那么北京买家是买不到的。
- 平行仓，它并没有特别明显的主次之分，取决于仓库中有无商品库存量。平行仓对仓储管理系统的要求非常高，有多种专门设计的科学计算模型，什么样的商品从什么仓库发送，典型的例子有亚马逊大型 B2C 等。举一个例子，当一个订单生成以后，系统不会让买家选仓库。在下载订单被执行的过程中会自动拆包。A 包裹放在哪里，由哪个仓库发货，又为什么由这个仓库发货？这时系统会有自己的规则，当

A 仓库没有货，系统会安排 B 仓库发货，所以买家可能收到两个包裹，或者是三个包裹，这样会增加运输成本，但是从另外一个角度会提高买家的购物满意度，因为卖家不能保证每个仓所有的货物都有。

（3）这些仓库的存储量和吞吐量是多少？

（4）商品或商品线应该怎样分配到不同的仓库？

针对本节的内容，大家只要对其有所了解，不需要深入研究。有可能在未来，大卖家会接触到多仓的规划设计。

3.2.7 仓库管理系统

仓库管理信息系统，Warehouse Management System，简称 WMS。WMS 是 ERP 一个非常重要的组成部分，这在传统行业中正在发挥巨大的作用。同样，电商企业同样需要适合自己的 WMS 系统，根据自己的规模大小以及发展规划来选择。WMS 是以条形码技术和数据库技术为基础，如图 3-10 所示，从而实现仓库管理中货物的进货、出货、库存控制、盘点等管理功能；并可依托互联网进行客户订单和查询管理的管理信息系统。它包括入库作业管理系统、出库作业管理系统、库存控制系统共 3 个子系统。

图 3-10 条形码

大多数公司都使用仓储管理系统（WMS）规范仓库的工作流程，鼓励实施最佳作业模式。仓储管理系统的一个主要作用是协调订单分拣作业。订单分拣的两种基本方法是离散拣货和分类拣货，在离散拣货过程中，一次只安排一个客户订单的分拣和装运准备工作。当订单和拣货作业都很重要时，通常会使用离散拣货。分类拣货可以按照不同的分类方式进行设计和作业。一种订单分类方式是先将一个时期内的所有订单汇总，然后将所有订单中的某一类商品全部存放在仓库中的某个特定区域。除了这种分类方式以外，也可以根据某个特定运输目的地或物流快递公司名称进行订单分类。在仓库内的作业尽量采用条码扫描枪，如图 3-11 所示。

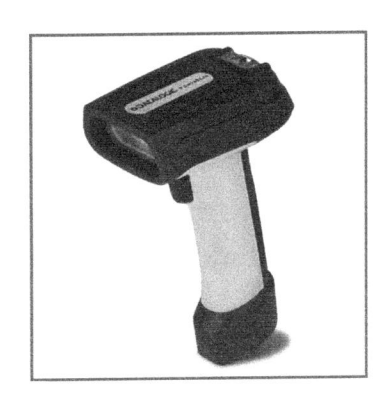

图 3-11 条码扫描枪

现在有些仓库已经在使用无线射频技术（RFID），而在 B2C 行业中，目前还没有大量普及的案例，因为它的投入成本太高。在电子商务仓库里，贴 RFID 芯片是极其花费时间和成本的，而且 RFID 芯片的自身成本也不低。在 B2B 行业中，因为 RFID 技术可以将这个芯片植入到托盘中，拖车在托盘的移动过程中会进行计算，当货物在出货过程中，就可以直接把这个托盘收回，所以 RFID 技术在 B2B 中应用的比较成熟。

3.3 入库作业

入库是商品储存的开始，主要指仓库接到商品入库通知单后，经过接运提货、装卸搬运、检查验收、办理入库手续等一系列作业环节所构成的整体过程。

3.3.1 基本流程

入库主要包括以下几个环节：入库准备，商品接运，商品验收，入库交接，办理入库凭证。办理入库凭证的时候，在 WMS 系统中做一些登记就可以了，如果有扫描枪，可以通过扫描枪进行登记，以便加快入库速度，提高时间的利用率。

在实际应用中，由于仓储中心业务的多样性，因此，可能有多种多样的入库方式。不管是哪种入库模式，均有以下共同点。

（1）商品入库都需要入库依据；

（2）商品入库前需要有准备工作，即组织准备和工具准备；

（3）完成准备工作后，商品的入库一般主要有如下几个环节，如图3-12所示。

入库准备 ⇨ 商品接运 ⇨ 商品验收 ⇨ 入库交接 ⇨ 办理入库凭证

图 3-12　商品入库主要环节

当大货达到仓库时，仓库需要明确货物的存放位置（最好的方式是提前指定，一旦大货到仓时会加快货物储放的速度）。储放的具体位置会直接决定后续仓库作业流程的速度和效率。尤其是针对大型卖家的商品接运环节是非常重要的，这时，物流公司会把整箱的货物堆积在仓库入口处，而此时一旦没有提前安排交接人员及储放的位置，会立刻造成通道堵塞，交接混乱，造成不必要的损失。

商品验收环节，取决于卖家自己的验收流程，如：

- 整箱验收；
- 拆箱验收；
- 包装检验；
- 商品实物检查，包括抽样、部分检查或者全面检查。

针对标准型产品或者知名厂家生产的商品，可信度较高，故可以采取整箱验收，但如果供应商的资质不是很理想，建议采用商品实物检查。

3.3.2　摆位与储存流程

入库之后通常会遇到摆放位置的问题，放在哪里比较好，以及存储的流程如何。其实当货物入库时，就是将货物直接放到存储区。通常的摆位有以下3种：

1．按顺序摆位

最常见的方法是把所有到货的货品都按收货顺序进行堆码，然后根据包装清单和其他相关文档进行核收。这种方法可以确保所收货品的种类和数量在向下配送前是准确可靠的。尽管此操作流程可能很容易发现货品的不符点，并且能够轻松地对货品进行管理，但是它需要较大的工作平台，同时增加了货品在库区上的作业时间。

2. 按商品分类摆位

按货品分类进行堆码的方法可以在接收到所有货品之前将部分摆位作业完成。这种方法使用较少的存储空间，也减少了把产品送到最终存货点的时间。

3. 按目的地摆位

这种方法是为了加快商品的移动速度，减少商品从收货至送到存储点的时间，并降低作业平台的使用面积，可以将商品从运输车辆上接收后直接送达最终的存货地点。这种方法比前两种方法更有效率，同时将产品送到最终存货点所需的时间相对减少，但是这种形式需要仓库管理系统支撑。

大多数淘宝卖家在实际仓库作业中能明显感觉到，商品的移动会直接影响作业的复杂程度，但未必能够找到合适的方式存储。在仓库的布局空间相对合理的情况下，建议可以采用分类摆位与目的地摆位结合的方式存放。尽量把大件或较重的商品一次性放置在靠近出库口的位置，避免重复移动或多次移动。

3.3.3 摆位对分拣的影响

摆位过程非常重要，摆位作业中的分拣对整个操作效率有巨大影响。分拣主要考虑的是单位商品的分拣速度和尺寸的大小。例如，快速移动的、按件分拣的商品应当保存在优先区，这样既可以实现快速分拣，又可以减少补货距离。较重的货物应当在分拣顺序上优先拣选，放置在拣选工具的下方，以免对商品造成损坏。

3.3.4 仓位补货作业

所谓仓位补货作业是指将货物从自存储区移动至订单拣货区。它有可能是单向的，也有可能是逆向的。

通常的 B2C 仓库会将仓库的区域划分为零库和整库,即单款 SKU 商品储放的货架和整箱商品存放的区域。这样的规划有利于减少订单拣货路径长度,并加快拣货员的拣货速度。补货,也称"仓位补货",因零库货架上的商品不足,而需从整库的整箱商品中拣取并存放到相应的零库货架上,俗称"调拨"。

如图 3-13 所示为几种补货方式。

补货时机	补货原则	适合的作业情况
批次补货	一次补足	一日内作业变化很大,针对卖家的需求量大的商品
定时补货	定时补足	分批拣货时间固定,如中午或晚上
随机补货	不定时补足	每批次拣取量不大,订单中的商品量不固定

图 3-13 补货方式

针对卖家的实际情况,建议采用定时补货机制,如每天中午或晚上,检查商品库位使用的情况,同时还需要查看往日的销量及下一补货期前的预测销量。这样可以计算仓位的容量是否能够满足预估,满足发货的情况,还可以根据仓位的容积率来计算存放 SKU 的数量。针对后续补货的时候,是否补满,补多少,有重要的意义。有一种情况,对一些相对次要的商品,如果补得太多,就算补满了,也可能会造成仓库效率没有发挥到最佳,在一个库位中,可能会放两到三个不同的 SKU,这取决于商品的 SKU 数量及销量。

3.4 库存管理与库存控制方法

"库存是一把双刃剑,是一个必要的恶魔",一方面,库存量较高,对卖家来说可以保证订单流程的顺畅;另一方面,库存量较低,可以减少企业的资金占用、相应的库存保管成本及库存管理成本,但对供应链的压力会持续加大,一旦发生断货,就立刻产生了缺货成本。

处于储存状态的商品叫做库存,它是储存的表现形态。库存的存在是必要的。由于人们无法预测未来的需求变化,为了防止商品短缺,减少企业缺货率,而不得已采用库存的手段,以应付外界的变化。库存具有"蓄水"功能,如图 3-14 所示,库存商品就像水箱里的水,当有消耗需求的时候,就及时取出,满足需求。

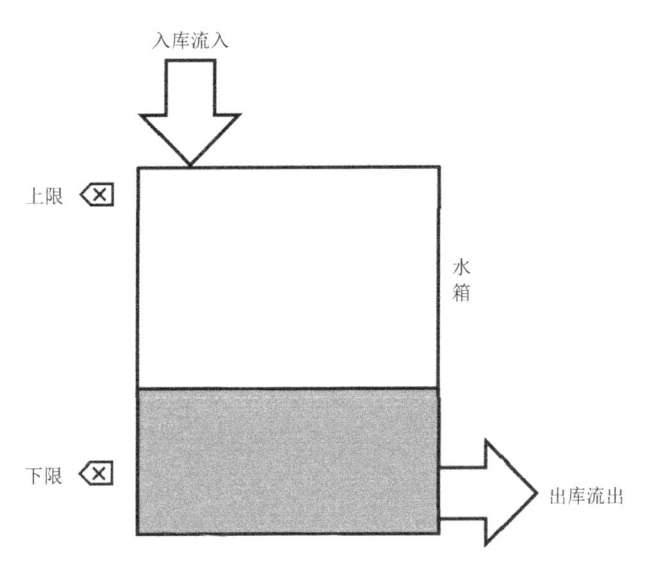

图 3-14　库存模型

图 3-14 中将库存比喻为具有蓄水功能的箱子，理解为库存蓄水池，通过形象的描述将会很好的理解库存：上方是入库流入，下方就是出库流出，把水倒入水箱，深色区域是水的容量，那么库存就是水的坐标位置。上限标尺寓意着将满，也就常说的允许最高库存量，下限标尺寓意着即将用完，也就是常说的安全库存数。安全库存数下降到某个点时，库存就会发出警报，这对采购人员和仓库人员是一个很好的预警机制。一旦低于安全库存数，系统会持续发出警报，直到仓库中没有库存，这时就产生缺货，缺货数量可能会一直持续下去，如果供应链跟不上就会遇到此类问题。

3.4.1　库存分类

通常我们将库存按以下几种方式分类。

1. 按其在生产与配送过程中所处的状态划分

（1）原材料库存；
（2）在制品库存；
（3）产成品库存。

通常电子商务仓库主要是指产成品的库存管理。

2. 按作业和功能划分

（1）经常库存：经常库存又称周转库存，是指在正常的经营环境下，卖家为满足日常运营需要而建立的库存，经常库存的高低与库存补充的采购批量有密切关系。

（2）安全库存：用于缓冲不确定性因素而准备的库存，即安全库存。安全库存的数量除了受需求和供应的不确定因素影响外，还与卖家商品的供应商资质有密切的联系。

（3）生产加工的库存：指处于加工状态以及为了生产的需要暂时处于储存状态的半成品或成品。

（4）投机性库存：是指企业为了预防商品的涨价，在低价时进行额外数量的购进而形成的库存。

（5）季节性库存：是指为了满足特定季节中出现的特定需要所建立的库存。

（6）积压库存：积压库存是指因品质变坏不再有效使用的商品库存，或因滞销而卖不出去的商品库存。

3.4.2 库存控制

所谓库存控制，是指在保障业务正常运作的前提下，为使库存商品达到最少数量所进行有效管理的技术经济措施，也就是对商品库存量的控制。在商品库存中，把过剩库存、积压库存和缺货称为三大不良库存。库存控制的关键问题如下。

1. 确定订购点

所谓订购点，是指库存量降至某一数量时，应即刻采购补充的点或界限。如果订购点抓得过早，必将使库存增加，相对增加了货品的库存成本及空间占有成本，如果订购点抓得太晚，则将造成缺货，甚至流失订单、影响信誉。因而订购点的掌握非常重要。

2. 确定订购量

所谓订购量，是指库存量已达到采购点时，决定订购补充的数量，按此数量订购，方能配合最高库存量与最低库存量的基准。若订购量过多，则货品的库存成本增加；若订购量太少，货品会有供应断档的可能，且订购次数必然增加，提高了订购成本。

3. 确定库存基准

库存基准的问题，即应维持多少库存。

（1）最低库存量：是指卖家在衡量自身的商品特性以及需求后，所订购的商品库存数量应维持的最低界限。

- 理想最低库存量，又称购置时间（从向供应商下采购订单到将货物送达仓库的采购周期，有时也称前置期 Lead Time），也就是采购期间尚未进货时的货品需求量，这是卖家需维持的临界库存，一旦货品库存量低于此界限，就会有缺货的危险。
- 实际最低库存量。既然理想最低库存量是一种临界库存，为了保险起见，卖家可以在理想最低库存量外再多设定一个准备的"安全库存量"，以防供应不及时发生缺货，这就是实际最低库存量。实际最低库存量也称最低库存量。

（2）最高库存量

为了防止库存过多、浪费资金，各种货品均应限定其可能的最高库存水平，也就是货品库存数量界限，以此作为内部警戒的一个指标。因而，对于一些不容易准确预测也不容易控制库存的商品，最好制订"库存上限和下限"（即最高库存量和最低库存量）。一旦系统发现库存低于库存下限，则发出警报，提醒采购人员"及时采购"；一旦发现货品库存量大于库存上限，则要发出警报，提醒管理人员"库存量过多"，应加强销售或采取其他促销折价的活动。

- 实现库存合理化的措施主要有以下几类：
- 储存物品的 ABC 分析；
- 实施重点管理；
- 适当集中储存；
- 加速周转；
- 采用有效的"先进先出"（First In First Out，FIFO）方式；
- 增加储存密度，提高仓容利用率；
- 采用有效的储存定位系统，如 WMS 定位。

3.4.3 储存定位系统

如果储存定位系统有效,不仅能大大减少寻找、存放、取出的时间,节约劳动时间及人力成本,而且能防止差错等管理方式。

储存定位系统利用电子计算机储存容量大、检索速度快的优势,在入库时将商品的存放库位输入计算机,出库时向计算机发出指令,并按计算机的指示人工或自动寻址,找到存放货、拣选取货的方式。一般采用自由库位方式(Free Location,又称移动式库位或动态库位),计算机指示入库物品存放在就近易于存取之处,或根据入库物品的存放时间和特点,指示合适的库位,取货时也可就近就便。这种方式可以充分利用每一个库位,而不需专位待货,有利于提高仓库的存储能力,当吞吐量相同时,可比一般仓库减少存储面积。建议大型卖家可以使用此定位系统并结合 WMS,提升仓库管理人员的效率。

例如,仓库中目前 A 化妆品的保质期至 2012 年 10 月 31 日,储放于库位 A01。当有一批 A 化妆品到货时,保质期至 2012 年 12 月 31 日,那么这批货物如何放,如果按照固定库位存放,可能就放在一起了,实际上这是不利于先进先出或保质期优先出库的。正确的做法是,应该把这批货分开存放于两个不同的库位(存放于库位 A02)。在出货时,储存定位系统会告诉你先取哪批货,A01 库位存放的是 2012 年 10 月 31 日到期的 A 化妆品,A02 库位存放的是 2012 年 12 月 31 日到期的 A 化妆品,系统会自动安排拣货员从 A01 库位发出指令,直到 A01 库位的货品发完,再发 A02 库位的商品。

一款热销的商品可以利用移动式库位的计算方式存放多个库位,这样可以减少仓位补货的次数,同时也可以加快拣货的速度。

针对一个货架,可以存放不同种类的商品,但不建议将同 SKU 不同批次的商品放在同一货架上,每个库位只可放同一种商品 SKU。针对一些服装类 SKU,不同的衣服有不同的大小,通常拣货的时候,能看到这款衣服的颜色,所以可以把同一个尺码不同的颜色放在一个库位,这样直接提高了仓库的容积利用率。这就意味着,一个仓库的库位可以存放不同的 SKU,这就是随机库位带来的好处,而固定库位则管理起来会非常麻烦。

3.4.4 ABC 分类管理方法

ABC 分类管理法是运用数理统计的方法，对种类繁多的各种商品，根据其特征进行分类排队，以抓住主要矛盾，分清重点与一般，有区别地实施管理的定量科学分类管理技术。

具体地说，这种方法是按影响因素、事物属性或所占比重（或累计比重）等不同要求，把事物和管理对象划分为 A、B、C 三部分，分别给予重点、一般、次要等不同程度的相应管理。一般把主要特征值的累计百分数在 0~80% 的若干因素分为 A 类因素，应重点管理；累计百分数在 80%~90% 的若干因素分为 B 类因素，是次要因素，做一般管理；累计百分数在 90%~100% 的若干因素分为 C 类因素，这是最次要因素，进行次要管理。

例如，以商品的储存及采购为管理对象，一般分类为：A 类商品占总数的 10% 左右，而其价值却占总价值的 70% 以上，这类商品是重要的商品，品种少，可采用定时定量供应；B 类商品品种多，占总数的 20% 左右，其占用资金却比 A 类少，属于中间状态，可实行一般控制，按平常的采购量和储存量处理；C 类商品数量很多，价值很低，约占总商品数的 70% 左右，其价值则只占总价值量的 10% 以下，对这类商品的采购和储存只需要简单控制，有的可大批量订货长期使用，有的可随时购买。

具体操作步骤如下：

（1）收集数据：针对不同的对象和分析内容，收集有关数据。收集各个品项商品的年销售量、商品单价等数据。

（2）统计汇总：对原始数据进行整理并按要求进行计算，如计算销售额、品项数、累计品项数、累计品项百分数、累计销售额、累计销售百分比等。

（3）编制 ABC 分析表，如图 3-15 所示。

（4）制作 ABC 分析图，如图 3-16 所示。

（5）确定重点管理方式，如图 3-17 所示。

如图 3-15 所示说明了库存 ABC 的分类模型统计表，关于仓储的商品在仓库中价值的总值。例如，A 类商品的 SPU 和 SKU 数占全部品种的 9.6%，累计品种百分数为 9.6%，销售额 6300 元，占总销售额的 75.1%。B 类货物占全部品种的 19.6%，累计品种百分数为 29.2%，销售额 1420 元，占总销售额的 16.9%。C 类货物占全部品种的 70.8%，累计品种百分数为 100%，销售额 670 元，占总销售额的 8%。经过分析，A 类商品销售额最高，针对此类货的采购方式也是不一样的。具体的图形分析如图 3-16 所示。

分类	SPU/SKU数	占全部品种的百分比（%）	品种累计百分数（%）	销售额	占销售总额的百分数（%）	销售额累计百分数（%）
A	328	9.6	9.6	6300	75.1	75.1
B	672	19.6	29.2	1420	16.9	92
C	2421	70.8	100	670	8	100

图 3-15　ABC 分析表

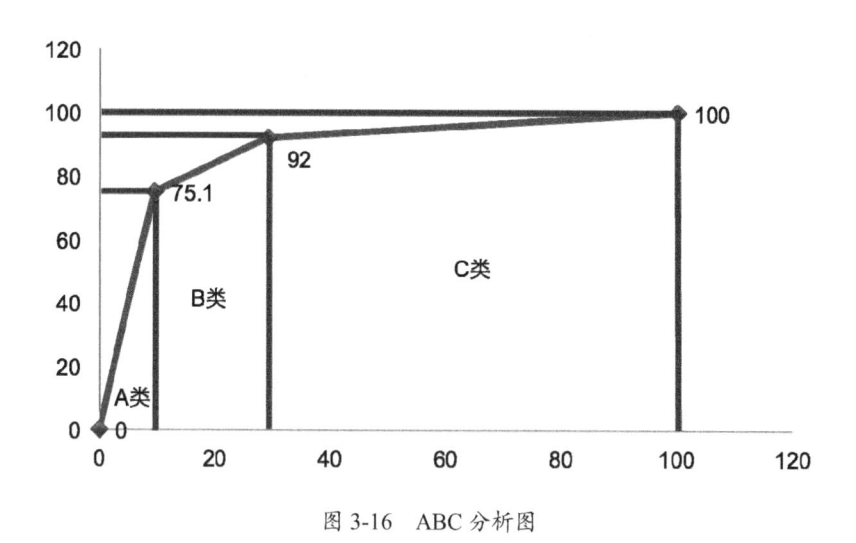

图 3-16　ABC 分析图

如图 3-17 所示说明了针对 A、B、C 三类商品的管理方式。

ABC 分类中，针对 C 类商品，有一个非常重要的分析法叫做关键因素分析法，又称 CVA 库存管理法，主要由于 ABC 分类法中 C 类货物得不到足够的重视，往往因此而导致缺货，在实际工作中可以把两种方法结合起来，引进 CVA 管理法来对 ABC 分类法进行有益的补充，它是将货物分为最高优先级、较高优先级、中等优先级和较低优先级四个等级，对不同等级的商品允许缺货的程度是不同的,如图 3-18 所示。

SKU 分类	托 盘	箱	件
A 类货	占用空间最大 通路、设备、高度、效率 靠前	占用空间居中 选择货架 靠前减小通道面积	占用空间最小 选择食物柜 靠前最小化通道
B 类货	占用空间最大 通路、设备、高度、效率 中部	占用空间居中 选择货架 居中	占用空间最小 选择储物柜 靠后
C 类货	可考虑拆成箱	占用空间居中 选择货架 居中或货架最高处	占用空间最小 选择储物柜 靠后旋转最高处

图 3-17 针对不同类商品的管理方式

库存类型	特 点	管理措施
最高优先级	关键物品或者 A 类重点物品	不允许缺货
较高优先级	基础性物品或者 B 类存货	允许偶尔缺货
中等优先级	比较重要的物品或 C 类存货	允许合理范围内缺货
较低优先级	需要但可替代物品	允许缺货

图 3-18 CVA 库存管理法

3.4.5 盘点作业

仓储管理系统要求保证库存的准确性,以维持仓储作业的有效性。要保证库存的准确性,通常每年或每个月,甚至每天都要进行实际库存盘点,或按计划周期性进行指定存库区域的盘点。周期盘点是指对一些选定的库存商品的盘点间隔时间。

以下是盘点时必须遵循的步骤。

(1)事先准备。

(2)盘点时间的决定。盘点时间的周期,如果是有实施 ABC 商品分类别管理的公司,A 类商品每天或每周盘点一次,B 类商品则每 2~3 周盘点一次,而 C 类商品每月盘点一次即可。

（3）盘点人员培训。

（4）储存场所的清理。

（5）盘点工作。

（6）差异因素追查。

（7）盘盈、盘亏的处理。

3.5 分拣作业

3.5.1 基本流程

在处理订单时，作业人员需要对货物进行分拣，并将分拣完毕的货物放置在发货区域，这就是分拣作业。分拣作业的目的是为了满足订单的个性化需求。B2C 电商卖家的分拣作业直接影响到发货的效率及订单的正确性。

订单分拣是仓库作业的一项主要活动。每个订单，都要对分拣出来的商品进行打包，并按照要求进行包装，如有特殊包装需求，则需在订单备注等处特别注明。

如图 3-19 所示为订单分拣的基本流程。

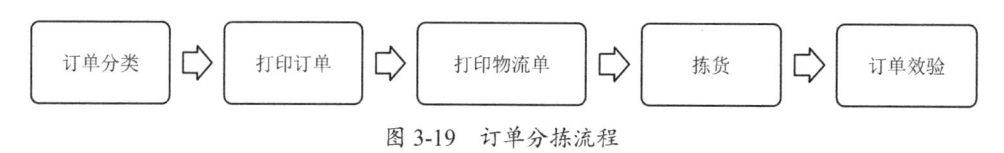

订单分类 ⇨ 打印订单 ⇨ 打印物流单 ⇨ 拣货 ⇨ 订单效验

图 3-19　订单分拣流程

在打印订单前，因尽量按照订单商品所在拣货库位重复性的原则进行分类，并对订单中商品顺序进行排序，如仓库面积较大，可选择最优的拣货路径规则来打印订单，以便拣货员能够以最短的距离拣取订单中的所有商品。通常，打印订单与打印物流单是同步进行的，现在有些卖家的订单客单价为 1～2 件，则可省略打印订单的环节，直接把商品所存放的库位编码打印至物流单处，但通常不建议这样操作。

拣货员在订单分拣区中拣货完毕后，会将商品、订单与物流单交付至订单效验台，再进行商品的效验工作。订单效验的目的是为了确保每张订单的购买商品与实际拣选商品的品种与数量保持一致，一旦发生错误，可立刻检查。

3.5.2 如何加快分拣作业

在接收完货物并将货物搬运到一个地方堆放以后，有存储和订单分拣的需要，商品要经常在仓库中移动。通常，在一个仓库中至少要进行两次移动，有时甚至是三次货物移动。首先，将商品从接收区域移动到存储点。第二次是在订单打包之前，按照仓库的运作程序，对货物进行移动。如果商品是大型货物或大批量商品，如某些大型电器设备，那么把货物移动到分拣区的过程就没有必要了。

在仓位放置中要考虑的最重要的变量是货物周转率、质量以及特殊的存储要求。货物周转率是考虑仓库布局时的主要因素。快速周转的货物放置原则是使移动距离最小。例如，周转率较高的商品应该放置在门口、主要过道附近，或者是仓库中较低的货架上。这种放置方式使商品搬运次数最少，并且减少了频繁搬运货物的需要，相反，周转较慢的货物应该放在距离主要过道较远的地方，或者是货架的上层。

此外，拣货商品应依照库位的顺序打印，以减少重复路径，达到最经济的拣货路线。加快拣选还可采用播种法。

3.5.3 拣选的方式

订单验收的方法和拣选方式有很大关联。拣选方式主要有摘果法和播种法两种。

1. 摘果法（一次分拣）

摘果法是让拣货员根据一张订单挑选出每一种商品，完成了一次分拣作业，将配齐的商品放置到订单效验台前指定的区域进行订单效验，然后再进行下一个订单的拣选。

优点：

- 作业方式简单；
- 订单处理前置时间短；
- 导入容易且弹性大；
- 作业员责任明确，派工容易、公平；
- 拣货后不必再进行分类作业，适合用于大量少品项订单的处理。

缺点：

- 商品品项多时，拣货行走路径加长，拣取效率降低。
- 拣取区域大时，搬运就变得困难。
- 少量多次拣取时，造成拣货路径重复费时，效率降低。

2. 播种法（二次分拣）

播种法是将每批订单上的商品分类汇总在一张拣选单上，然后从仓位上一次性取出，集中搬运到订单效验台前进行订单效验，然后将拣选单上的商品按照每一张订单所需的数量取出，分放到该订单商品位置暂储，直至拣选完毕。

优点：

- 适合订单数量庞大的系统；
- 可以缩短拣取时行走搬运的距离，增加单位时间的拣取量；
- 越要求少量多次的拣选，批量拣取就越有效。

缺点：

对订单的到来无法做及时的反应，必须等订单达到一定数量时才做一次处理，因此会有停滞的时间产生（只有根据订单到达的状况做等候分析，决定出适当的批量大小，才能将停滞时间减至最短）。

3.6 发货作业

3.6.1 基本流程

发货方式主要有两种：委托发货、客户自提。淘宝卖家中最主要的发货方式就是委托发货，即委托第三方物流公司发货。本节只介绍委托发货模式。

如图 3-20 所示，出库发货是指库方在执行订单过程中的最后一条指令，由库房依据出货指令对从仓库拣选完毕的订单进行打包并装车的一系列操作过程，其中还会伴有称重、与物流公司交接等业务行为。

打包 ⇨ 称重 ⇨ 交接 ⇨ 装车

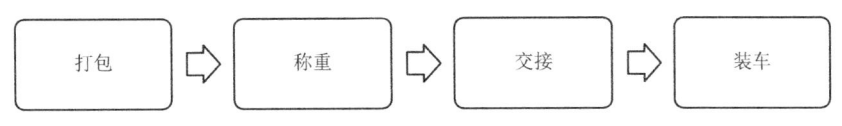

图 3-20　出库发库基本流程

现阶段的称重主要都是电子称重，如果物流单在打包后打印，则可以在物流单上直接打印出货品包裹的质量。无论物流单在拣货环节前已经打印出来，还是在打包后打印物流单，都需要将物流单粘贴于包装袋或包装箱外部的明显位置。称重的结果会存放于系统中，并在与物流公司交接时给予。也常有大中型卖家，因发货量较大，会使用物流公司提供的软件和设备称重。称重完毕以后，需要与物流公司交接并装车。

3.6.2　出库方式

整个发货环节中，针对所有拣选订单的商品，通常会采用两种出库方式，先进先出和保质期优先出库。

1. 先进先出（FIFO）

先进先出是一种有效保证物品储存期不致过长的合理化措施，也成为储存管理的准则之一。确保商品在出库过程中的优先发货次序，有效的先进先出方式主要有：

（1）贯通式货架系统。利用货架的每层，形成贯通的通道，从一端存入物品，从另一端取出物品，物品在通道中自行按先后顺序排队，不会出现越位等现象。因此，贯通式货架系统能非常有效地保证"先进先出"的实现。

（2）"双仓法"储存。给每种储存物品都准备两个仓位或货位，轮换进行存取，必须在一个货位中取光，就可以保证实现"先进先出"。

（3）仓库管理系统（WMS）。采用计算机管理，在储存时向计算机输入时间记录，编入一个简单的、按时间顺序输出的程序，取货时计算机就能按时间给予指示，以保证"先进先出"。

2. 保质期优先出库（FEFO）

当入库的商品有保质期的条件时，需要特别给予关注，尤其针对食品、化妆品、日用品等保质期相对敏感的种类，需要在入库时按照保质期相同的批次统一在一个库位区存放，便于在出库时拣选商品。

3.7 仓储管理案例

背景：淘宝集市大卖家，经营近 3 万个 SKU 商品，涉及食品、日用品、化妆品、玩具、书籍、服装、小家电等多类目。

订单近况：客单件为 7~10 件，每天发单量 3000 单（不含聚划算等促销活动）。

仓储概况：

- 仓库作业人员近 30 人。
- 仓库面积 3000 平方米（共计 3 层楼）。
- 仓库一楼为标准型产品（如食品、日用品等），二楼为非标准型产品（如服装等），三楼为整库区。
- 入库口与出库口分别在仓库的两端，有利于入库与出库作业同步进行。
- 仓库区域分为入库区、商品质检区、出库区、一楼标准型产品拣货区、二楼非标准型产品拣货区、次品区、三楼整库区、暂存区等。

未使用 WMS 系统时：

- 仓库峰值吞吐量 10000 件。
- 库存数量不准，大促销来时无法预估商品库存，直接导致大量缺货。
- 库存堆积大量存货，因不清楚种类及数量，故无法及时处理。
- 固定库位，每个 SKU 商品只能存放在一个库位中。
- 库位利用率极低，热销商品库位不够，而非热销商品占用库位多、货量少。
- 新品上架时，没有有效库位，有时甚至与其他库位商品存放在一起，导致货物拿错等。
- 有库位编码，但从未使用过。
- 拣货员完全凭借记忆拣货，新人的拣货效率低而且培养时间长。
- 订单分拣根据每张订单独立拣货，即一个人拿一张订单去仓储分拣作业并交付至订单效验台，造成资源浪费。

- 无订单拣货路径优化,每次找货都非常麻烦,重复来回走动。
- 有保质期的商品无法从库存中优先拣取出来。
- 大件商品存放点离订单效验台很远,搬动很费劲。

使用 WMS 系统后:

- 仓库每天的吞吐量为 20000 件,峰值 50000 件。
- 库位采用移动式库位(即动态库位),随机存放。WMS 系统自动记忆商品最近的存放位置。
- 库位编码规范:楼层 + 货架 + 货架层 + 货架单元,并粘贴库位条码于库位单元下方。
- 大件商品存放于订单效验台两端,方便分拣出库。
- 滞销品和非本季商品放置于远离订单效验台的位置。
- 热销商品占据多个库位,采用移动式库位(即动态库位)管理方式,减少补货次数。
- 使用智能手持扫描终端快速仓位补货。
- 总体出库方式采用先进先出,具有保质期的商品则按照保质期优先发货的原则发货。
- 拣货区货架单元分为 6 层货架单元与 3 层货架单元,分别适用于服装等非标准型商品与标准型产品。3 层货架的单元大小不一,可根据商品的尺寸体积存放。
- 一楼拣货区采用摘果式拣货(即一次分拣),二楼采用播种式拣货(即二次分拣),系统会自动区分订单中商品的库位位置。
- 拣货路径依照 WMS 系统计算的最优拣货路径算法。
- 大部分产品采用扫描条码进行订单效验,针对无法贴条码的产品,则使用人工图片判断方式效验。
- 订单效验台可 4 条流水线同时作业。
- 打包区可同时满足 6~8 人作业,包裹堆放于交接区。
- 包裹称重后,与物流公司交接并装车。

第 4 章

客户服务

在电子商务领域，电商客户服务直接影响着电商的整体业绩甚至网店的发展，已经成为所有电商不可忽视的重要环节。但是，什么是客户服务？客户服务的范畴是什么？客户服务的基本流程又是怎样？如何提升客户服务水平？这些问题或多或少困惑着众多电商企业。本章将重点分析电商客户服务中的各个环节，并且提出常见规范和通用流程供广大电商参考。

4.1 客户服务概述

4.1.1 客户服务的定义

客户服务是一系列旨在提升顾客满意度的行为，即通过产品或服务来满足客户的期望。电商客户服务覆盖售前、售中、售后各个环节，与传统行业不同，电商客户服务多数是在不与客户直接面对面接触的情况下进行的，服务难度和复杂度较之传统行业要大。而客户的服务又直接决定着电商企业的发展，因此，企业更应注重客户服务的规范与流程。

4.1.2 客户服务的 4 个层次

客户服务分为 4 个层级，如图 4-1 所示。首先，最基础的就是在产品和基本服务上让客户获得满足；其次，通过各种客户关怀活动，为客户提供最贴心的服务，让客户感觉受到重视；第三，通过最优秀和专业的客户服务质量，让客户把这种好感铭刻在心；最后，持续的跟进服务，让客户最终成为电商的忠实客户，这是每个卖家最希望做到的。

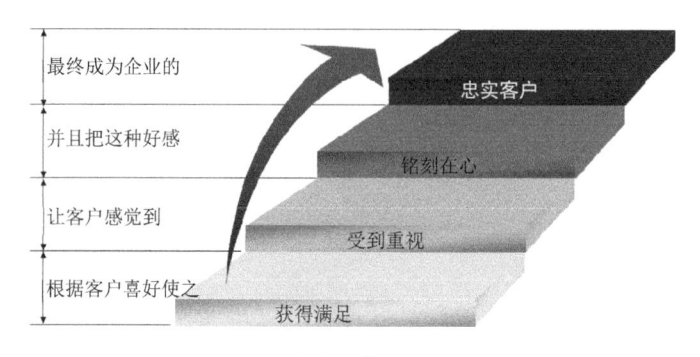

图 4-1　客户服务的 4 个层次

4.1.3 客户服务的价值

如图 4-2 所示，客户服务的价值主要体现在 6 个方面。

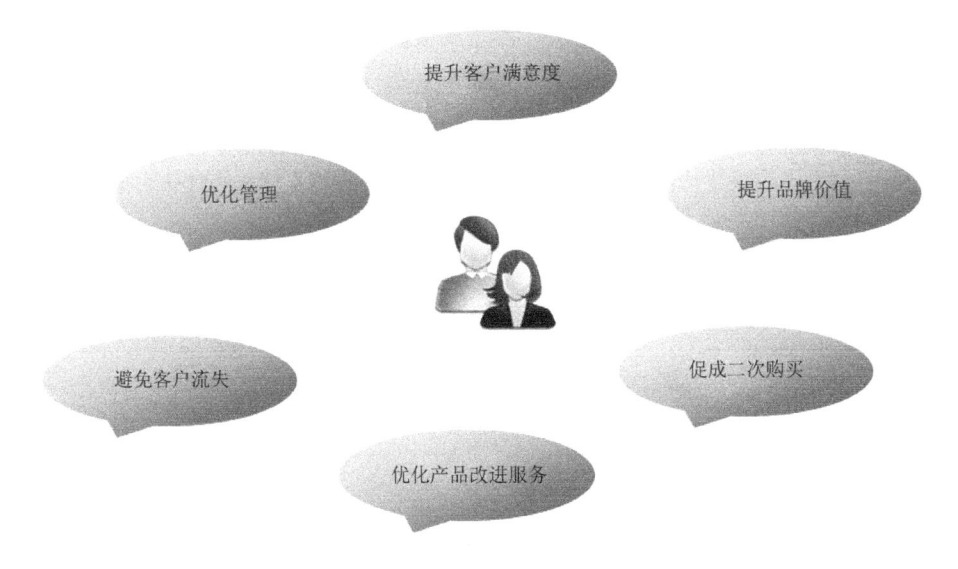

图 4-2 客户服务的价值

1. 提升满意度

不同行业对服务的要求程度不同，有些行业甚至是三分产品七分服务，足以见得服务的重要性。

2. 改进服务

随着电子商务运营的深入，需要适时、适度地为买家、会员提供新型的服务。

3. 提升品牌口碑

客户服务是消费者在购买、使用商品过程中不可或缺的一环，知名品牌除了靠产品质量提升自身价值外，更多的则是靠规范、完善的客服体系，不仅要把合格的商品销售出去，还要通过提供全方位的客户服务（售前导购、售中跟进、售后服务、客户关怀等）来将口碑价值融入品牌之中。

4. 避免客户流失

商品的瑕疵未必会造成客户的流失，卖家的骄傲自大才是把客户推向其他商家怀抱的主要力量。批量生产的产品难免会有瑕疵和质量缺陷，但是，发生问题并不可怕，可怕的是发生问题后卖家客服不能妥善处理。好的客服可以让坏事变好事，即使商品存在瑕疵，但是积极主动的售后服务却可以挽回客户的信心，甚至强化客户对品牌的忠诚度。

5. 优化管理

服务是面向用户的服务，服务的主体就是实际的消费者，消费者的需求，才是客户服务中最需要关心的问题，而不是提供一些没有实际意义的服务。

6. 促成二次购买

无论传统线下的业务还是新兴的电子商务线上销售，推广费用偏高都是困扰企业赢利的最大瓶颈，有效挖掘老用户，从中促成二次消费或重复消费有助于降低电商的推广成本，提升利润率。

4.1.4 客户服务的基本流程

客户服务大致分为售前服务、售中服务、售后服务三个阶段，其每个服务阶段的大致服务内容如图4-3所示。

1. 售前服务

一个完整的销售流程应包含售前服务、售中服务和售后服务三部分，尤其是在当下供过于求的买方市场环境中，售前服务被放到了特别显要的位置，在整个营销和销售过程中，售前服务是营销和销售之间的纽带，作用至关重要，不可忽视。

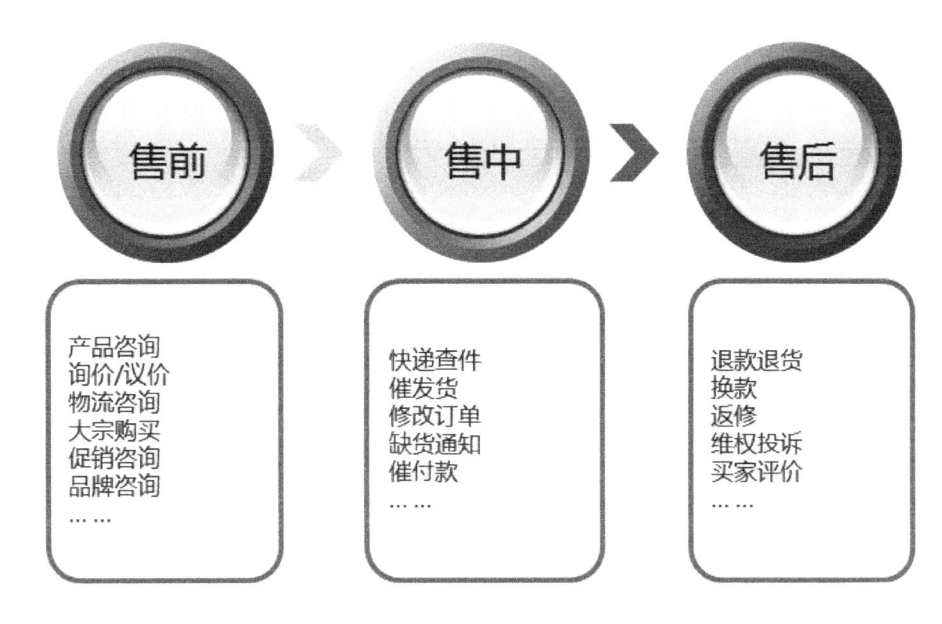

```
售前                售中              售后

产品咨询           快递查件          退款退货
询价/议价          催发货            换款
物流咨询           修改订单          返修
大宗购买           缺货通知          维权投诉
促销咨询           催付款            买家评价
品牌咨询           ……               ……
……
```

图 4-3 客户服务的流程

从宏观意义上来说，售前服务是网店商家在网络买家未接触产品之前所开展的一系列刺激买家购买欲望的服务工作。售前服务所涉及的内容广泛，一般多为产品咨询、价格咨询、促销咨询、物流快递咨询、品牌咨询等内容。

优质的售前服务可提高网店的客单价、转换率，提高买家对网店品牌的忠诚度和网络购物的满意度。

相反，不重视售前服务不但会降低网店的客单价、转换率和买家的购物体验，而且在售前服务中误导甚至是欺骗买家将直接影响后续售中、售后服务工作的开展，增加后续服务的成本和工作量，后续处理稍有不慎还将直接引发交易纠纷和买家的维权投诉。

2. 售中服务

电子商务的售中服务主要是指网店卖家在买家提交订单后到正式确认收货之间所提供的一些诸如修改订单、催付款、查件、缺货沟通等服务，与售前和售后服务不同，售中服务是衔接买家买前、买后两个重要阶段，起到承上启下作用的关键环节。

良好、到位的售中服务可以提高销售过程的效率，缩短整体的销售周期，有利于货款的及时到账，提高资金流动率。

相反，劣质的售中服务可能在瞬间摧毁交易，让前面的销售工作前功尽弃，即使能够勉强维持交易的进行，也会因为售中服务给买家带来的负面情绪和抵触感，为日后的售后服务增加难度甚至是触发维权纠纷等不良后果。

3. 售后服务

售后服务是指网店卖家把产品或服务成功销售给买家之后，为买家继续提供一系列诸如退换货、返修、退补差价、处理中差评、解决维权纠纷等工作服务。售后服务是网店卖家对买家负责的一项重要工作，也是增强品牌竞争力的重要途径之一。

完善的售后服务有助于提高买家对品牌的公信力和满意度，并且也有助于化解买卖双方之间的矛盾，是构建和谐社会、维持电子商务健康可持续发展的重要保障。

相反，不注重售后服务会使得网店品牌的负面口碑加速传播，对网店转换率造成致命打击，甚至是影响网店、品牌后续的整体运营和发展。

4.2 售前服务

售前服务作为整个销售环节中的第一个阶段，是能否促成买家购买的关键环节，这个阶段的服务效果直接影响到网店的整体经营业绩，并且售前服务的好坏也会直接影响到后续售中、售后的服务。

4.2.1 售前服务范围

如图4-4所示，基本覆盖了售前工作的所有范畴。其中产品咨询、物流咨询、促销咨询和三包咨询的服务内容是基于客服售前知识管理的基础上进行的。

所谓知识管理，是指在企业中建构一个量化与质化的知识系统，让企业的资讯与知识，通过获得、创造、分享、整合、记录、存取、更新、创新等过程，不断地回馈到知识系统内，在企业组织中成为管理与应用的智慧资本，有助于企业做出正确的决策，以应对市场的变迁。

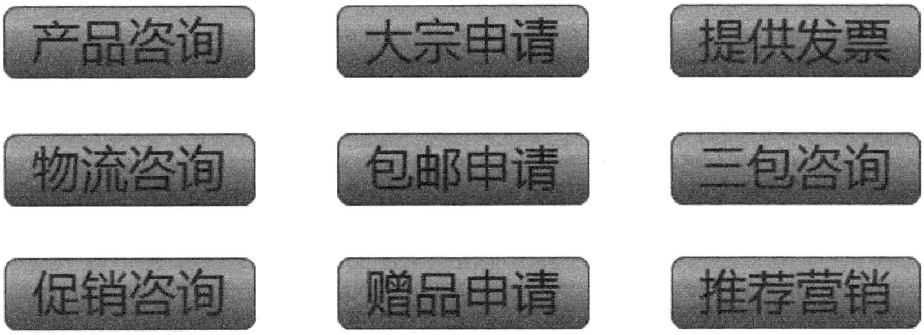

产品咨询	大宗申请	提供发票
物流咨询	包邮申请	三包咨询
促销咨询	赠品申请	推荐营销

图 4-4　售前工作范围

对于以提供多样性服务为主的客户服务部门，知识管理有着更深刻的意义和价值，尤其是客服案例这样的案例知识的积累、管理。每日客服人员要应对来自不同地域、不同阶层、带着不同问题的买家，如果有一个案例知识库，将网店在经营过程中曾经遇到的客服事件，从发生缘由到解决过程再到处理结果都能够完整、详细地记录下来，并且根据事件的具体环境不同，再加入一些注解和建议，这将对提高现有客服人员的工作能力和培养未来客服新人起到极大的教育和参考作用，同时，对于网店卖家不断优化、改善服务和运营策略也会起到积极的作用。

下面着重对每项工作内容涉及的人员角色、业务流程、业务重点、核心功能进行相应阐述，并用实例来对该项工作的内容进行说明。

4.2.2　服务描述

1. 赠品/包邮申请

（1）人员角色：售前客服、售前主管、财务经理。

（2）业务流程图：如图 4-5 所示为赠品/包邮申请流程图。

- 当买家提出索要赠品的需求时，卖家客服会根据赠品标准来判断买家是否满足条件，能否获得赠品；

- 如果符合赠品条件，则卖家客服会在订单备注中加入赠品信息，以便后续的审单专员在订单审核时将相关赠品填入订单之中；

- 如果不符合赠品条件，并且买家比较纠结则卖家客服会将买家需求提交上级领导审批，领导审批同意则同样在订单备注中加入相关赠品信息；
- 反之，领导审批未通过，则卖家客服会与买家沟通，将结果告知买家，以换取买家的谅解。

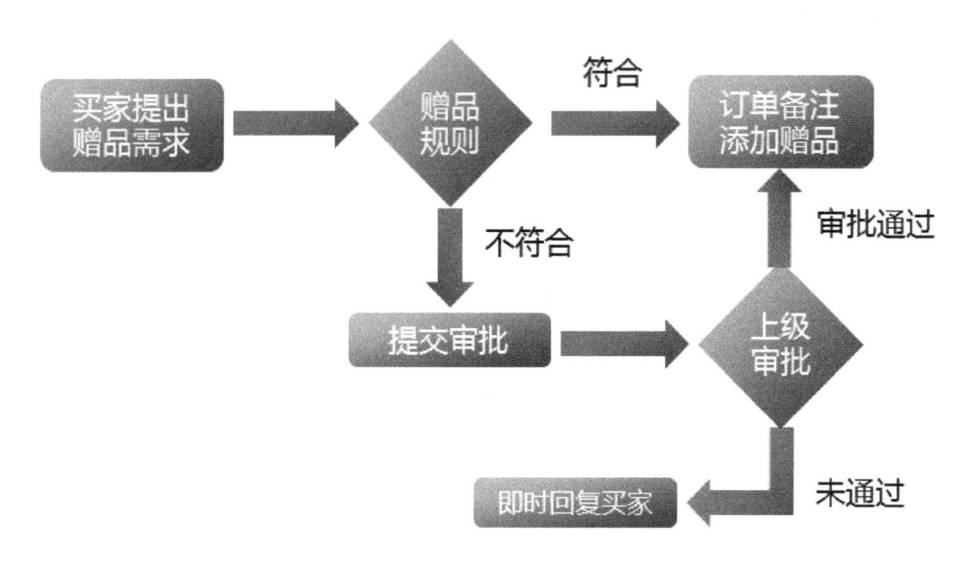

图 4-5 赠品/包邮申请流程

（3）业务重点：赠品/包邮的发放标准；赠品/包邮申请审批机制。

对于哪些情况是客服可以直接回绝或答应买家，哪些情况需要向上级领导提交审批，审批流程分为几个环节，每个环节的审批岗位设定（根据申请的赠品金额、数量、订单、买家特殊情况不同，申请由客服发起，要经过客服主管、客服经理、网店店长、财务经理、运营总监等多个不同的审批环节），哪些情况（影响范围、金额、数量）需要客服经理复核，哪些情况需要财务经理复核，哪些情况需要运营总监一级甚至更高层领导的复核，这些都要在审批机制中设定清晰。

（4）核心功能：赠品/包邮审批流程。

（5）应用范围：赠品申请、包邮申请。

（6）实操案例：

网店周日推出了"满就送"的活动，活动要求当天购物满 300 元，就送皮带一条。

买家 A 活动当天拍下了一款商品，也超过了 300 元，但是，下午电话专员以库存仅剩下一个且"有瑕疵"为由，告知买家 A 此款商品暂时无法发货，看买家是继续等待商品到货还是先关闭交易。

买家 A 考虑后决定先关闭交易，次日买家 A 看中另一款商品，拍下后，与客服沟通，要求客服补送昨日的赠品皮带。

客服以活动结束为名，不符合活动规则拒绝买家 A 的赠品要求，引发买家的不快。

客服通过赠品审批流程，将过程详细描述，并提交客服经理、财务经理审批，领导从长远考虑，决定虽然此事件不符合当日的活动规则，但是由于卖家缺货在先，所以，可以在次日的订单中把买家 A 的赠品补赠给他。

2. 大宗申请

（1）人员角色：售前客服、大宗交易专员、法律顾问（或网店店长）、售前主管。

（2）业务流程图：如图 4-6 所示为大宗申请流程图。

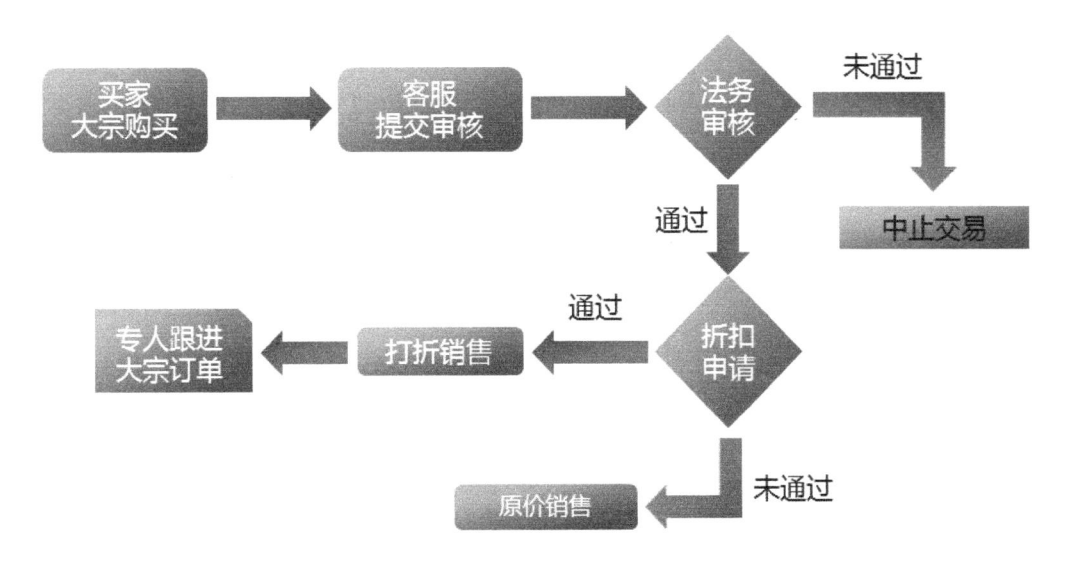

图 4-6 大宗申请流程

- 当网店客服发现有大宗交易迹象时将订单信息转给大宗交易专员负责，大宗交易专员会将订单全部信息及聊天记录等沟通内容提交给法务专员审核，如果法务专员发现大宗交易存在恶意交易索赔迹象则迅速中止交易。
- 如果法务专员未发现异常，则此信息会继续传递给上级领导，对订单的折扣进行评估,折扣申请通过后,大宗交易专员将折扣信息记录到订单备注之中,以待审单专员审单过程中对订单折扣、金额的修改。
- 由于大宗交易影响较大,因此,直至大宗交易买家在规定的时间内确认交易成功后,此交易流程才最终关闭。

(3) 业务重点:
- 辨别买家拍单意向:一般在虚拟的电子商务平台敢购买大宗商品的买家都是资深的网购用户,很少有人第一次网络购物就会拍下几千元甚至是上万元的商品,因此,对于买家的注册时间、消费记录的查询有助于对买家身份进行甄别;对于有恶意买假索赔的买家一般与客服的沟通重点都放在产品材质、品牌授权等方面,而非普通买家对质量、价格、优惠比较关注。
- 规范客服标准应答话术:平时培训中就要加强客服的规范用语培训,尤其是对于产品的解释、品牌相关信息的描述要严谨、规范、不虚夸。
- 增强自我保护意识:针对越来越多的不法之徒妄图依靠虚拟的电子商务平台来谋取不法利益的事件,要加强平时的自我保护,并且及时与电子商务平台运营方取得联系并举报,避免给网店卖家带来不必要的损失。

(4) 核心功能:
- 大宗购买审批流程。
- 大宗购买订单跟踪机制:确保大宗交易的顺利进行和妥善关闭,尽量避免大宗交易过程中发生大额、恶性的索赔纠纷。

(5) 应用范围:大宗购买申请。

(6) 实操案例:

一浙江买家与客服沟通,要一次性买下 20 双鞋,并且只谈到包邮,并没有要求卖家打折。

客服第一时间将此情况及详细的聊天记录通过审批流程发给法务专员,法务专员从买家 ID、注册时间、聊天记录等信息中未发现有明显恶意敲诈的意图,同意此笔交易的进行。客服与买家进一步沟通后,将买家需求(提供发票、包邮)仔细记录至业务系统,并由专人负责此单的打印、配货、质检、打包、发货,以确保此大宗交易能够及时发出。

在包裹快递过程中全程关注包裹是否正常配送,直至买家签收。

买家签收后,专人主动联系买家询问是否看到发票信封,发票是否正确,以及对货品是否满意。

待交易成功 15 天后，此笔交易确认安全结束。

3. 提供发票

（1）人员角色：售前客服、审单专员、财务专员。

（2）业务流程图：如图 4-7 所示为提供发票流程图。

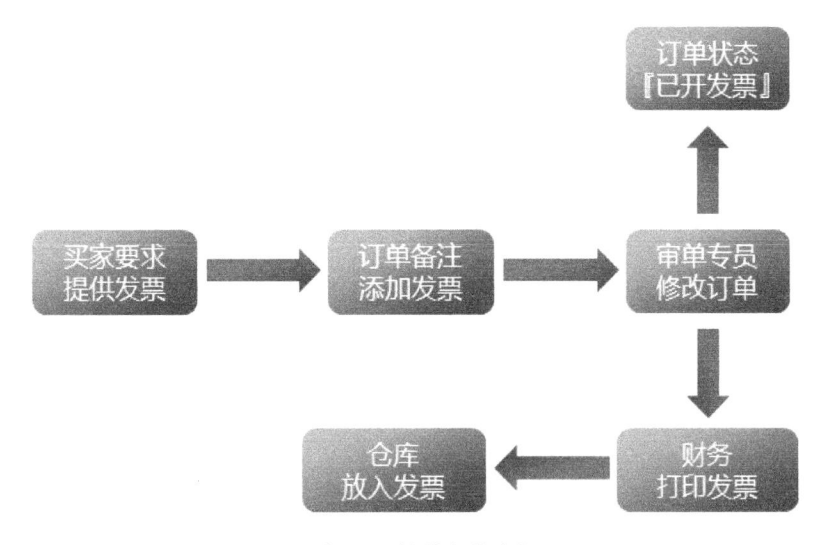

图 4-7　提供发票流程

（3）业务重点：

- 不同部门之间的信息及时流转。
- 发票的放置要规范：告知买家发票放置的位置，以及用明显的标识物来装存发票，方便买家查找。

（4）核心功能：

- 信息流转：客服部的信息及时流转到财务部进行发票的打印，并且此信息和打印好的发票要及时流转到仓库进行配货。
- 发票签收确认：当买家确认收货后，要主动与买家沟通，发票是否收到，以确保不会发生发票遗失的纠纷。

（5）应用范围：提供发票。

（6）实操案例：

正面：

一个偏远地区的公司从网店批量采购 30 双登山鞋，作为公司对部门优秀员工的奖励。在价格、运输方式等方面都取得一致后，买家提出一定要提供正规发票。在正常的订单捡货、配货、质检工作做好后，特意将面值 7000 多元的发票装入一个特制的信封中，并放入一个有明显标识的鞋盒中，在发货后告知买家，如何快速准确找到发票。

反面：

以前曾经发生过买家一次性购买了 20 多双皮鞋，一张面值 5000 多元的发票放在其中的一个鞋盒中，并且没有明显的标识，导致买家收到包裹后，将鞋分发出去才发现没有找到发票，因此又找到 20 多个人，一个一个的询问，最终才找到发票。

发票的挂失，需要很烦琐的流程和手续，还要在非娱乐性的报纸公开刊登声明遗失，并且，挂失发票还要受到税务机关的处罚。

4. 基于知识管理的咨询服务

（1）人员角色：客服人员、培训专员或客服经理。

（2）业务流程图：如图 4-8 所示为知识管理流程图。

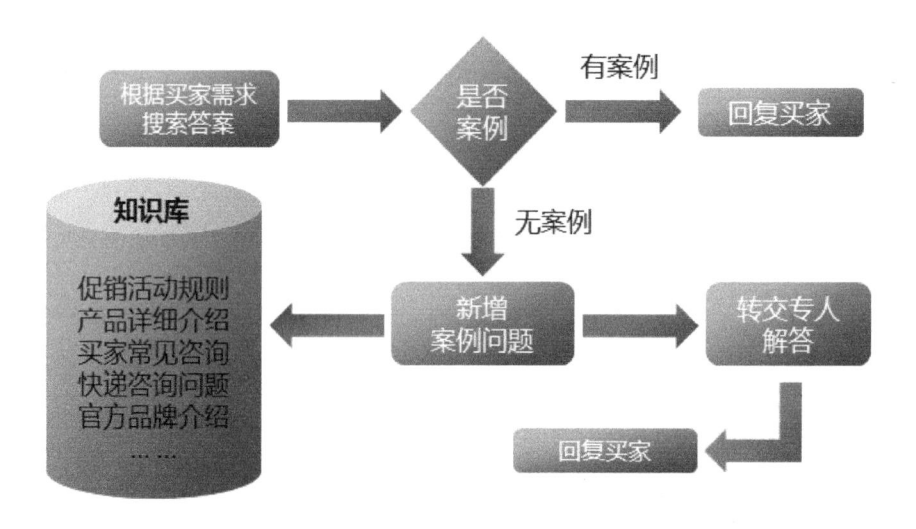

图 4-8　咨询服务流程

（3）业务重点：
- 培养知识型员工：知识管理体系不但需要功能完善的知识管理系统，更需要知识型员工来不断完善，更新网店商家的知识库内容。
- 网店运营知识管理体系的建立。

（4）核心功能：知识管理功能。与传统批发、零售业务不同，电子商务的零售业务更需要建立完善的知识管理，才能应对日新月异的电子商务变革，不断提升内部管理，规范员工行为，为买家提供完善、质优的服务和产品。

（5）应用范围：产品咨询、物流咨询、三包咨询、促销咨询。
- 产品咨询：将网店所售商品的生产制造、使用、选购、评测、体验、同类产品对比等信息，分产品类目、分系列、分型号进行完整的记录汇总，以便客服人员能够快速、准确、完整地掌握所售商品信息。
- 物流咨询：将网店所合作的快递公司信息，包括联系电话、查件网址、可配送区域、不可配送区域、配送周期、价格、运费保险等信息进行完整的记录。
- 三包咨询：将退换货标准、政策、退换货费用、各种三包的处理流程、周期等信息进行完整记录。
- 促销咨询：将各个阶段的促销规则、促销商品、促销活动起止时间、用户要求等内容进行完整记录。

（6）实操案例：

夏季某新款商品在其产品描述中写的是"橡胶"，但是有买家咨询此类材质是"天然橡胶"还是"合成橡胶"，客服一时对这两个名词没有清晰的理解，于是通过知识库系统搜索相关条目，看到两个名词的详细解释，咨询货品采购后，又了解到此款新品属于"天然橡胶"，于是很快给予了买家肯定的答复，并且，通过"信息流转"功能告知网店编辑，建议其修改材质，由"橡胶"改为"天然橡胶"。网店编辑在接到信息后与店主沟通，及时修改了此项内容。

5. 推荐营销

（1）人员角色：售前客服、网店店长。

（2）业务流程图：如图 4-9 所示为推荐营销流程图。

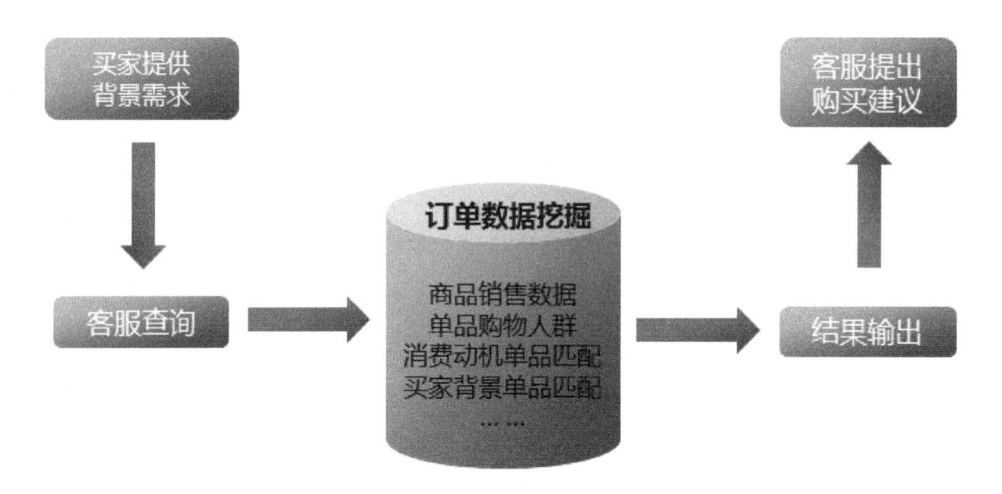

图 4-9 推荐营销流程

（3）业务重点：对过去数据的分析发现消费者的购物取向，预测未来销售数据。

（4）核心功能：

- 销售数据分析：畅销商品，销量提升率最高的商品，某月度畅销商品，畅销价位商品等；根据畅销商品的销量预测未来的销售趋势，制定下一阶段的采购计划，防止爆款被卖断货，影响网店的正常发展和销量。
- 买家行为分析：根据买家年龄、性别、学历、行业、购物目的等内容来统计某一类特征消费者的购物取向；促销活动可根据适应的人群特征来筛选最精准的目标群体，再有针对性地将促销信息告知目标群体，从而提高促销活动的执行效果。
- 销售统计类报表。

（5）应用范围：推荐营销。

（6）实操案例：

买家向客服咨询，要求客服推荐一款适合30岁职业男士穿的衬衫，是买家送给同事的礼物，并且告知了预算的价格、款式风格、尺码颜色等信息。

客服通过订单数据挖掘系统，依照买家提出的价格、款式、颜色、尺码等信息搜索到了20款符合条件的商品，客服又通过消费人群过滤和销量排名最终确定了三款衬衫推荐给买家。买家很满意，从三款中挑选了两件，一件作为赠送同事的礼物，另一件拍下作为送给男友的礼物。

4.3 售中服务

售中服务是保障客户良好购物体验的重要环节，其中覆盖了发货和付款相关的多项重要环节，尤其是催发货、快递查询、修改订单三类工作，是日常客服受理最多的三项任务。

4.3.1 售中服务范围

如图 4-10 所示，基本覆盖了售中服务的所有工作内容。下面着重对每项工作内容涉及的人员角色、业务流程、业务重点、核心功能等进行相应阐述，并用实例来对该项工作内容进行说明。

图 4-10 售中服务范围

催付款、缺货通知、货到付款确认三项业务与呼叫中心、短信平台有关，因此不作为本节主要讨论的范围，可参看后续相关章节的内容。

4.3.2 服务描述

1. 催发货

（1）人员角色：售前客服。

（2）业务流程图：如图 4-11 所示为催发货流程图。

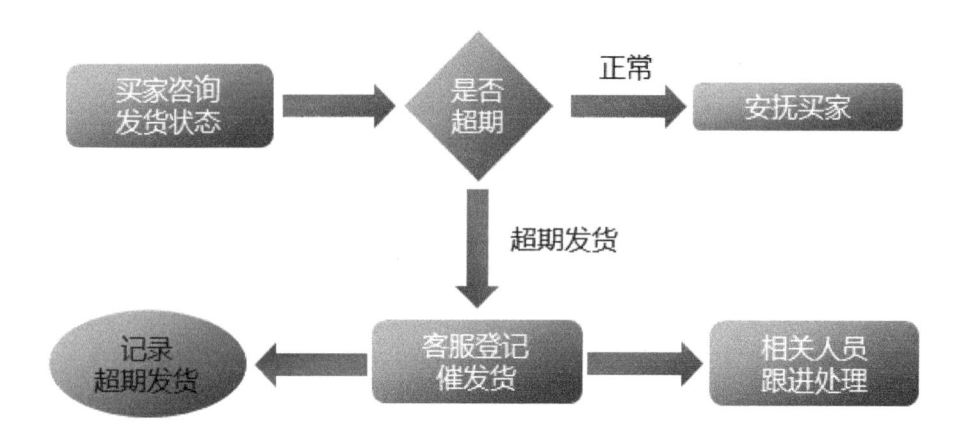

图 4-11　催发货流程

（3）业务重点：加强与物流系统的信息整合。充分利用淘宝开发的 API 接口中的物流快递部分功能以及快递公司对外开发的 API 接口来查询订单在物流过程中的详细信息。

（4）核心功能：

- 未发货预警：当订单自成功支付起计时，超过 72 小时仍未安排发货，则被视为延迟发货订单，因此，网店卖家要在至少 48 小时之前对未发货订单进行汇总、统计，以便有充分的时间来处理未发货的订单，以免产生延迟发货的现象。
- 快递查询接口：不同快递公司都会提供官方网站在线查询包裹物流信息的服务，但是针对有异常的在途包裹就需要通过快递公司提供的查询接口才能看到最真实的信息（有些在快递官网查到的信息只会停止到一个地区，但是，实际上可能是因为包裹超区或包裹破损等原因造成无法再往下一个配送点投递），以便网店卖家及时发现问题，及时与买家沟通，协调解决包裹异常的事件。

（5）应用范围：催发货。

（6）实操案例：

商城店前一天举行聚划算活动，活动中有 2 万多件聚划算商品被买家拍下，在接下来的两天中，网店客服都忙于回复众多买家的催发货，有个买家在聚划算前一天就拍下了其他商品的订单，但是在第 3 天仍未发货，因此买家就主动与卖家客服取得联系，咨询发货的事情，但是，卖家客服没有查看买家的详细订单信息，就误认为买家是催聚划算商品发货的，因此直接将"聚划算商品七天内发货"等快捷用语回复给了买家，买家咨询多个客服都是同样的结果，最终买家投诉到网店客服组长处才得到重视，但是买家最后也给出了最后通牒"当天必须发货，否则申请退款"。

处理买家投诉的客服组长在调查清楚事情的来龙去脉之后，向公司通报了此事情，并成功向公司申请到一些小赠品、礼物，作为对于买家不公平对待的补偿。并且也将补偿措施告知买家，并转发顺丰快递，将当日的发货订单信息及时通知了买家，获得了买家一定程度的谅解。

2. 快递查询

（1）人员角色：客服、查件专员。

（2）业务流程图：如图4-12所示为快递查询流程图。

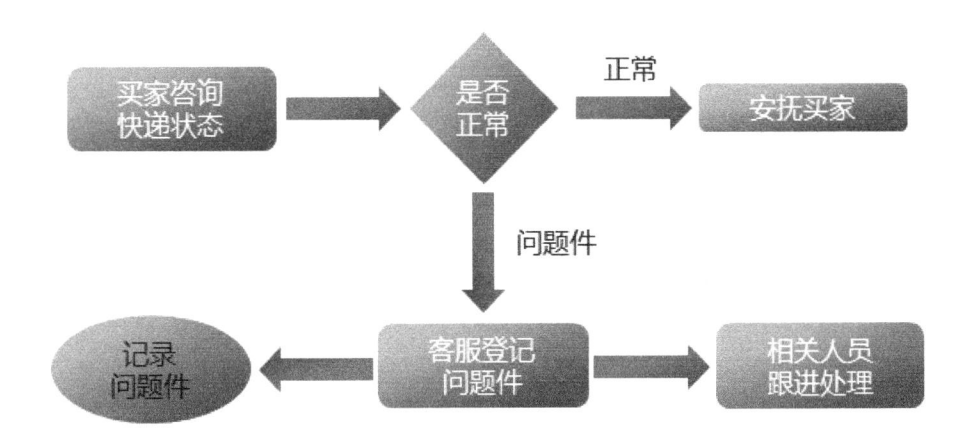

图4-12 快递查询流程

（3）业务重点：抓大放小，重点地区的重点包裹要重点关注。

（4）核心功能：

- 未收货提醒功能：网店管理信息化系统会根据物流信息中的签收状态与买家在淘宝后台的订单确认收货状态进行比对，对于物流已签收，买家仍未确认收货的订单，系统会自动统计，并交由相关客服专员对订单进行跟进。
- 疑似问题包裹跟踪：超过正常配送周期仍未到达的订单，由专人负责通过快递查询订单包裹状态，确保订单包裹仍在正常配送途中而没有发生丢件、包裹破损，地址遗失等异常事件，影响买家的正常收货。

（5）应用范围：快递查询。

（6）实操案例：

买家位于内蒙古一地级市，在订购了卖家的商品后，若干天仍未收到包裹，与卖家客服的查件专员取得联系，查件专员通过快递公司提供的查件系统完整的看到此订单由于目的地派送点临时撤销，而无法正常送达，因此，卖家的查件专员与买家取得联系，沟通是否可以去上一级派送点自取或接受转件处理，买家接受转 EMS，在查件专员与快递公司沟通后，包裹被顺利转寄 EMS，并在第二天被买家签收。

3．订单修改

（1）人员角色：售前客服、审单专员、查件专员。

（2）业务流程图：如图 4-13 所示为订单修改流程图。

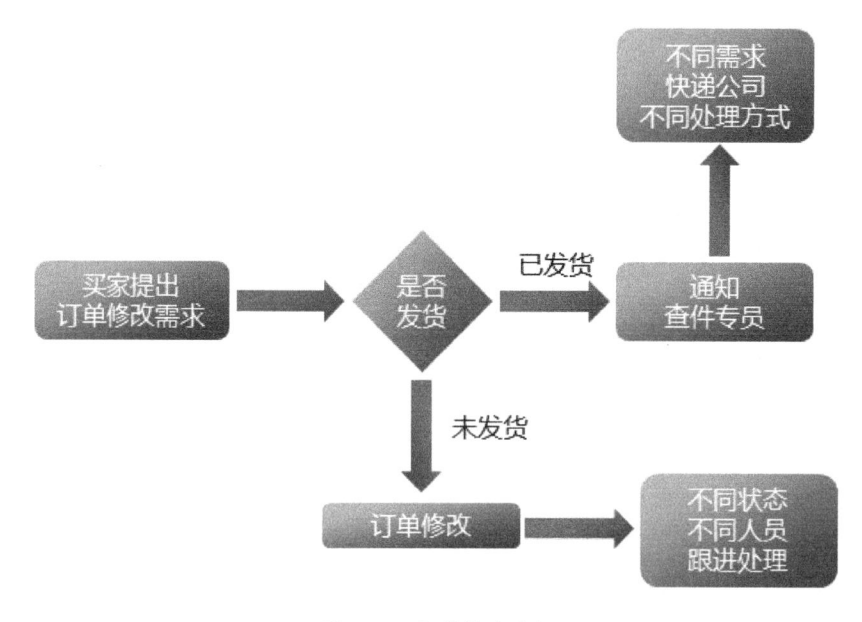

图 4-13　订单修改流程

（3）业务重点：订单处于不同阶段要修改涉及的人员，方式各不相同。订单处于"未下载订单，已下载未审核，已审核未打印，已打印未配货，已配货未出库，已发货"等不同阶段时，对于订单中的不同信息（收货地址、订单商品等）都有不同的处理方式。

(4) 核心功能：
- 订单回滚机制：当订单处于不同阶段时，某些数据的变动会导致原有订单状态恢复至上一状态，以便新修改的订单信息可以正确地向下传递。
- 订单出库异常提醒：订单发货出库扫描时，系统会根据此订单是否存在卖家备注变动、订单异常修改等状态来检测，避免需要修改的订单未及时修改就已发货出库。

(5) 应用范围：订单修改。

(6) 实操案例：

买家在拍下订单后，咨询货物发出的日期，在得知要第 2 日才能发货，并且到达其收件地区的时间可能是在 3 日以后，那时买家将休假在家，并不在工作单位，所以，要求卖家修改订单中的收件地址，以确保包裹能正常收取。

卖家客服在查看订单状态后发现此订单还未审核，因此，直接在系统中修改订单的收件地址，并备注原因，审单专员在审核订单时按照修改后的地址进行审核，仓库也因此可以完全按照最新地址进行打单发货。

4.4 售后服务

售后服务是保障客户满意度的重要环节，关系到品牌品质的口碑，尤其是售后业务的处理效率至关重要，高效、准确、完善的售后服务从一定程度上有利于化解卖家与买家的矛盾，通过诚挚的售后服务来换取买家的谅解和重塑品牌威信。

4.4.1 售后服务范围

如图 4-14 所示，基本覆盖了售后服务的所有工作内容。下面着重对每项工作内容涉及的人员角色、业务流程、业务重点、核心功能等进行相应阐述，并用实例来对该项工作内容进行说明。

[退货] [换货] [返修]

[补偿] [快递超区] [发错货]

[评价] [维权] [订单跟踪]

图 4-14 售后服务范围

4.4.2 服务描述

1. 退货

（1）人员角色：售后客服、售后主管、退回收货专员、财务退款专员。

（2）业务流程图：如图 4-15 所示为退货流程图。

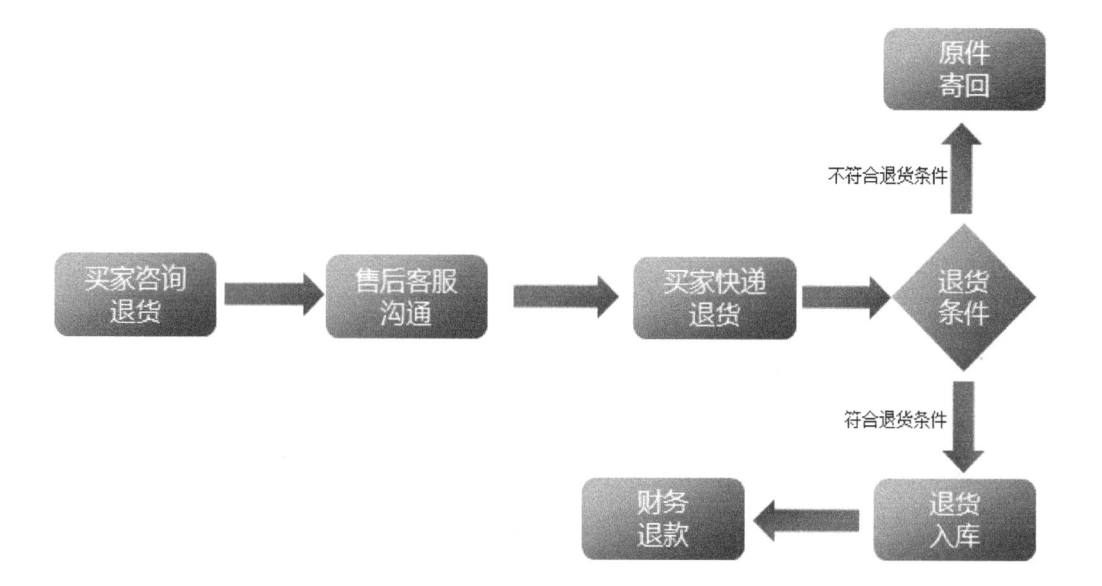

买家咨询退货 → 售后客服沟通 → 买家快递退货 → 退货条件

不符合退货条件 → 原件寄回

符合退货条件 → 退货入库 → 财务退款

图 4-15 退货流程

(3) 业务重点：

- 退货标准的制定。
- 退货运费的支付原则：在淘宝平台中，因卖家过错导致退货的，卖家应当承担相应的运费；卖家对退货不存在过错的，退货时的费用由买家承担；包邮商品，发货运费由买卖双方分别承担。
- 退货过程全程专人跟踪。
- 退货案例要增入知识库。

(4) 核心功能：

- 退货审批流程。
- 退货单管理：客服人员根据筛选过滤将买家要求退货的订单进行关联并生成退货单，当买家寄出退货商品后，待仓库验收并确认符合退货标准后，再通知财务退款专员及时给买家退款。

(5) 应用范围：退货。

(6) 实操案例：

买家在收到卖家寄出的某款鞋后，回家进行试穿，感觉样式不喜欢，与卖家售后客服沟通，要求退货，客服在了解到买家试穿并没有造成鞋的磨损，并将卖家的三包规则介绍给买家知晓，卖家要求买家自行承担退货寄回的快递费用，买家表示同意。双方对退货基本达成一致，买家按照要求将退货寄回卖家，仓库收件人员检查无误后认为可以退货，并按照退货流程为买家进行退款。

2. 换货

(1) 人员角色：售后客服、售后主管、退回收件专员、财务经理。

(2) 业务流程图：如图 4-16 所示为换货流程图。

(3) 业务重点：

- 换货标准规范化。
- 换货过程全程专人跟踪：虽然淘宝对首次发货有时间限制，但是对于换货业务没有做任何明确的限制，而且，换货中要等待买家将原商品寄回并由卖家仓库确认签收，质检确认符合换货标准后，才能二次发出换货商品，因此整个过程涉及的人员、部门较多，只有专人负责跟踪换货业务，才能确保换货的快速进行，如遇到异常问题，商城客服可及时与买家沟通，妥善解决异常问题，而不是等待买家发起维权投诉。
- 特殊换货审批机制。
- 换货案例要增入知识库。

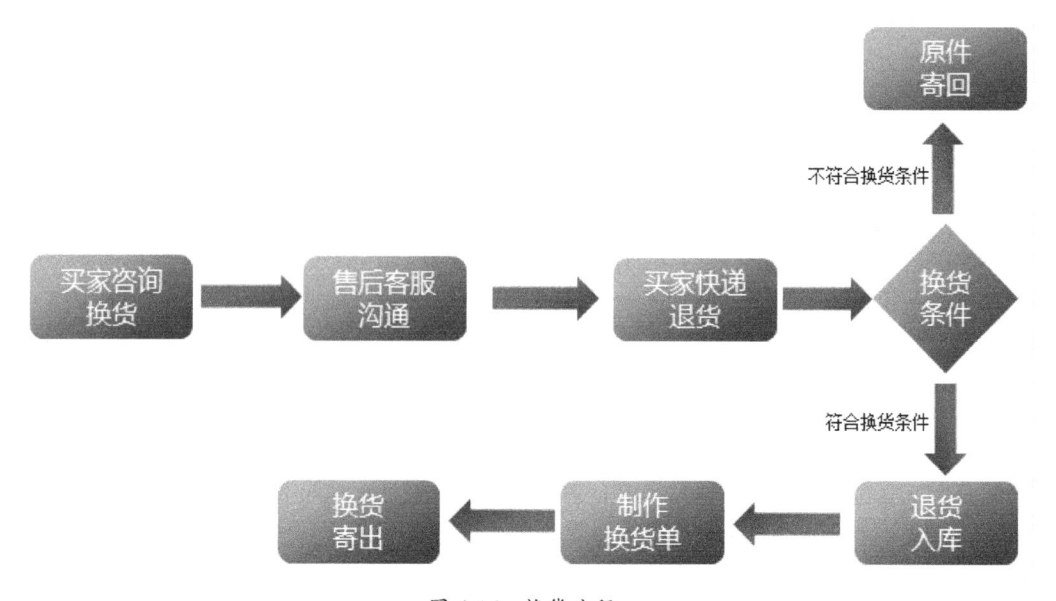

图 4-16 换货流程

（4）核心功能：换货单管理。售后客服通过销售订单的过滤搜索确定买家原始的销售订单，根据销售订单关联生成换货单，并对换货过程（买家咨询换货事项，买家寄出换货商品，卖家仓库收到换货商品，仓库质检，换货二次发货，买家确认收货）进行跟踪记录。

（5）应用范围：换货。

（6）实操案例：

买家在收到卖家寄出的某款鞋后，回家进行试穿，感觉尺码偏小，与卖家售后客服沟通，要求换大码，客服在了解到买家试穿并没有造成鞋的磨损，并将卖家的三包规则介绍给买家知晓，买家与卖家纠结在平时穿的都是39码的鞋，都合适，但是卖家此款鞋同样也是39码，却偏小，并且购买的时候并没有告知买家此款鞋偏小，因此造成了买家选购的不准确，卖家要承担换货的费用。客服在通过审批流程后，同意了不补拍运费的要求，与买家达成一致，买家按照要求将退货寄回给卖家，仓库收件人员检查无误后认为可以换货，按照换货流程为买家进行换货，并安排重新发货。

3. 返修

（1）人员角色：售后客服、售后主管、退回收货专员、返修专员、财务经理。

（2）业务流程图：如图 4-17 所示为返修流程图。

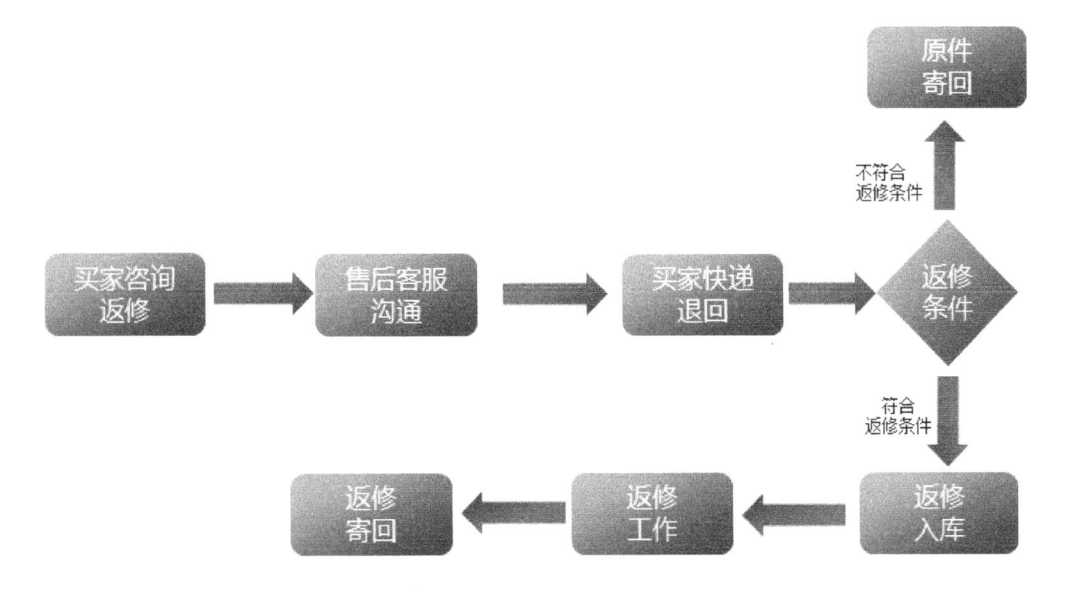

图 4-17　返修流程

（3）业务重点：

- 返修过程全程专人跟踪：返修也是卖家三包中的重要一环，虽然返修不会引发退货、换货业务，但是售后维修的好坏直接关系到卖家品牌的口碑。
- 返修案例要增入知识库。

（4）核心功能：

- 特殊返修审批流程：对于某些超期返修、超服务返修售后客服要通过预先制定的审批流程来征求上级领导对买家提出的返修建议，确定是否给予买家返修服务。
- 返修单管理：售后客服通过查找已收货订单中的买家购买信息关联生成返修单，并根据返修阶段（买家已寄出，仓库收货确认，维修中，维修质检入库，返修出库，卖家已收货等）来对返修过程进行跟踪处理。

（5）应用范围：返修/维修。

（6）实操案例：

买家 C 在购买了商家的商品使用一周后出现了质量问题，联系卖家客服退回卖家仓库返修，由于此种质量问题要返厂维修，因此，返修商品被寄回了厂家，此类商品的返修周期是一个月，在返修达到一个月后，仍没有修好退回，卖家按照规定将此商品直接换新，重新寄给买家，卖家在重新寄出两天后收到了返修好的商品。

4．补偿

（1）人员角色：售后客服、售后主管、财务经理。

（2）业务流程图：如图 4-18 所示为买家补偿流程图。

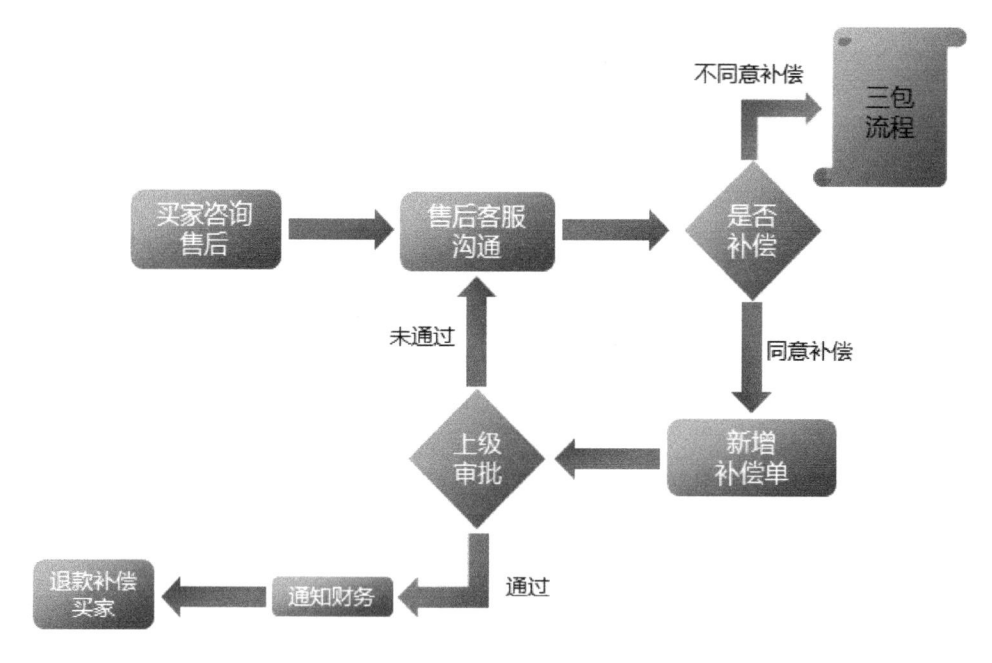

图 4-18　买家补偿流程

（3）业务重点：

- 订单补偿制度：网店卖家根据所售商品的价值、利润等因素来确定普通客服所能处理的补偿金额限度，超过限度的则要提交上级审批。

- 特殊情况审批机制：对于买家提出的补偿条件超出网店卖家规定的补偿标准，售后客服则需要通过内部的审批流程来征求上级领导的处理建议，以便能够妥善解决与买家之间的交易纠纷。
- 补偿订单要全程专人跟踪。
- 补偿案例要增入知识库。

（4）核心功能：

- 订单补偿审批流程：对于某些发生纠纷的在线订单，可以通过现金或实物补偿的方式来换取买家的谅解，并保持卖家品牌在买家心目中的正面形象，因此，对于不同的买家纠纷，采取何种方式的补偿以及补偿额度等细节问题都需要售后客服经过一定的审批流程来确定，并最终与买家沟通，妥善解决纠纷问题。
- 补偿单管理：包括由在线订单生成补偿单（新增），补偿单修改（过程，补偿方式，金额，实物补偿品等记录），补偿单完成等单据。

（5）应用范围：已售商品补偿。

（6）实操案例：

买家购买了商家的某款鞋，但是在穿了 2 天后发现后跟开胶，于是买家联系卖家咨询返修的事情，鉴于此款鞋的价格在 200 元左右，邮寄来回的运费就要 20 元，修理费用大概在 20 元左右，因此，卖家提出给予买家 30 元的退款补偿，让买家在当地找鞋匠自行修理，买家同意了卖家的提议，双方的问题得到了解决。

5. 快递超区

（1）人员角色：售后客服、查件专员、换件专员。

（2）业务流程图：如图 4-19 为快递超区处理流程图。

（3）业务重点：

- 超区包裹处理机制：针对不同快递公司制定不同的超区包裹处理预案（有些快递会主动想办法完成包裹的投递，有些快递则直接将快递包裹原件返回）。
- 快递考核机制：根据超区发生的比例和频率，用结算扣款、取消优先发货权等方式来制约快递公司，以提高其超区收件的发生率。
- 超区案例增入知识库。

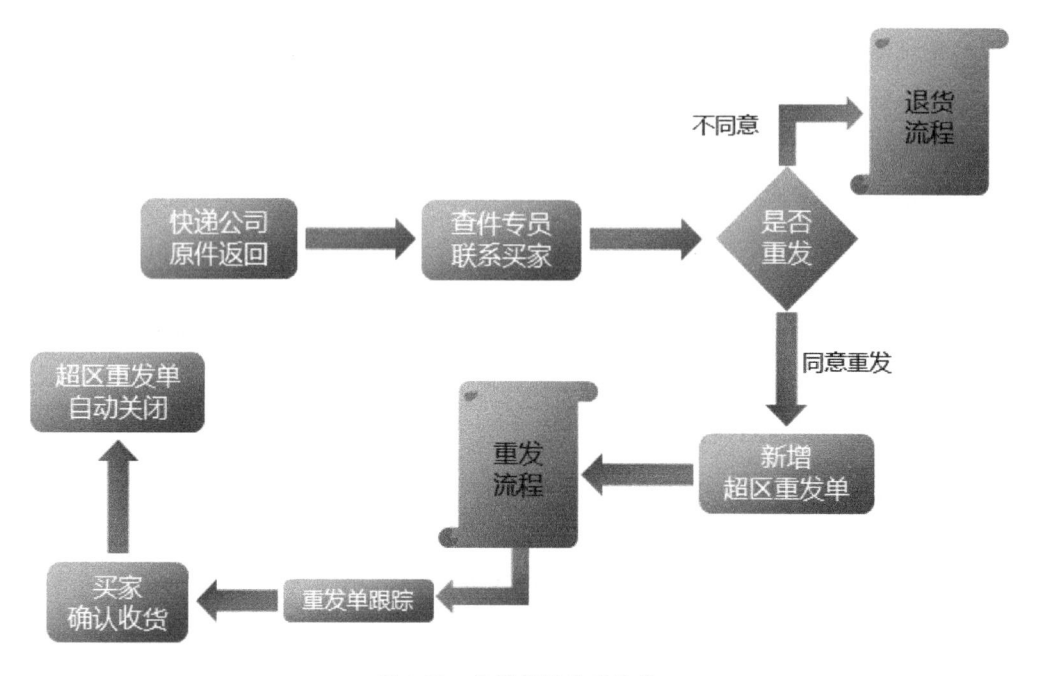

图 4-19 快递超区处理流程

（4）核心功能：

- 快递智能分配：通过淘宝网开发的物流接口或快递公司提供的开发查询接口，依照买家收货地址和物流分配原则（首要默认快递公司，次要默认快递公司等）来判断具体订单中应当自动分配给哪个快递公司，以减少人为判断的失误。
- 超区件管理：对于超区件要通过记录具体的处理方式（退回/转件）、新快递单号、发生地区、使用快递等内容，以便对快递进行考核，并及时修改快递分配区域设置，避免超区的发生。

（5）应用范围：快递超区。

（6）实操案例：

活动期间发货量比较大，快递收件也没有仔细检查，直到包裹运送到了买家所在地的地级市才发现收件地址已超出可派送区域，快递第一时间与卖家联系，卖家主动与买家联系后买家并不愿意自提，因此，卖家提出重新发货，并且通过顺丰快递，可节约再次发生的时间，并且减免了买家支付发顺丰快递的补邮费差价。买家同意了卖家的要求，并在两日后签收了重新发送的包裹。

6. 错发货

(1) 人员角色：售后客服、发货专员、退回收件专员、换件专员。

(2) 业务流程图：如图 4-20 所示为错发货流程图。

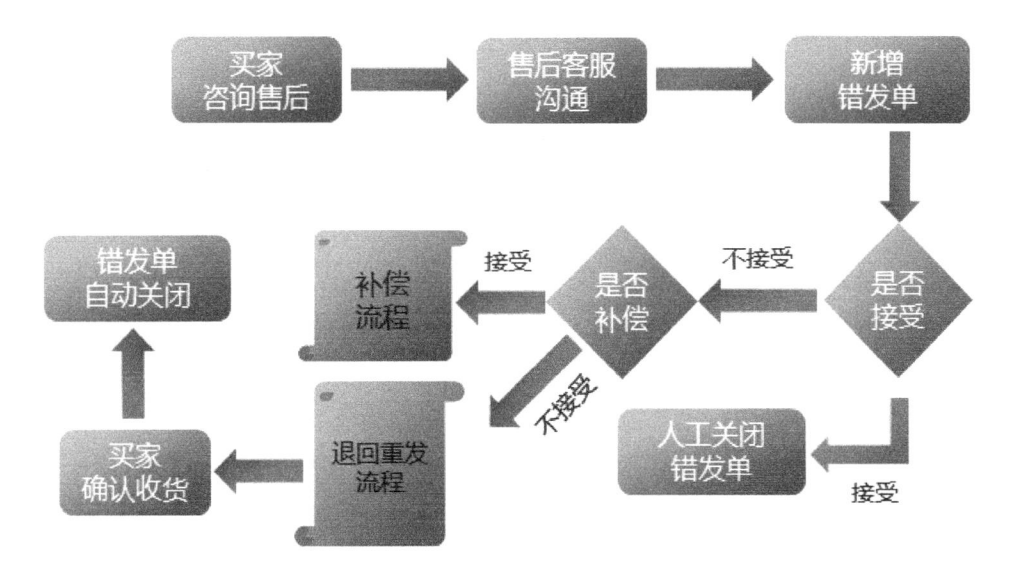

图 4-20 错发货处理流程

(3) 业务重点：
- 规范仓库的发货流程：没有规矩不成方圆，规范的发货流程、仓管制度是确保日常发货准确率的关键。
- 仓库执行发货考核机制：奖罚分明，在规范制度的前提下，建立全面、可量化的发货考核激励制度（正向激励，逆向激励）才更有助于提升发货准确率。
- 错发货案例增入知识库。

(4) 核心功能：错发货单管理。对于买家提出的错发货事故，售后客服要详细登记，并按照买家的要求进行二次发货或退货处理，根据调查结果对错发货的原因、消极影响（退货、中差评等）、责任人进行记录考核。

(5) 应用范围：错发货。

(6) 实操案例：

最近经常有买家退回商品，退回原因是"发错货"，在对发错货的订单进行咨询核对后发现，最近的发错货多是因为包装盒与里面的商品不一致，有些写的是 39 码的鞋，里面的商品却是 40 码，追踪原因，是工厂成品出货时贴错了条码标签，导致此问题的发生。

对于大多数收到不对码数的买家都同意卖家重发正确的商品，对于个别比较纠结的买家，通过内部审批流程，同意以重发时增加水杯赠品的形式给予一定补偿，并取得了买家的谅解，避免了订单的退货。

7. 回评

（1）人员角色：回评专员、售后客服主管、客服经理、财务经理。

（2）业务流程图：如图 4-21 所示为回评处理流程图。

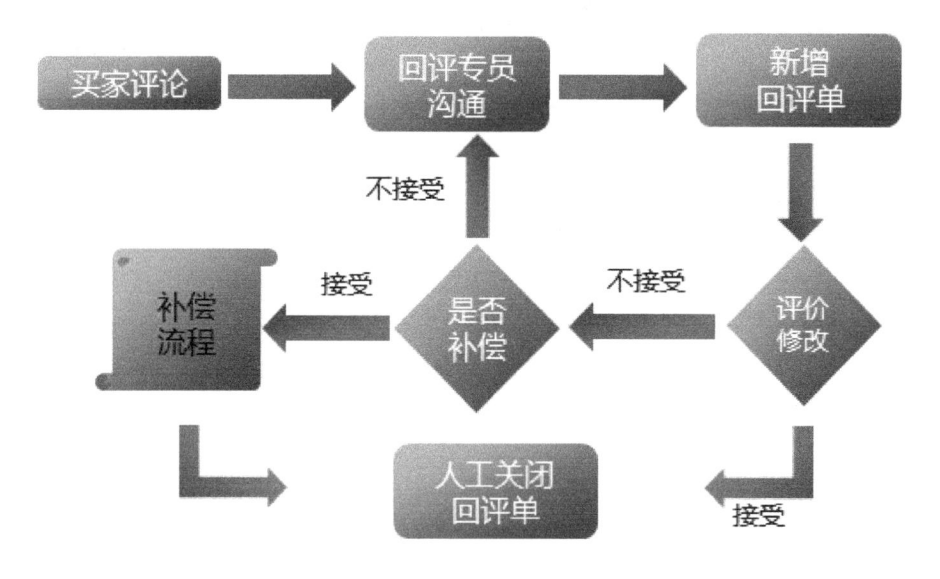

图 4-21　回评处理流程

（3）业务重点：

- 从中差评总结经验教训：中差评并不可怕，可怕的是对于中差评熟视无睹和不作为，无论是买家的问题还是网店管理中存在问题，中差评从某种程度上都会把网店的问题毫不留情地暴露出来甚至放大，因此，从现有的小问题入手，才能避免日后网店运营过程中发生更大、更恶劣的负面影响。
- 适当妥协换取买家谅解：虽然金钱不是万能的，但是适当的妥协，通过物质、现金方式给予买家一些补偿也有助于化解买卖双方的矛盾,建立和谐的电子商务购物环境。

- 回评案例增入知识库:将买家的中差评和回评专员的回复、处理方式、处理结果都记录到知识库的回评案例中,有助于提高网店的整体服务,避免日后不断地重复前面已经发生的错误。

(4) 核心功能:

- 信息流转:对于买家在购物后的评价尤其是针对中差评,回评专员要及时将买家描述的信息和建议反馈给各部门负责人,查实原因并妥善处理,本着有则改之,无则加勉的态度来对待买家的评价。
- 回评审批流程:为了缓解买家的纠结情绪,网店经常会以实物或现金补偿的方式来换取买家的谅解,并最终消除买家已发布的中差评的负面影响,因此,在赔付金额、具体赔付方式上,回评专员要提交上级领导进行审批,并按照审批结果妥善处理中差回评。

(5) 应用范围:回评。

(6) 实操案例:

某款鞋在发售的时候注明了送按摩鞋垫一双,但是,买家 B 在收到的包裹中发现一双鞋垫却变成了一只,因此与卖家沟通,要求补发鞋垫,卖家客服认为一双鞋垫无关紧要,搪塞买家下次购物的时候再补发。买家在评价中因为此事给予店铺中评。

卖家回评专员在了解此情况后与买家 B 主动取得联系,并承诺赠送按摩鞋垫两双来换取买家的谅解,买家在收到补发的两双鞋垫后比较满意,并对卖家后续的跟进表示认可,因此顺利修改了好评。

8. 维权

(1) 人员角色:维权专员、客服经理、退款专员、财务经理。

(2) 业务流程图:如图 4-22 所示为买家维权处理流程图。

(3) 业务重点:

- 迅速响应买家发起的维权:无论处理方式、结果如何,及时响应可以让买家体会到卖家对待维权的重视态度,更有利于维权事件后续的妥善解决。

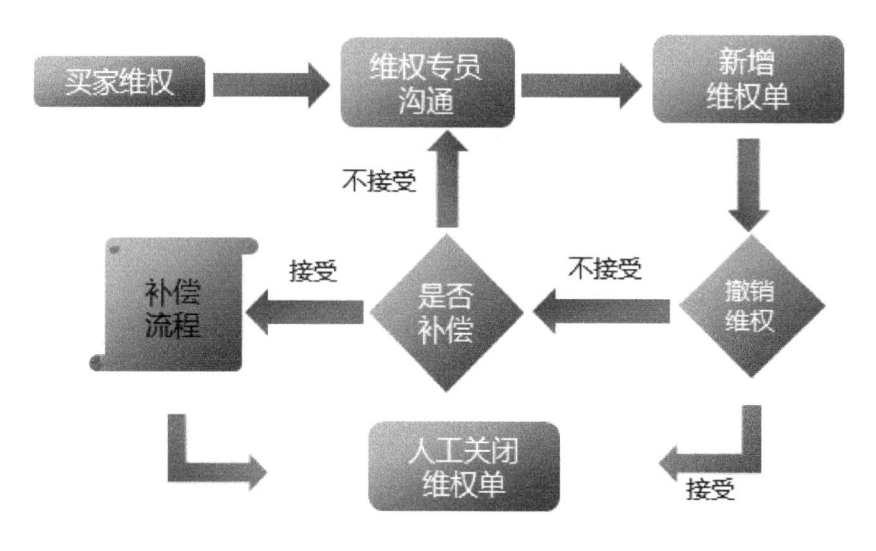

图 4-22　买家维权处理流程

- 通过维权发现自身的管理漏洞：买家发起的维权，无论出发点如何，都能反映出卖家在管理和业务受理过程中存在的漏洞和隐患，因此，透过维权看管理上面的问题才是有效解决维权的根本方法。
- 维权案例增入知识库：维权案例可以让网店的全体人员看到自己在工作中存在的缺点，以及这些缺点给网店带来的负面影响和损失（赔偿），让大家对维权、服务有更深刻的体会和理解，也可以给予新同事一定的警示。

（4）核心功能：

- 维权单管理：卖家维权专员对每日的维权记录进行新增登记与原销售订单进行关联，对卖家提出的维权理由和网店的回复、最终解释、处理意见进行跟踪记录；并在维权单完结时将责任部门、责任人、处罚考核结果等信息记录完全。
- 维权审批流程：为了消除买家的维权投诉，维权专员将对维权的处理方式、可能会给予买家的补偿提交相关领导审批，并按照最终的审批结果来妥善处理维权纠纷。

（5）应用范围：投诉维权。

（6）实操案例：

买家购买了商家的一款 99 元的特价商品，但是在发货的过程中，商家发现出现了超卖情况，于是就以"库存商品有瑕疵"为名要求买家主动关闭交易，买家则认为商家是欺诈，用 99 元特价的名义来欺骗消费者，于是执意不同意关闭交易，而发起了维权。

维权专员与买家初步沟通后，认为此买家并非职业维权买家，只是认为自己好不容易拍下的特价商品被告知无货，有些被欺骗的感觉，所以，就发起了维权。

后续处理：

维权专员在与买家沟通后，同意买家按照此价格来购买店铺中其他原价在 300 元以下的商品，买家很快同意了卖家的要求，并及时撤销了维权。

9. 订单跟踪

（1）人员角色：售后客服、客服主管、客服经理。

（2）业务流程图：如图 4-23 所示为订单跟踪流程图。

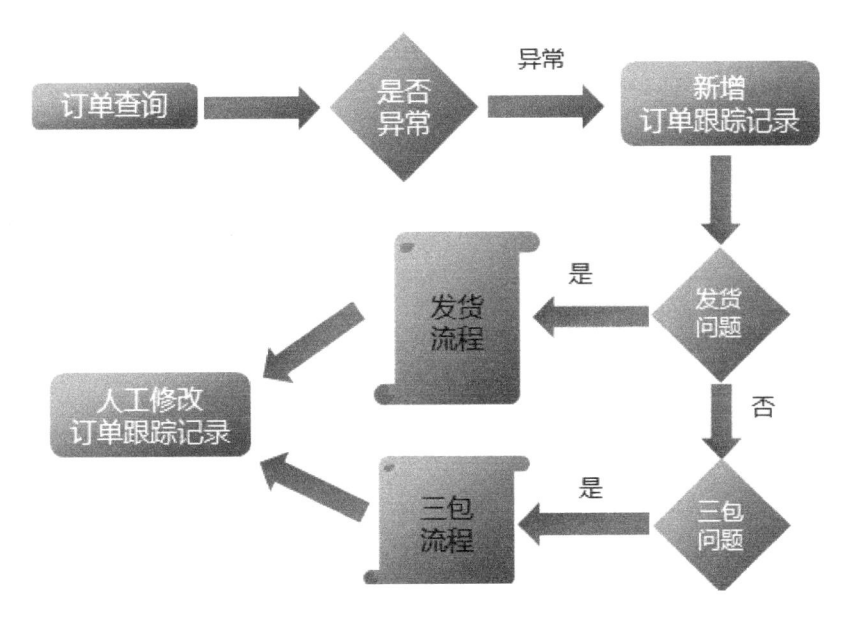

图 4-23 订单跟踪流程

（3）业务重点：

- 增强主动服务意识：在订单跟踪的过程中，卖家主动发现问题，及时与买家沟通，更容易获得买家的谅解，确保订单交易的顺利完成，而不是被动地等待买家找上门来进行维权、索赔。

- 重点关注"交易成功"后 15 天内的订单：在淘宝交易成功确认 15 天后的订单，很少再发生维权、退款等相关纠纷，因此，交易成功后的 15 天是一个比较重要的阶段，尤其要做好此段时间内买家订单的跟踪情况。

（4）核心功能：

- 订单管理。
- 超时订单预警：固定的发货地与收货地之间同一快递在配送周期上是很接近的，但是有些超过 50%正常配送周期的订单就可以认为是异常超时订单，需要卖家客服通过快递公司查询此订单包裹的实际状态和情况，以便根据产生异常超时的原因来及时解决问题，保障买家在最短的时间内能够顺利查收订单商品。
- 未确认收货订单提醒：对于买家收到订单包裹后迟迟没有确认收货，致使买家给卖家的货款一直冻结在支付宝等第三方平台内，卖家要主动与买家联系，咨询其收货和使用信息、提醒买家主动确认收货。
- 订单相关单据管理（订单生成退货单、订单生成换货单等）：卖家客服每日要接待大量的买家咨询，处理相关的退换货业务，因此，需要快速、准确地生成退货单、换货单，并且对退换货单进行后续的修改、状态变更、出入库、退款等业务记录。

（5）应用范围：异常订单跟踪。

（6）实操案例：

正面：

买家拍下了一个商品，从广州寄往四川省都达州市高家坝，由于快递收件时没有仔细检查，配送到达州市才发现此处超区无法正常送达，此类地区有不可配送区域，因此此订单一直处于被跟踪状态，订单跟踪专员在发现此订单处于超区后，立即主动与买家联系，告知其超区事项，并承诺马上再重新发出一单，通过其他快递公司可直接送达买家手中。比正常快递只延迟了 2 天，订单终于被买家签收。

主动出击，将买家的损失降至最少，让买家感受到卖家的真诚，不但挽回了这笔订单，更增强了买家对卖家的信赖。

反面：

买家拍下了一个商品，从广州寄往四川省都达州市高家坝，由于快递收件时没有仔细检查，配送到达州市才发现此处超区无法正常送达，快递与收件人沟通后，收件人不愿意自提，快递直接将此快递原件发回。5日后卖家收到退回的原件，但此时买家由于等待太久已申请退款。

4.5 呼叫中心

4.5.1 为何建立呼叫中心

所谓呼叫中心（Call center），就是充分利用现代通信与计算机技术，自动灵活地处理大量各种不同的电话呼入、呼出业务和服务的运营操作场所。呼叫中心系统是一种基于计算机电话集成（CTI）技术、与企业连为一体的完整的综合信息服务系统，是现代企业运营不可或缺的一部分，同时也是提升企业竞争力的有力工具。近年来，我国电子商务发展迅猛，呼叫中心在电子商务领域的应用已经越来越广泛和深入，并且在电商业务中的重要性也越来越高。

如图4-24所示，建立呼叫中心的4个理由如下：

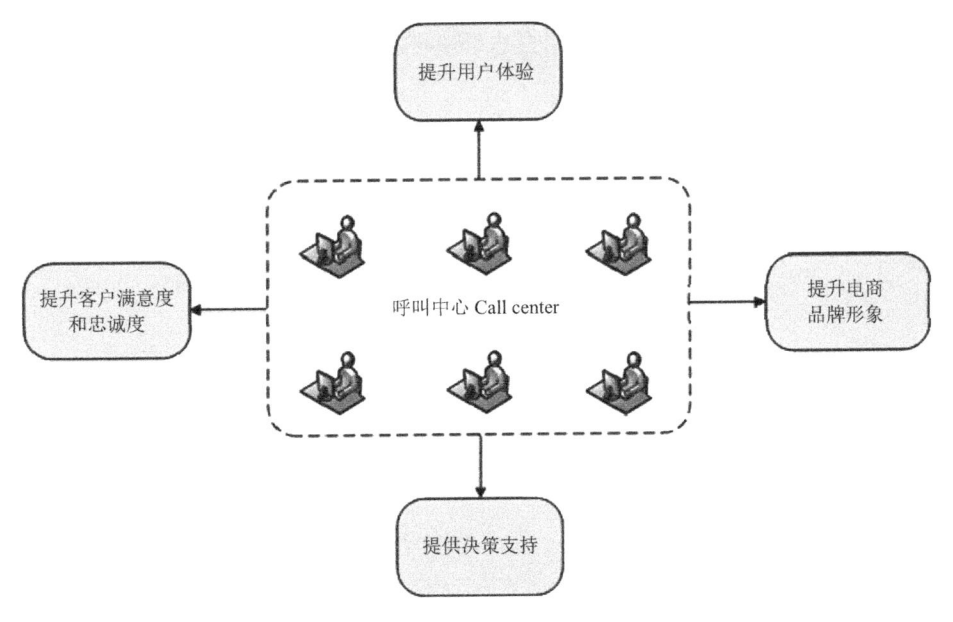

图4-24 建立呼叫中心的作用

- 提升用户的体验，良好的呼叫中心服务可以给客户带来良好的购物体验。
- 客户满意和忠诚度的提升。
- 提升品牌形象，一个训练有素的呼叫中心部门，可以给客户一个专业和高品质的购物体验，增强电商品牌形象。
- 提供决策支持，呼叫中心将收集到的客户案例不断反馈和充实到电商知识库中，知识库相应的对决策上的支持有很大帮助。

呼叫中心是一个直接与客户对话、沟通的平台，能够直接并且高效地进行业务推广和解答客户疑问，从客户角度可以提升客户满意度和忠诚度以及用户体验，从电商角度可以提升电商品牌形象并且为电商决策提供支持和数据依据。

4.5.2 建立什么样的呼叫中心

如图 4-25 所示，呼叫中心大致分为自建型呼叫中心和租用型呼叫中心两大类。不同规模的电商，在建立呼叫中心的时候也有不同的方案。自建型呼叫中心投入较高，租用型呼叫中心在坐席数较少时投入是比较小的，如果坐席数较大建议采用自建型呼叫中心。对于大型电商，由于坐席数较多，推荐采用自建型呼叫中心；对于中小型电商，由于坐席数较少，推荐采用租用型呼叫中心。

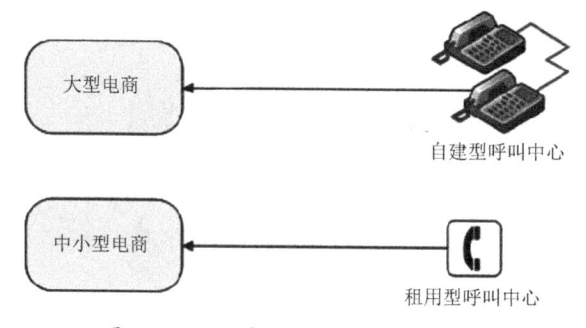

图 4-25　呼叫中心类型与适用电商类型

4.5.3 呼叫中心业务

呼叫中心业务主要有两种，一种是呼入业务，一种是呼出的业务。呼入主要是指买家打进来的电话。

1. 呼入业务

如图 4-26 所示，呼入业务主要有如下 4 个方面：

- 产品咨询；
- 订单受理（买家不从网站上直接下单，而是通过电话订购的方式）；
- 订单跟踪；
- 售后服务。

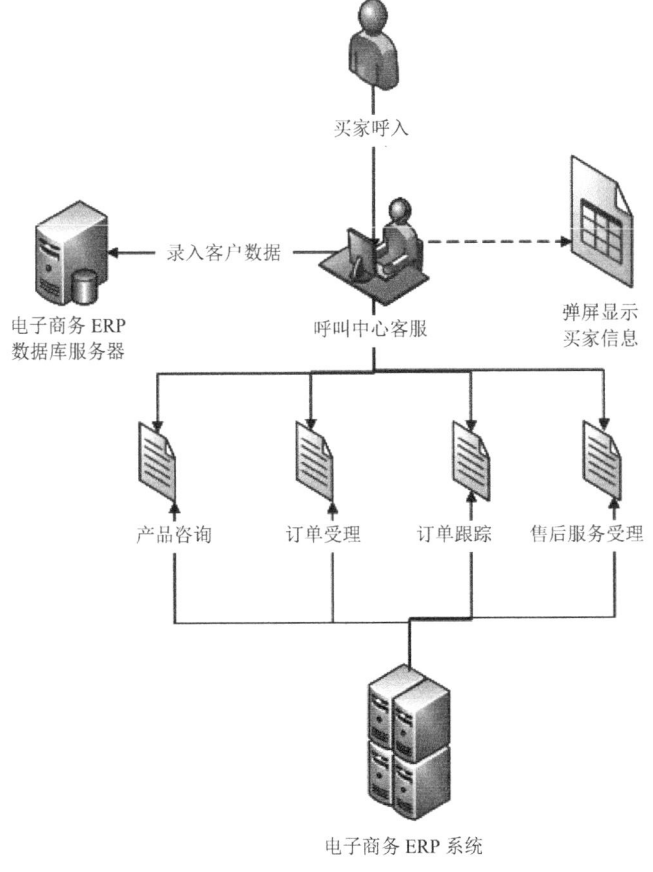

图 4-26 呼入业务

2. 呼出业务

如图 4-27 所示，呼出业务主要有如下 5 个方面：
- 货到付款确认；
- 催付款；
- 缺货通知；
- 会员营销；
- 客户关怀。

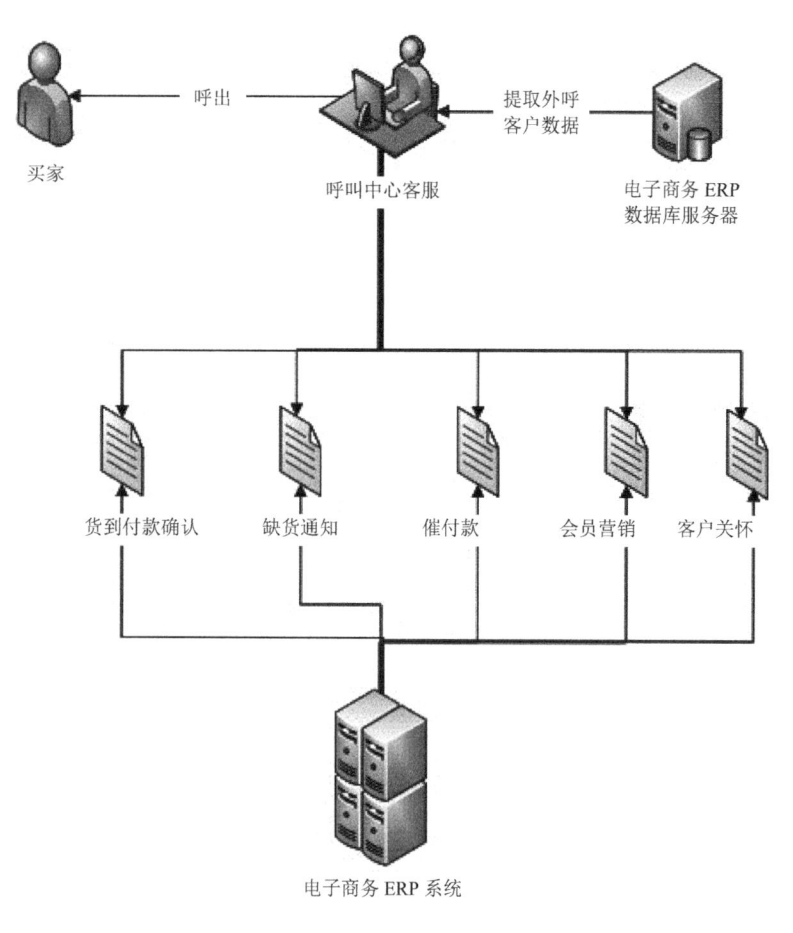

图 4-27 呼出业务

4.5.4 呼叫中心与网店 ERP

如图 4-28 所示，呼叫中心与网店 ERP 之间是基于统一数据平台的协同工作关系。呼叫中心会调用 ERP 的数据，同时呼叫中心也会丰富 ERP 的数据。例如，电话订购的客户，如果是初次订购，客户的数据会储存到 ERP 的客户数据库中。如果客户是二次购买，电话呼入后呼叫中心系统会自动弹屏显示客户基础信息及其所有购买记录，这样客服可以很快知道客户是谁、什么时间购买过哪些商品、客户的等级积分等信息。这个是通过呼叫中心和 ERP 数据之间的交互来实现的。

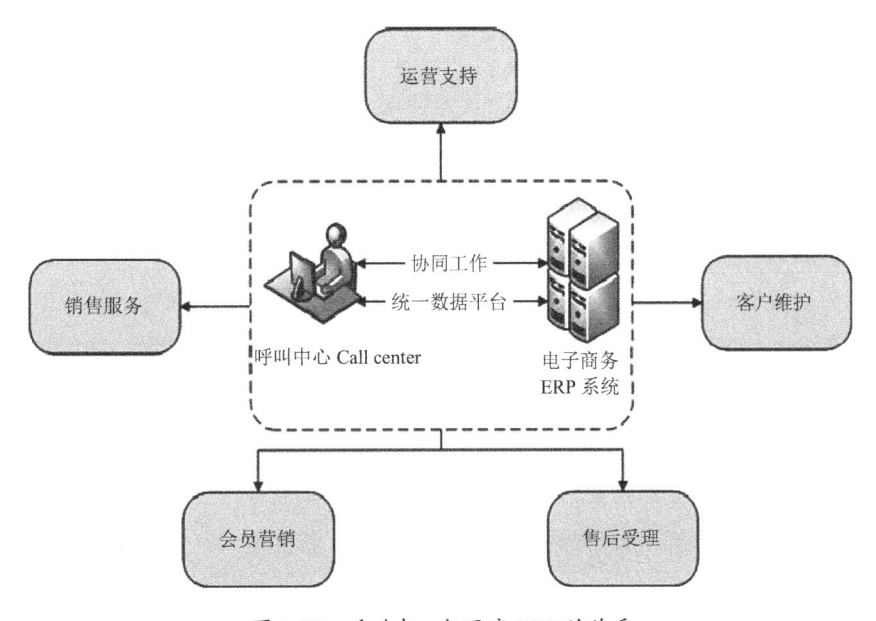

图 4-28　呼叫中心与网店 ERP 的关系

呼叫中心和网店 ERP 的协同工作有什么作用？

第一，对运营的支持，呼叫中心与 ERP 的配合很好地提升了用户体验和满意度；第二，便于客户的维护，与常用的在线聊天方式相比，电话沟通效率更高，尤其是处理一些比较紧急重要事件的时候；第三，为销售服务，更好地促成订单交易；第四，会员营销，直接的呼出业务对电商营销也会有很直接的作用；第五，售后受理，通过电话的方式去处理交易中的纠纷、矛盾，处理效率和客户的满意度会更高。

4.6 应用案例

1. 商家背景介绍

某知名品牌男鞋在淘宝上设有品牌旗舰店、户外专营店等多家淘宝店铺，长期以来由于业务不断拓展，推广投入逐渐加大，销量与日俱增，网店业务发展迅速，该商家在男鞋类目中一直名列前茅，单店月销量超千万元。

2. 流程化管理前

在网店的发展过程中，逐渐暴露出了一些现实问题。

（1）售前

由于网店经营的产品较多，加之扩招的新客服对产品不熟悉，在回复买家咨询时往往不够严谨、准确，有些问题新客服不知道就去咨询资深的老客服或组长，如果他们也不知道，那就只能敷衍回复买家，更有甚者甚至干脆不再回复此买家的问题。售前咨询中由于客服回复不及时、回复不准确，不但极大地降低了询单转换率，还增加了日后与买家发生交易纠纷、退换货的概率。

对于快递、促销活动等咨询也时常需要咨询老员工或组长才能回复买家，严重影响了工作效率，并且给予买家的售前咨询体验也较差。对于买家经常咨询的一些问题，例如，快递公司的查询网址，快递公司的可配送区域、不可配送区域，具体运费等问题也无法做出快速、准确的应答。

（2）售中

缺乏主动服务的意识，发生了超卖情况不是主动与买家联系、沟通解决办法，而是被动地等，等待买家找上门来质问客服为何还未发货，不但激化了买卖双方的矛盾，同时也极大地降低了买家的网购体验。

并且，没有主动服务的意识，都处于消极被动等待的状态，无论是查件还是订单修改或是缺货超卖都是等到买家很烦躁地找到客服才会对相关问题进行处理，因此也导致了买家评分较低和投诉维权数量较多等一系列问题的发生。

(3）售后

在处理售后三包问题时，客服对于三包制度不了解，哪些可以退，哪些可以换，哪些只能返修等问题不能给予买家明确的答复，而是用模糊的说法来搪塞买家，并且缺乏三包售后的具体流程化指导，导致很多三包问题没有专人跟进，三包周期过长，因此，极容易把小问题扩大化，从一个简单的三包演变为买家与卖家的维权纠纷。

3. 问题分析

针对案例商家存在的问题，分析原因大致有以下几点：
（1）客服部岗位人员不明确，遇到问题容易出现互相推诿；
（2）岗位流程不清晰，遇到问题不知道要如何处理；
（3）缺乏规范制度，没有建立考核机制，客服工组积极性不高。

4. 流程化解决问题

从售前、售中和售后三个主要服务环节入手，将每个环节中所涉及的具体工作流程化，对每个流程中涉及的岗位和人员进行定人定岗，并依照业务流程中的具体工作制定规范的制度，建立可量化执行的考核方案。

而且在平时客服培训中不断灌输主动服务的意识和针对个别恶意卖家提升自我保护意识等思想观念。

在流程化执行过程中不断优化，完善现有流程，调整人员岗位和考核目标。

5. 流程化之后的改善

通过知识库、知识管理流程的建立以及售前客服工作中对于大宗购物申请、优惠/包邮申请、产品咨询等业务流程的建立，不但提升了客服的服务质量，也有效提升了客服的服务满意度，更重要的是从根本上提升了全体客服对于专业知识的掌握。

售中服务对查件、修改订单、催发货、无货通知、催付款、货到付款确认等几个重要业务都制定了规范的处理流程，并且也进行了制度化和岗位考核管理，极大降低了在售中环节容易导致交易取消的发生概率，提升了客户的网购体验。

售后服务更是将退换货和返修业务进行了严格、规范的流程化管理，售后人员根据买家的具体问题参照流程严格执行,确保买家提出的售后问题能够在短期内迅速响应、快速处理,较大程度地减少了买家因为售后服务不到位导致的维权投诉的发生。

如图 4-29 所示描述了该商家流程化管理前后的效果对比情况。商家通过严格、规范地在客户服务工作中执行流程化管理,仅仅通过 3 个月的努力就将网店"服务态度"的动态评分从原有的持平提升至超过行业平均值 10%的水平,无论是外部数据还是买家反馈,都说明规范的流程化管理确实将网店的管理提升到了一个新的高度,流程化管理对于电子商务网店商家的确有很明显的实际帮助。

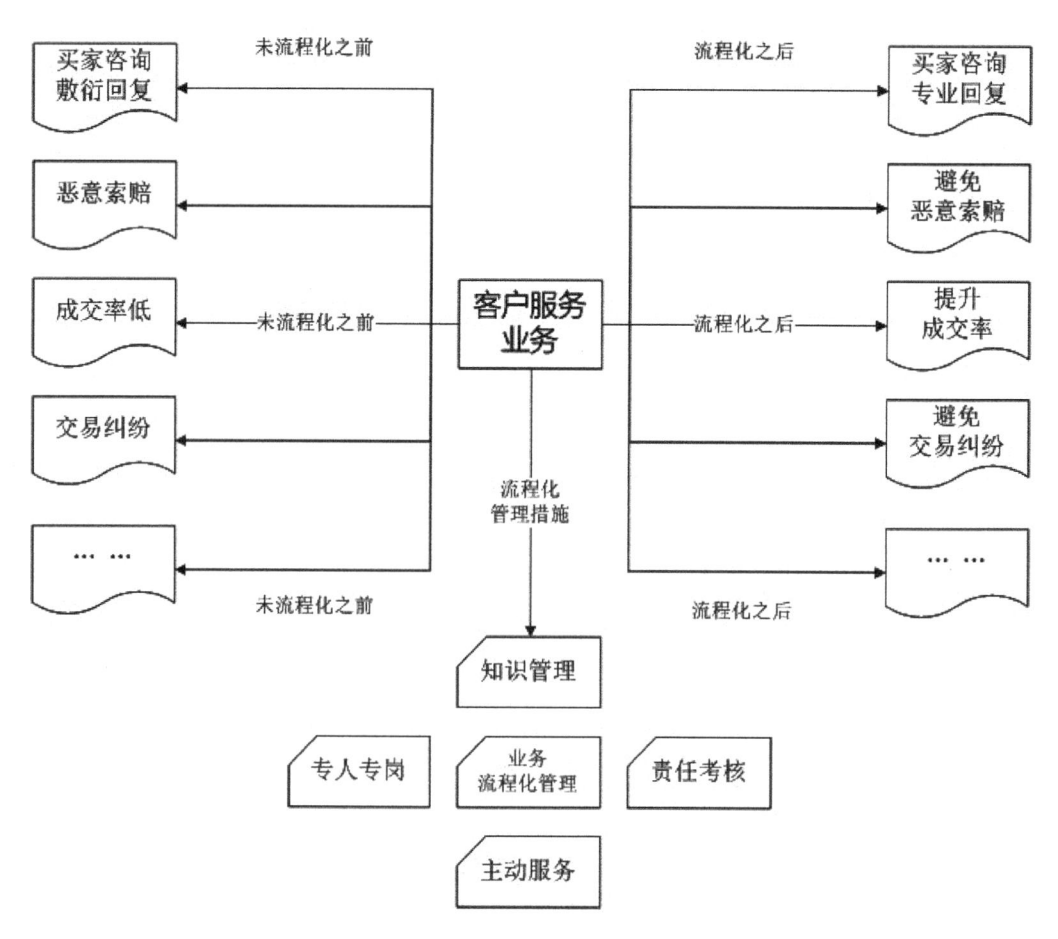

图 4-29 客户服务流程化管理前后对比图

第5章

订单处理

订单处理是电子商务的重要组成部分。订单处理涉及的细节和关键因素比较多，这个环节把握得好，不仅能在运营中节省大量的人力、时间、资金成本，还能在很大程度上提高客户满意度，本章我们将详细介绍订单处理的细节问题以及流程化说明。

一个店铺运营是否良好的标准不单单在于访问客户量有多少、销售业绩实现了什么目标，客户能够及时顺利地收到自己购买的商品，并且给予店铺满意的评价，才真正代表一个订单的完结，因此，不管是日常销售还是大型活动，订单生成之后，能够保证及时有效的处理，保证货品发出成了衡量一个店铺运营能力的基本标准。一旦出现订单不能及时处理，或者发生其他突发状况，不仅影响了整个店铺的运营，同时也会导致客户满意度严重降低，售后问题频频发生，进而影响店铺的后续发展能力。

所以，这就要求订单生成后，各个岗位以及各个环节相互配合，保证流程通畅，快速准确地处理订单，提升发货速度，让客户及时顺利地收到购买的商品，才能真正意义上做到服务好买家，提高客户满意度，增加客户体验。

订单处理环节是关键的环节，是连接前段销售与终端发货的重要纽带，因此，这一环节的人员在岗位和职责方面都需要面临更大的挑战。

订单处理环节中相应的负责人员需要履行的职责有：日常订单的审核处理，包含正常订单和问题订单的处理；保证订单信息准确无误地传输给库房发货环节；对客服提交反馈的售后问题进行及时有效的处理，包括信息更改、退款、退换货等情况，并及时给予处理结果的反馈；对所有订单涉及的各项数据报表进行及时的汇总和整理，并及时对订单日常问题涉及的部门给予反馈和建议等。

订单处理环节是电子商务企业发展中重要的环节，订单的形成不仅代表整个项目营销推广、活动策划的效果，也是包括客服在内的整个团队运营成果的业绩体现，后期的发货处理等操作也要以订单为依据进行。同时，整个订单的处理过程要经过客服、订单、仓储、物流等各个环节支持，贯穿在整个运营流程中。

订单处理过程中也会有一系列问题发生，例如，订单处理不及时而引发客户退款；客户收货地址各不相同，快递分派复杂；使用淘宝促销工具，如买就送、满就送等赠品活动，出现漏发情况；同一客户未使用购物车购买多款宝贝，订单未及时合并，导致多个包裹发出等。

本章中我们将对订单处理环节进行详细的介绍，其中包含订单相关含义的概述、订单处理的相关因素、订单处理对整个流程的影响、订单处理原则、岗位规划、流程设计以及如何解决订单处理中的问题等详细内容的阐述。

5.1 订单概述

5.1.1 订单的含义

订单是指在商业活动中，买家与卖家达成的关于商品（或服务）的要约。既然是商业活动，必然涉及钱、物、信息。买家钟情于物的使用价值及建立在其上的心理满足感，卖家以获得钱为直接目的，信息则将双方及各取所需的美好意愿有机地结合为一个整体。所以说，订单的本质是一种双赢的约定，并被有效履行，如图5-1所示。

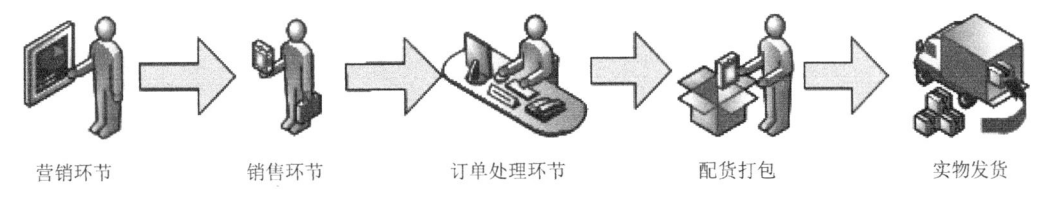

营销环节　　销售环节　　订单处理环节　　配货打包　　实物发货

图 5-1　订单在商业活动中的衔接作用

5.1.2 订单状态的分类

订单状态有 8 种，分为未确认未付款，已确认已付款，已发货，退款中订单，退款成功，未处理已确认已付款，已处理已确认已付款和已处理已发货。

1. 未确认未付款：买家拍下商品，但是没付款

买家已拍下但还未付款的订单，无须人工干预。如果有需要，可以直接关闭订单、预留商品、修改价格及通过旺旺、短信、电话联系顾客追单，提高付款率。

2. 已确认已付款：买家拍下商品，且已经付款

买家完成付款操作后的订单，即确认购买。已完成确认付款的订单，即把钱付到支付宝，买家不能修改任何已确认的信息，但卖家可以更改客户收货地址、修改订单备注等。

3. 已发货：卖家根据订单将货物交给快递发出后订单的状态

卖家完成订单信息的确认、审核，货品已发出，并且生成快递单号，等待买家最后确认收货的订单。

4. 退款中订单：买家拍下商品后因为种种原因申请退款，卖家还未确认

由于买家或卖家任何一方原因造成无法正常交易的订单，退款中的订单有以下两种情况：一是卖家未发货的退款申请，此种情况无须等待卖家退货，确保货品没有发出即可操作退款；二是等待确认收货的退款申请，此种情况卖家已将货品发出，需等待退货收到后才能完成退款操作。

5. 退款成功：买家拍下商品，因为种种原因退款，卖家已退款

在买家已付款状态和卖家已发货状态，买家都可以发起退款申请的操作，经买家与卖家协商一致，由卖家进行确认退款的操作。

6. 未处理已确认已付款：订单待审核状态

订单已生成，买家确认付款完毕，等待订单组审核处理的订单。

7. 已处理已确认已付款：订单审核完毕打印出来的状态

订单经过订单组的审核处理，并完成了订单相关单据的打印。

8. 已处理已发货：订单验货成功，发货成功状态

订单已进行实物打包发货的处理，并已操作平台发货。

5.1.3 订单处理的含义

所谓订单处理，就是对订单承载的买家需求的有效处理，是从买家下单开始到收到货

物为止，这一过程中涉及的所有相关单据的处理活动，与订单处理相关的费用属于订单处理费用。

订单处理是企业的一个核心业务流程，直接关系到企业是否赢利及赢利多少。订单处理环节把握得好，不仅可以大大提升企业的运营效率，保证企业的良性发展，还能为企业赢得更多的后期收益，反之，订单处理环节把握得不好，不仅浪费过多的人力、时间、资金成本，对企业后续的发展也会带来严重影响。

电子商务与传统商务的一个明显区别就是海量订单的产生，这极大增加了企业处理订单的难度，需投入的人力、时间成本也越来越多，随着企业经营规模的不断扩大，订单量很容易成倍激增，因此，越来越多的卖家选择通过信息化手段来解决订单处理的难题，也正是基于这个原因。

5.1.4 订单处理的本质

根据订单的定义，订单处理的本质其实是对钱流、物流、信息流的处理。

1. 钱流

钱流指随着商品（或服务）及其所有权的转移而发生的资金往来流程。买家为获得商品（或服务）及其所有权而支付钱款，卖家依据买家支付的钱款发货，让渡出产品（或服务）及其所有权。双方在协商一致的基础上，以订单作为载体进行交易，都不会且不愿让渡高于约定的价值。订单审核中的财务部分、发货后的收款、售后问题中的退款等都属于处理钱流的范畴，稍有处理不当就会至少使一方蒙受损失。

2. 物流

"物"是指物质资料世界中同时具备物质实体特点和可以进行物理性位移的那一部分物质资料，"流"是物理性运动。订单处理系统中所谓的物流是一种广义的物流，指的是卖家让渡商品（或服务）的整个过程。起始于买家完成付款行为（货到付款除外），终止于买家收到商品（或服务）。订单审核中的商品部分、库房分拣、出库及发货、快递公司运输等都属于处理物流的范畴。

3. 信息流

信息流指信息的传播与流动，包括 3 个过程：采集、传递和加工处理。订单处理系统中非钱流和物流的部分都属于信息流的范畴，例如，订单下载、订单及其他单据信息的传递、售后事件的查询及处理等，如图 5-2 所示。

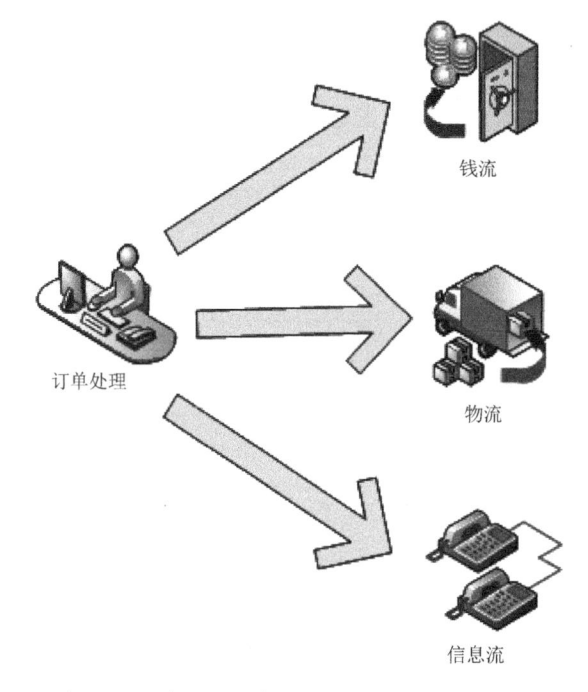

图 5-2 订单处理与钱流、物流、信息流的关系

5.1.5 订单处理包含的关键因素

1. 遵循订单处理的原则

为实现订单的高效处理，通常情况下订单处理的基本原则如下。

（1）先收到的订单先处理

先收到的订单即淘宝后台最先确认付款的订单，由于淘宝有规定发货时间的限制，同时从客户体验角度考虑，优先收到的订单必须优先处理，这样才能保证店铺的良性运营。

(2)先处理简单订单，再处理复杂订单

简单的订单指没有任何买家留言、卖家备注，无须花费过多时间进行信息核对的订单。

复杂的订单指包含买家留言、卖家备注，需要花费多一些时间进行信息核对、修改等其他影响迅速处理的订单。

简单的订单花费时间少，优先处理，以便能保证后续发货环节的正常流转和流程的畅通。

(3)优先处理承诺发货时间最早的订单

承诺发货时间最早的订单即指有买家留言或者卖家备注的订单中，买家明确要求发货时间的订单，这类订单要严格确保在承诺给客户的时间点之前发出，以保证客户的满意度。

(4)优先处理相同商品的订单

相同商品的订单即指购买同一款商品的订单，这类订单处理完毕之后方便库房批量打印、出库等，能大大提高发货环节的操作效率。

(5)优先处理相同快递的订单

相同快递的订单即指分派同一快递公司的订单，这类订单处理完毕之后方便库房批量连单打印，同时也为发货完毕之后的单号回传提供方便。

2．时间控制的及时性（每个订单状态的关键时间点，包含发货前和发货后）

(1)正常订单处理的时间点控制

- 未付款订单的催款

淘宝规定所有未付款订单，买家如在48小时内未完成付款操作，系统将自动关闭未付款订单，所以卖家要及时做好催款工作，不仅能提升付款率，还能及时释放被占用的库存。

- 已付款订单的发货处理

淘宝规定所有已付款的订单，卖家必须在72小时内完成发货处理，并如实反馈发货快递单号，否则买家有权利以延迟发货为由对卖家发起投诉，淘宝将对卖家进行扣除3分的处罚。

延迟发货包括卖家在宝贝描述中没有明示发货时间，并在买家付款后实际未能在72小时内完成发货以及在买家付款后表示不能在72小时内完成发货。

淘宝交易订单状态为"买家已付款"，此时买家申请退款操作，如果卖家一直不发货或不同意退款协议，此交易款项将在 48 小时后退还到买家的支付宝账户，即买家已付款 48 小时后，如卖家仍没有做出发货操作，买家申请退款，款项将自动退还给买家。

（2）异常订单处理的时间点控制

- 库存显示无货订单

正常来说，除大型活动外，一般客户均认为当天下午 16:00 之前付款的订单均能在当天发出（各店铺均有类似公告），所以如果订单显示库存无货，必须保证在当天短信或电话告知客户换款或退款，否则很容易引发客户发起"空挂商品"的投诉。

- 地址模糊无法即时分派快递公司的订单

正常来说，如果能将快递公司支持的派送范围详细明确，并做好各快递公司的分区，在订单处理过程中，至少可以保证 90%以上的订单能正常即时处理，但个别订单由于地址模糊或快递派送范围支持信息没有涵盖等情况，导致不能进行快递公司的即时分派，这类订单需要进行人工审核处理，时间点同正常订单一样，需保证在当天下午 16:00 前处理完毕。

3. 订单信息的准确性（客户留言、备注、地址等）

（1）买家留言

一般指买家在下单时为补充或修改信息所做的留言，如需延期发货、修改收货人、联系电话、收货地址、更换颜色、更换尺码等，都要在订单审核过程中确认核对修改，避免造成后期售后问题，降低客户满意度。

（2）卖家备注

一般指客服根据与买家沟通的信息所做的内部备注说明，基本内容与买家留言相似，还可能涉及同一收货地址不同订单需要合并，或者同一订单不同收货地址需要拆分的信息登记。保证其准确性的意义在于提高客户满意度，同时降低相应的运营成本。

（3）快递分配

指根据买家收货地址进行相应快递公司的分配，客户收货地址信息各有不同，快递本身派送范围有限，需对订单进行准确的分派，不仅能减少客户收到包裹的派送时间，还能避免因快递分派不准确引发的售后问题，并且能够节省由于快递派送不到引发退货或更换快递、补发等增加的快递费用。

5.1.6 订单处理涉及的相关单据

订单是一种最基础的单据，在处理过程中往往伴随着其他附属单据的产生，主要包括：付款单、出库申请单、出库单、发货单等。如果订单产生了售后问题，则还会有更多的附属单据，如退款单、补款单、退货单、补发单、换货单等。订单及其附属的所有单据，共同组成了完整的订单处理过程。

1. 付款单

付款单单据样板如图 5-3 所示。

标记状态	内部旗帜	平台旗帜	订单类型	订单状态	订单来源	来源单号	业务员	订单总价	支付方式	付款时间
顾客ID	收货人	手机	地址	物流名称	物流单号	物流费	买家留言	发货时间	卖家备注	

图 5-3　付款单单据样板

2. 出库单

出库单单据样板如图 5-4 所示。

订单编号：		订购时间：		快递：
购买单位：				制单人：
商品编号	商品全名	数量	价格	备注
提货员：		打包员：		

图 5-4　出库单单据样板

3. 发货单

发货单单据样板如图5-5所示。

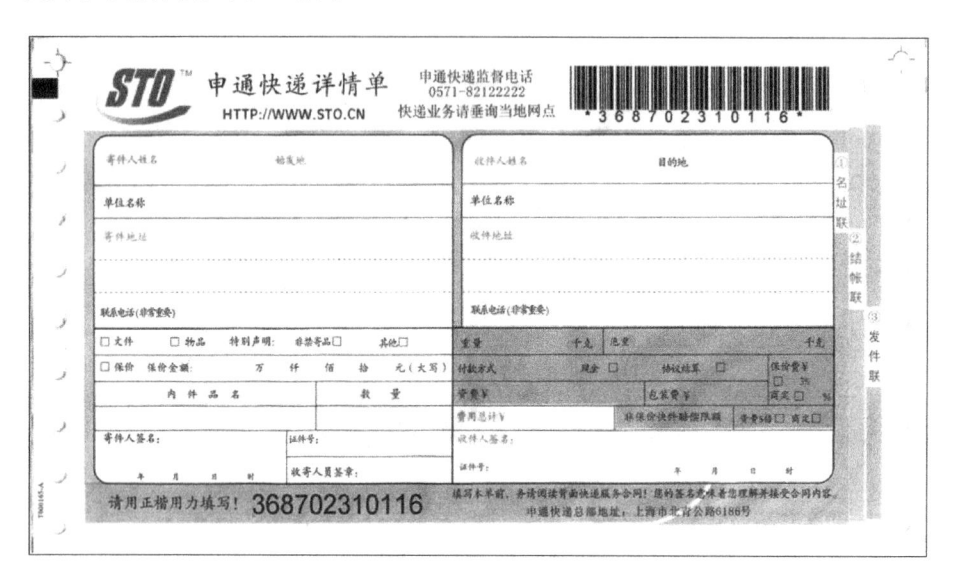

图5-5 发货单单据样板

4. 退款单

退款单单据样板如图5-6所示。

时间	店铺名	顾客ID号	订单号	规格型号	价格	退款原因	退款方式
处理方式	申请人	审批人	采购签字	库房收到货或未发货确认签字	退款操作员签字		

图5-6 退款单单据样板

5. 补款单

补款单单据样板如图5-7所示。

制单日期	补款方式	补款金额	会员名称	买家备注	责任人	交易状态

图 5-7　补款单单据样板

6. 退货单

退货单单据样板如图 5-8 所示。

旗帜	退货单状态	单据编号	业务日期	售后包编号	来源单号	退回物流公司	退回快递单号	顾客 ID
买家发货人	入库仓库	入库人	入库时间	完成人	完成时间	店铺名称	备注	

图 5-8　退货单单据样板

7. 补发单

补发单单据样板如图 5-9 所示。

旗帜	补发单状态	单据编号	业务日期	售后包编号	来源单号	换出物流公司	换出快递单号	顾客 ID
买家收货人	出库仓库	出库人	出库时间	完成人	完成时间	店铺名称	备注	退换货单 GUID

图 5-9　补发单单据样板

8. 换货单

换货单单据样板如图 5-10 所示。

旗帜	退货单状态	单据编号	业务日期	售后包编号	来源单号	退回物流公司	退回快递单号	顾客 ID	买家发货人
入库仓库	入库人	入库时间	入库型号	换出型号	完成人	完成时间	店铺名称	备注	

图 5-10　换货单单据样板

5.1.7　订单处理的基础流程简介

订单处理的基础流程可分为两种：纯线下单和系统处理。

1. 纯线下单

纯线下单，也称传统的订单处理，即不通过任何订单系统干预操作的方式进行订单的处理，单纯地采用 Excel 表格进行订单的汇总和处理，即从平台后台直接将订单批量导出的办法。

适用人群：店铺开店初期，订单量比较小且稳定的卖家。

优点：无须投入资金成本。

缺点：无法做到订单的实时处理，订单处理时需进行分批分次导出的操作，操作过于麻烦；针对同一买家未使用购物车购买多款商品的订单，需要进行人工筛选合并处理；进行快递分派操作时需对表格中的地址省区进行拆分，然后才能进行快递分派；买家反馈的售后问题只能通过手工登记，并很难与原始订单号相匹配；一旦买家在平台发起退款申请，必须实时监控哪笔订单已是买家申请退款状态，必须停止发货；已发货完毕的运单号需手动进行平台发货。

操作说明：订单生成后，按时间和已付款订单条件筛选导出 Excel 表格，审单员需通过手工将买家留言、备注等信息进行处理，并做好快递分派，表格确认无误后交由打单员进行单据打印，相关发货人员进行实物发货的操作，打单员手动将运单号填写到后台进行平台发货操作。

2. 系统处理

系统处理，即商家使用订单处理系统干预操作的方式进行订单的处理，保证订单的实时流转。系统处理的订单也分为物流宝支持和非物流宝支持两种模式实现。物流宝支持指选用第三方物流宝仓库的商家，在订单处理前端系统和后端发货系统需同时与物流宝实现系统对接，前端订单生成之后会由前端订单系统推送到物流宝，处理后的订单再由物流宝推送到后端发货系统，进而实现网仓进行实物发货处理；非物流宝支持指商家自行发货，无须第三方物流宝仓库支持的商家，订单处理前端和后端发货都安装同一系统的客户端，订单生成后，会由系统实时抓取下载，前端对订单进行审核处理之后直接流转系统待发货模块，库房进行实物发货处理。

适用人群：订单量相对增多，需要系统支持发货的商家。

优点：系统处理订单，减少了大量人工成本的投入，节省时间，提高处理效率；针对同一买家未使用购物车购买多款商品的订单，系统可以实现自动合并，无须人工操作；进行快递分派操作时可以在系统中进行快递指派功能的设置，如某地区全部自动分派为某快递，处理效率高，也能达到准确度的要求，减少售后问题的发生；买家反馈的售后问题可直接在系统中进行登记，如涉及售后单据的也能实现自动创建，同时与原始订单进行自动匹配，让客服和订单组人员随时有查询的依据；一旦买家在平台发起退款申请，可以通过系统自动创建退款单，从而有效控制货品已发出而退款同时确认的情况发生；实物发货完毕后可批量进行单号回传、平台发货等。

缺点：系统处理订单受软件影响比较大，需要保证稳定的网络环境，同时也需要强大的硬件支持。

操作说明：订单生成后，系统抓取平台订单，下载到系统平台，前端对订单进行审核处理，订单通过系统流转到仓储环节，后端进行单据打印、配货、校验出库、打包称重、抽单实物发货、平台发货，最后订单完成。

订单处理流程如图 5-11 所示。

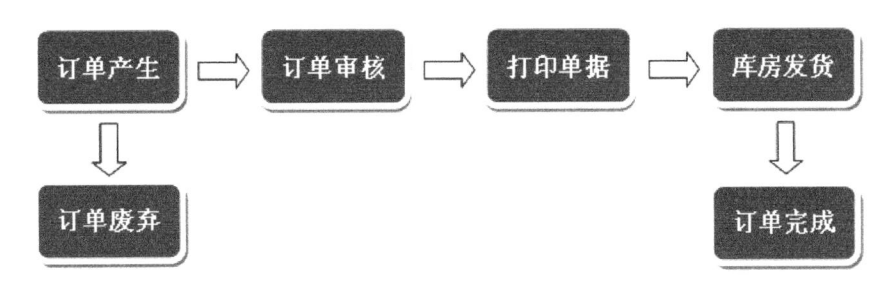

图 5-11　订单处理流程简图

以上仅是订单处理流程的综合概述，5.2 节将进一步详细介绍。

5.2　订单处理流程

5.2.1　岗位规划设计

- 流程设计的完整性和规范性（岗位、角色等）；
- 为保证订单的高效处理，需要对岗位进行合理配置，保证每个环节的畅通。

1. 前端配置

（1）客服部

客服部只设置售前客服人员，其职责是为买家提供咨询服务，给予客户推荐并促使订单生成，同时也是接收售后问题的通道，做好售后问题的登记以及与内部的沟通等。

客服部涉及的订单操作如下：

- 销售查单

随时查看订单状态，以便为客户提供随时性的咨询服务；

对买家已经拍下迟迟未付款的订单进行催款或取消订单的操作。

- 售前备注

在买家咨询或付款后，针对买家的要求更改信息等，备注包括地址修改、电话修改、商品修改等。这里的客服备注指卖家备注。

- 售后问题登记

对买家反馈的售后问题在内部进行登记、反馈，如订单涉及的退款、退货、换货等情况。

（2）订单组

订单组的主要职责是将已确认付款的订单进行信息的确认、审核，同时做好库房、快递公司的分派处理，保证订单准确无误地流转到库房环节。

订单组涉及的订单操作如下：

- 核对已确认付款的订单是否有缺货的情况；
- 查看买家留言和卖家备注；
- 对订单进行库房和快递公司的分派；
- 审核订单价格；
- 针对同一收货地址的订单进行合并操作；
- 对需要修改或者缺货或者买家要求替换商品等特殊情况进行订单拆分；
- 根据客服部登记反馈的售后问题进行内部处理。

2. 后端配置

（1）打单员

打单员的主要职责是将订单组已审核确认完毕的订单相关单据进行打印的操作，打印的相关单据主要是出库单和快递单。

（2）配货员

配货员的主要职责是根据打单员提交的相关单据进行配货出库。

校验员的主要职责是对出库货品的质量和数量进行核对，做二次分拣，以保证出库的准确性。

（3）打包员

将验货后的货物进行包装，快递单粘贴在包好后的货物上，抽出快递底单，进行留存。

（4）称重员

将已包装好的包裹称重后记录质量信息，以便后期和快递公司进行快递运费的账目核对。

5.2.2 不同订单处理流程

1. 日常订单处理流程

（1）未付款订单催款

- 催款方式：短信催款和电话催款。

短信催款：即通过已订制的短信营销工具和套餐批量给客户进行短信催款。

电话催款：即经过短信催款之后针对剩余的少量未付款订单进行电话直呼催款。

- 负责岗位：客服组。客服组的考核项之一就是付款率，通过客服岗位进行催款操作也是对员工积极性进行刺激的体现。
- 催款时间及频率：综合从避免库存被过多占用以及客户体验角度两个方面考虑，催款频率可每天两次进行，时间上考虑买家付款的方便性，可选在每天上午 10:00 和下午 16:00 分别进行，催款范围根据不同情况而定。
- 注意事项：

订单生成后 3 小时内未付款；

未付款的订单商品库存充足。

（2）已付款订单信息核对

- 工作内容：依照订单处理原则，首先进行正常订单的处理，然后进行异常订单的审核，保证订单信息、快递分派无误，及时将订单流转到库房环节。

- 负责岗位：订单组。
- 处理时间及频率：从客户补单需要合并订单的情况考虑，建议每隔半小时处理一次半小时之前的订单，相应库房的截单时间需定在下午 16:30，以保证当天处理的订单当天发出。
- 注意事项：

当天 16:00 前付款的订单当天发出，包括正常订单和异常订单；

当天 16:00 前付款的订单如不能当天发出，一定要以短信或旺旺留言告知客户，必要时需电话通知。

（3）订单相关单据的打印

- 工作内容：根据订单组处理后的信息进行出库单和发货单的单据打印。
- 负责岗位：打单员。
- 处理时间及频率：打印单据在时间和频率上没有明显要求，可根据订单量的多少自行确定需打印的单据数量，订单量大的情况下可以每次选中 100 个订单进行打印，可根据购买相同商品和同一快递公司进行筛选。
- 注意事项：

出库单和快递单必须同时打印；

当天打印出的单据必须当天发出。

（4）配货

- 工作内容：根据打单员提交的单据进行货品的分拣配货。
- 负责岗位：配货员。
- 处理时间及频率：为保证流程的通畅和连贯，配货员需进行实时配货，为提高配货效率，可根据分拣单据灵活配货，如购买同款商品的，可整箱配货。
- 注意事项：

参考单据为出库单和快递单两个单据；

出库货品和数量与单据完全匹配；

保证当天所有已打印单据完成配货。

（5）校验

- 工作内容：对配货员完成出库的配货进行质量、数量、商品信息与订单信息的核对，进行扫码出库。

- 负责岗位：校验员。
- 处理时间及频率：为保证流程的通畅和连贯，校验员需进行实时校验出库，也可视情况而定，根据购买同款商品的订单进行批量出库的操作。
- 注意事项：

出库商品信息、数量等与出库单据信息完全匹配；

当天所有配货完成的订单完成校验。

（6）打包

- 工作内容：对已出库的商品完成打包，完成最后封装以及粘贴快递单。
- 负责岗位：打包员。
- 处理时间及频率：为避免出库校验后的货品混淆，打包员需进行实时打包封装。
- 注意事项：

填充物合理使用；

货品、附件确认封装无误；

包装紧实严密；

快递单粘贴无误；

当天所有出库的订单保证当天封装完毕。

（7）称重抽单发货

- 工作内容：将封装完毕的快递包裹进行称重，记录相关数据，抽快递底单留存，如针对购买相同商品、相同数量的包裹可进行批量称重记录。
- 负责岗位：称重员。
- 处理时间及频率：为方便返单记录，可分批定量进行称重抽单操作，一般以取整数为宜。
- 注意事项：

重量数据记录；

发货数量和返单数量匹配无误；

当天封装完毕的包裹当天发出。

（8）平台发货

- 工作内容：运单号反馈，平台操作发货。
- 负责岗位：打单员。

- 处理时间及频率：为保证流程的通畅，避免大批集中返单，打单员需随时督促称重员按批按量返单，以随时操作平台发货。
- 注意事项：

当天返单需全部完成平台发货；

平台发货单号准确无误。

（9）订单完成

所有流程处理完毕，即代表整个订单环节处理完成。如图 5-12 所示为正常订单处理流程图。

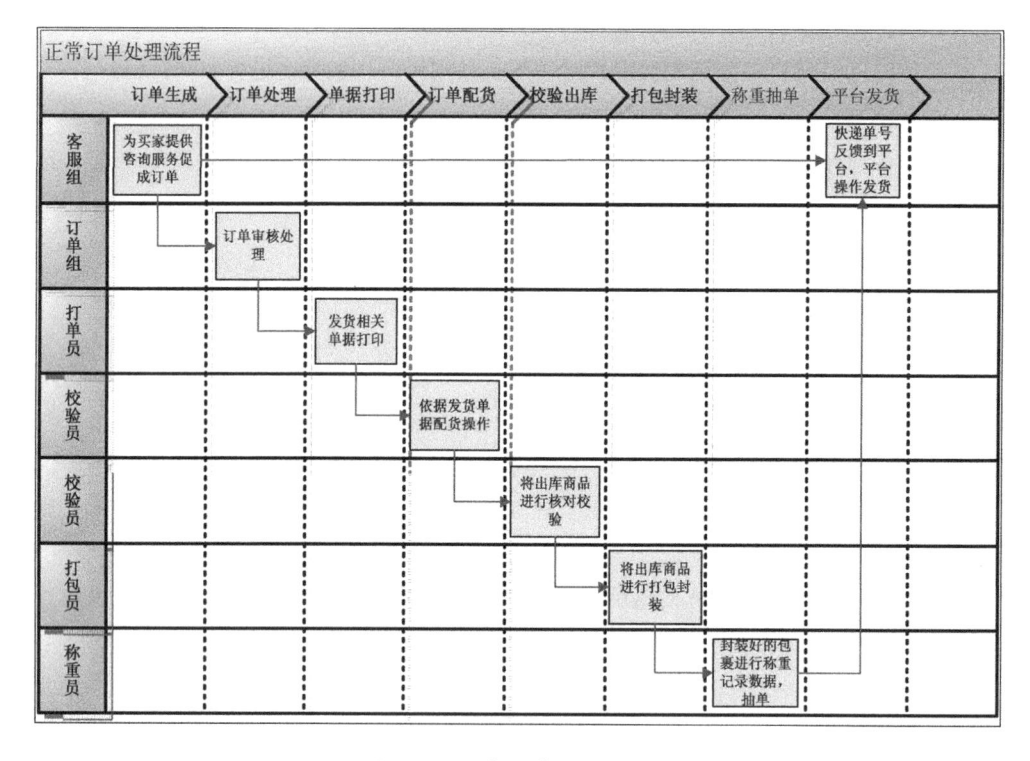

正常订单处理流程		订单生成	订单处理	单据打印	订单配货	校验出库	打包封装	称重抽单	平台发货
客服组		为买家提供咨询服务促成订单							快递单号反馈到平台，平台操作发货
订单组			订单审核处理						
打单员				发货相关单据打印					
校验员					依据发货单据配货操作				
校验员						将出库商品进行核对校验			
打包员							将出库商品进行打包封装		
称重员								将装好的包裹进行称重记录数据，抽单	

图 5-12　正常订单处理流程图

2. 售后订单处理流程

（1）售后处理流程中涉及的概念说明

- 售后处理是订单处理不可或缺的重要组合部分，售后处理的效率直接影响了订单处理的整体效率。
- 售后服务就是在商品出售以后所提供的各种服务活动。鉴于电子商务的特殊性，买家付款到收货的时间间隔较长，这里将买家付款作为售前和售后的分割点，即买家付款后即有可能产生售后问题。
- 售后的三要素：钱流、物流、信息流。

信息流：信息流即为不涉及钱流和物流的售后服务，可以分为简单信息流和复杂信息流。简单信息流只需要查询后回复即可解决，如查发货状态、快递单号等。销售客服即可很方便地自行完成。查询过程较复杂且耗时较长的信息流是复杂信息流，如需要电话联系快递公司等。复杂信息流的处理通常由销售客服创建售后事件，然后由售后客服根据售后事件处理后回复顾客。

钱流、物流：涉及退款、补款、退货、补发、换货的售后问题，通常由售后客服通过创建售后包处理。

（2）售后问题分类及处理流程
- 订单为未发货状态

a. 退款

事件说明：由于买家个人原因或卖家未及时发货，买家发起退款申请。

涉及责任人：客服人员、订单组、财务人员。

处理过程：由客服人员依据买家反馈登记退款单，订单组根据退款单将订单进行取消处理，避免流转到仓库进行发货，同时订单组对退款单进行审核，交由财务进行退款处理，售后事件完结。

如果买家在未发货状态下发起的是部分退款申请，如退运费差价等情况，则订单在操作发货时会自动拒绝买家的退款申请，因此，需要客服在收到买家部分退款申请的信息时建议买家在收到货之后再进行退款申请。

如果买家购买两件或两件以上的商品，其中只有一件申请退款，则需要订单组进行订单拆分，分别进行正常订单审核处理和退款单审核的操作。

处理用时：24 小时内处理完毕。

b. 修改信息

事件说明：由于买家个人原因需要修改订单信息，如商品信息（更换商品）、收货信息（收货人、电话、收货地址等）。

涉及责任人：客服人员、订单组。

处理过程：客服人员根据买家反馈的信息登记售后事件，订单组依据售后事件信息对订单进行修改，然后进行正常订单的审核处理操作。

处理用时：1小时内处理完毕。

- 订单为已发货状态

a．退款退货

事件说明：订单已发货状态下，由于买家个人原因、卖家原因或第三方因素导致买家发起退款申请，如运费差价款、货品质量问题、快递超区、中途破损等情况导致退货生成的退款或退货。

涉及责任人：客服人员、订单组、仓库、财务人员。

处理过程：对于已发货状态下的部分退款申请事件，客服人员需根据买家反馈信息登记售后事件，创建退款单，由订单组根据历史订单信息对退款单据进行审核确认，交由财务进行退款确认操作。

对于涉及需要退货的退款售后事件，也分为两种情况，一种是买家收到货，一种是买家未收到货。

买家收到货后由于买家原因发起退货申请的退款事件，买家在平台发起退货申请，客服人员根据买家反馈信息登记售后事件，订单组创建平台退款单，同时创建退货单，买家将退货发出，买家问题造成的退货，运费自理，提供退货单号，库房收到退货创建退货入库单据，订单组依据库房创建的退货入库单据进行平台退款单和退货单的单据审核，财务人员负责完成退款确认操作。

买家收到货由于卖家原因（如质量问题）发起退货申请的退款事件，买家在平台发起退货申请，客服人员依据买家反馈信息登记售后事件，订单组创建平台退款单、支付宝打款单，同时创建退货单，买家将退货发出，卖家问题造成的退货，运费由卖家承担，买家退货垫付，提供退货单号，库房收到退货创建退换货入库单据，订单组依据库房创建的退货入库单据进行平台退货单、支付宝打款单、退货单的单据审核，财务人员负责完成平台退款确认和支付宝退款的操作。

买家未收到货由于第三方因素导致退货发起退货申请的退款事件，买家在平台发起退货申请，客服人员依据买家反馈信息登记售后事件，订单组与快递公司核实，同时创建退款单和退货单，快递公司将包裹退回，库房收到退货创建退货入库单据，订单组依据库房创建的退货入库单据进行平台退款单和退货单的单据审核，财务人员负责完成退款确认操作。

处理用时：收到退货后的 24 小时内处理完毕。

b. 补发

事件说明：订单已发货状态下，买家在收到包裹后，由于商家或其他第三方因素造成货品漏发，需进行补发处理。

涉及责任人：客服人员、订单组、库房。

处理过程：买家收到包裹，确认货品漏发，向客服反馈漏发信息，包含详细的商品和数量，客服人员依据客户反馈的信息登记售后事件，订单组依据客服人员登记的售后事件创建补发单据，并进行审核处理，库房依据补发单据进行实物补发的操作，同时反馈补发单号，客服人员将补发单号以旺旺或短信形式告知客户，事件终结。

处理用时：24 小时内处理完毕。

c. 换货

事件说明：订单已发货状态下，买家在收到包裹后，由于买家个人原因或卖家原因发起的换货申请。买家个人原因主要体现在尺码不合适、颜色不喜欢等情况，卖家原因主要体现在商品明显的质量问题、宝贝描述错误，如尺码描述偏大或偏小的情况。

涉及责任人：客服人员、订单组、财务人员、库房。

处理流程：买家收到包裹，由于个人喜好问题发起换货申请，客服人员依据买家反馈信息登记售后事件，买家货品发回并告知客服退货单号，因买家个人喜好问题发起的换货申请，换货产生的快递费用由买家承担，买家补拍补款链接，订单组创建退货单、补发单，同时平台延长原始订单的收货时间，库房收到退货后创建退货入库单据，订单组对补发单据进行审核处理，库房依据补发单据进行实物补发的操作，同时反馈补发单号，客服人员将补发单号以旺旺或短信方式告知客户，事件终结。

买家收到包裹，由于卖家原因发起的换货申请，客服人员与买家沟通获取照片等证据说明信息，并依据买家反馈信息登记售后事件，买家货品发回并告知客服退货单号，因卖家原因发起的换货申请，换货产生的快递费用由卖家承担，买家退回运费垫付，可在原订单申请部分退款，订单组创建退货单、补发单、平台退款单，同时延长原始订单的收货时间，库房收到退货后创建退货入库单据，订单组对补发单据进行审核处理，库房依据补发单据进行实物补发的操作，同时反馈补发单号，客服人员将补发单号以旺旺或短信方式告知客户，订单组对退款单进行审核处理，财务人员进行退款确认操作，事件终结。

处理用时：收到退货后的 24 小时内处理完毕。

d. 修改信息

事件说明：订单已发货状态，买家未收到货的情况下发起信息修改申请。

涉及责任人：客服人员、订单组。

处理流程：买家因个人问题需临时修改收货地址，客服人员依据买家反馈信息登记售后事件，订单组依据创建的售后事件与快递公司沟通确认，快递公司内部进行修改信息的操作，客服人员将处理结果反馈给买家，事件终结。

处理用时：1 小时内处理完毕。

售后问题订单处理流程如图 5-13 所示。

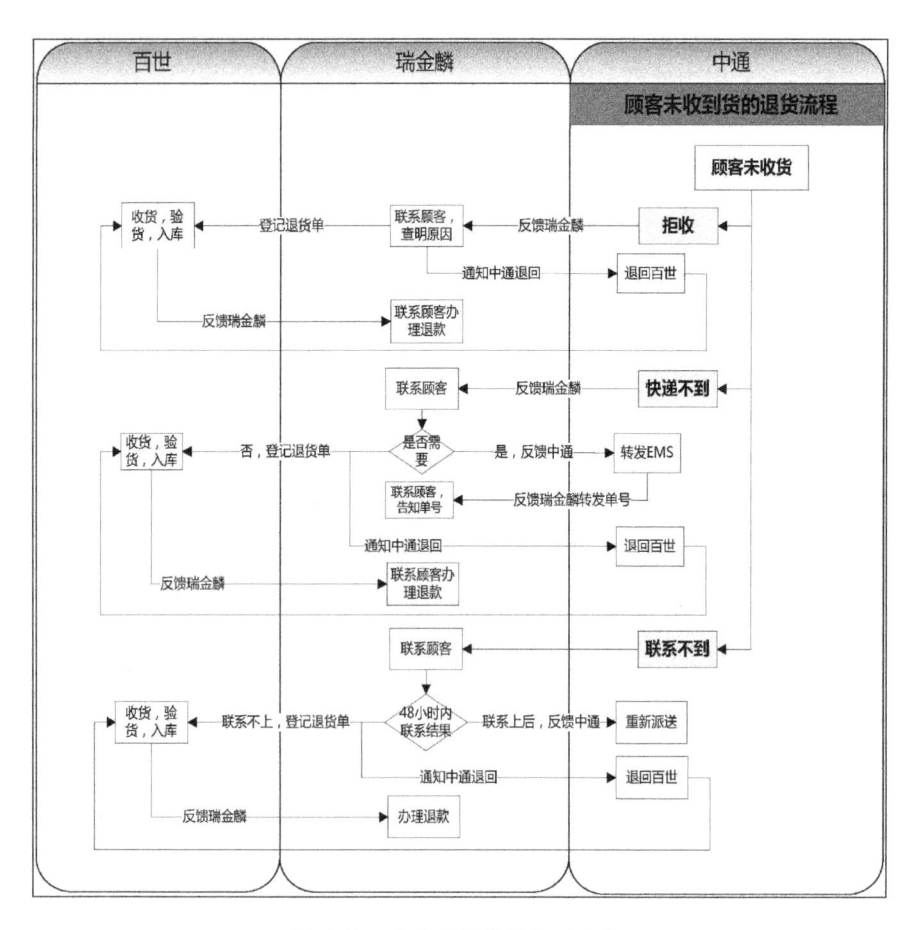

图 5-13　客户未收货的处理流程

3. 大型活动订单处理准备

（1）审单准备

明确好最终确认的快递公司，至少保证准备 2~3 家快递公司，确定各快递公司支持的派送范围，例如，县级以下城市匹配××快递，××省××等区匹配××快递，保证全国所有省区都能有可以直接分派的快递，并且确保分派信息的准确度能在 99%以上，既能让审单员在审单过程中提高审单处理效率，又能避免活动之后造成大量售后问题发生。

明确好活动形式，如是否有满就送、买就送、包含赠品的促销活动，如满就送活动需明确订单金额满多少元符合活动要求，需赠送的赠品有哪些，数量为多少；满就送活动需明确购买哪款商品才能符合买就送活动要求，需赠送的赠品有哪些，数量为多少，同时还要明确活动的起止时间，如某年某月某日某时起至某年某月某日某时止，再有就是需要确认是否有数量限制，如 100 个，赠完为止等，以保证审单员在订单审核过程中造成漏发、错发等情况，避免大量售后问题的发生。

订单审核时间：明确好订单统一审核处理的时间和频率，如在订单生成后多长时间进行审核，订单审核间隔的时间为多久，由于大型活动中，例如，聚划算类似单款促销的活动，买家在抢购活动商品后有可能进行补单，所以订单处理需要有一定的时间间隔，以便审单员在订单处理过程中及时进行订单合并，减少同一收货地址多个包裹发货造成的成本投入。

审单人员工作分配：做好审单人员准备，包括人员数量和工作内容的分配，人员数量估算以审单员日工作量为单位，与活动订单的估算总量配比确认最终审单岗位需求人数，关于工作分配，需明确负责正常订单审核的人员、负责异常订单审核的人员、××省区负责订单审核的人员等，保证在订单处理过程中审单员各司其职，通力配合。

（2）打单准备

打单筛选规则：需明确打单过程中的筛选原则，如"购买同种商品的订单"、"所有分派××快递的订单"等，方便打单员在打单过程中进行筛选，有条理地分批打印单据，同时方便库房在分拣发货环节提升操作效率。

打单数量：明确每次打单的数量，如××快递的订单 100 个，以保证订单能随时按批次进行处理，保证后续发货环节的有效衔接和畅通，同时方便随时进行订单的数据统计。

打印格式调试：在单据打印之前需进行打印格式的调试和测试，确保格式正确，避免由于格式不能准确匹配造成串行,导致发错货的情况发生。

(3)分拣发货准备

提前打包准备:确认活动形式,如包含赠品或组合商品,可提前进行一部分的打包准备,以便大型活动中节省操作时间成本,迅速出库发货,提升发货效率。

分拣发货人员工作分配:如负责分拣单一商品订单的人员明确,负责分拣多个商品订单的人员明确,负责扫码出库的人员明确,负责打包发货的人员明确,负责称重抽单的人员明确等。

(4)硬件设施准备

打印机及相关耗材准备,如计算机、针式打印机、色带、扫描枪、纸箱胶带、填充物、快递单等,所有硬件设备都需提前进行调试测试。

如图 5-14 至图 5-20 所示为电子商务中常见硬件的图例展示,仅供参考。

图 5-14 计算机图例

图 5-15 打印机图例

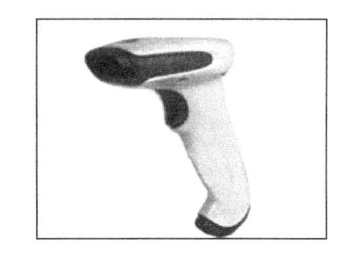

图 5-16　扫描枪图例

图 5-17　胶带图例　　　　　图 5-18　色带图例

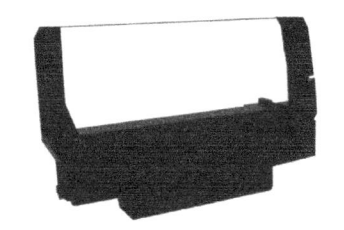

图 5-19　纸箱图例

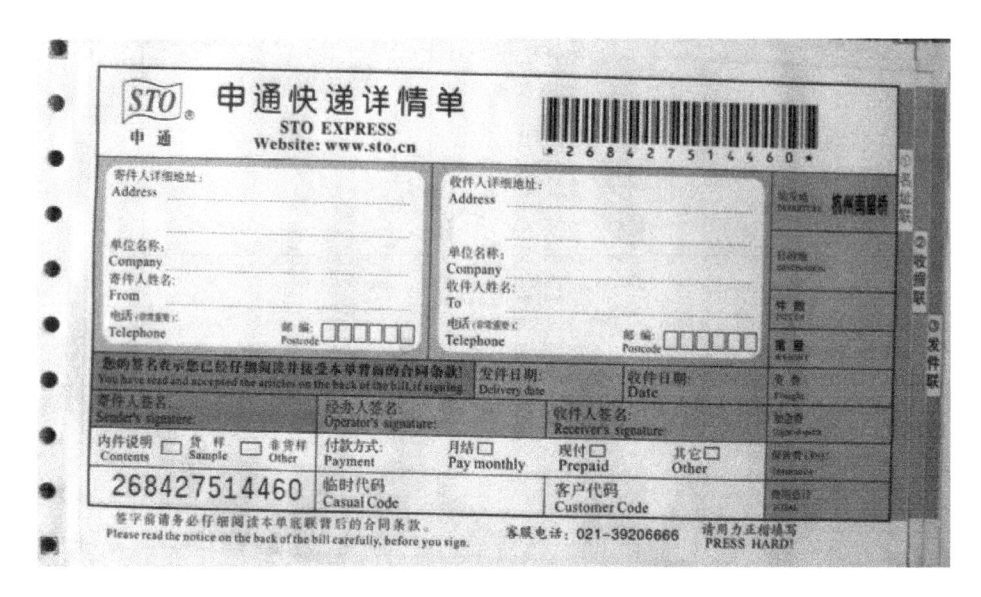

图 5-20　快递单图例

（5）库存核实

大型活动之前需要对库存进行盘点核对，特别是参与活动的商品，需明确详细的库存数量，以保证活动中有足够的库存量提供支持，避免出现活动中缺货的情况，同时，有必要对所有库存商品编码进行核对抽检，以保证订单商品信息的准确性，避免发货后引发大量售后问题。

5.2.3　订单处理中常见问题以及给店铺带来的影响

1. 处理速度过慢（从淘宝规定发货时间说明）

订单不能得到及时处理给店铺带来的影响如下。

（1）淘宝处罚

延迟发货：卖家在宝贝描述中没有明示发货时间，并在买家付款后未能在 72 小时内完成发货以及在买家付款后表示不能在 72 小时内完成发货。

延迟发货的商家，淘宝会对其进行一次性扣除 3 分的处罚。

闪电发货：加入闪电发货的卖家，出售虚拟商品的卖家未在 1 小时内完成发货，或出售实物商品的未在 24 小时内发货的。

如违背闪电发货承诺的商家，淘宝会对其进行一次性扣除 6 分的处罚。

如商家因以上等一般违规行为，每扣 12 分即被处以店铺屏蔽、限制发布商品及公示警告 12 天的节点处罚。

（2）资金成本损失、退款率增加

如订单不能及时得到处理，影响正常发货，客户将随时发起退款申请，不仅使本已成交的订单取消交易，还有可能出现订单到自动退款时间，且货品已发出的情况，另外，在一定程度上也增加了店铺的退款率。

（3）售后问题增加

订单不能及时得到处理，买家随时会发起退款、换货、修改地址等各种申请，售后问题接踵而来，增加售后问题发生的可能性和频率。

（4）员工压力

订单处理不及时，买家会不断地向客服咨询订单状态、催促发货，给客服造成精神上的压力，严重影响员工情绪，降低工作效率。

解决办法：对流程进行优化，重复的工作内容采用信息化自动处理。

2. 复杂度高，准确度低（快递分派不准确影响客户满意度，引发售后问题，增加成本）

订单处理过程中，快递的分派是比较关键的环节，一般商家从快递成本角度考虑会选用 2～3 家快递公司。

（1）重分派效率，轻分派准确度

有的商家为追求分派效率，单纯地采用分区分派，如中通快递在华北地区县级以上全境派送，这种做法在一定程度上能提高订单的处理效率，但是准确度也随之降低，快递公司全国的分点每天都有变动，随时会出现超区情况，对此，包裹会出现超区退回或者更改快递公司继续派送的情况。

以上情况造成的影响：一是延长了客户的收货时间；二是增加了二次派送或转单的资金和人力等成本；三是降低客户满意度；四是增加了售后问题。

（2）重分派准确度，轻分派效率

商家为了提高快递分派的准确度，在快递分派过程中几乎是对订单逐一筛选，这种做法在一定程度上提高了快递分派的准确度，却大大影响了订单的处理效率，其造成的影响与订单处理速度过慢造成的影响相同。

解决办法：通过系统进行平台快递信息的获取，并实现快递的自动分派。

3. 促销活动漏洞（买就送、满就送，赠品相关）

商家在正常运营过程中一般会选择店铺营销工具进行一些相应的促销活动，如买就送、满就送等营销工具。

满就送即指商家在店铺后台进行如满××元即送××的活动设置。

买就送即指商家在店铺后台进行如买××即送××的活动设置。

一般情况下，如商家未使用订单处理系统或者已使用的订单处理系统无法实现自动添加赠品的功能，就会出现漏发、错发或者多发赠品的情况。

以上情况造成的影响：一是增加售后问题的发生频率；二是降低客户满意度；三是增加因漏发、错发或多发造成的成本。

解决办法：在系统中进行促销信息的设置，如活动时间、参与活动的商品、赠品的商品、赠送数量等。

4. 订单未做合并（同一客户未使用购物车的情况）

合并订单是指同一客户未使用购物车购买多个宝贝生成多个订单，但收货地址为同一地址，需要将订单进行合并发货的情况。

如商家未使用订单处理系统或者已使用的订单处理系统无法实现自动合并订单的功能，将会出现两种问题。

第一，为降低多个包裹发货的快递成本，商家将订单进行"购买单个宝贝"、"购买多个宝贝"、"使用购物车"、"未使用购物车"、"相同淘宝 ID"、"相同收货地址"等各种情况的筛选，在一定程度上增加了订单处理时间，同时也容易造成订单信息混乱。

第二，为提高订单处理效率，所有订单不经过任何筛选核对，订单生成后直接审核处理发货，但是相应也增加了因同一收货地址多个包裹发货造成的快递成本压力，同时也会对客户满意度造成一定影响，客户本来可以一个包裹收货，但却由于订单未及时合并需要等待收取多个包裹。

解决办法：在系统中进行条件设置，如以"收货地址相同"为条件，并同时设置系统自动合并订单的时间。

5. 订单未做拆分

订单拆分有两种情况，一是同一客户使用购物车购买多个宝贝生成一个订单，但收货地址不同，需要将订单进行拆分发货；二是同一客户使用购物车购买多个宝贝生成一个订单，但其中一个或一个以上商品但非全部商品出现临时缺货，需要进行拆分发货。

如订单人员在订单处理过程中未及时对订单进行拆分，不仅会因补发或退货增加一定的成本投入，也会严重影响客户满意度。

解决办法：将包含留言备注的订单全部归类到"待审核"状态，这部分订单由人工处理。

6. 未发货的退款申请

未发货的退款申请指在买家已付款但卖家未发货的情况下，买家发起的退款申请。未发货的退款申请如果不能及时进行拒绝或者发货操作，将会引发因退款纠纷发起的维权，还有可能出现因操作不及时造成货品发出、货款退还买家的情况。

解决办法：保证当天 16:00 前付款的订单当天处理完毕并操作平台发货，应用系统实现自动生成退款单并将原始订单转到问题单，再由人工进行审核处理。

5.3 订单处理案例

某知名品牌旗下子品牌化妆品网店聚划算活动。

1. 活动中遇到的问题

（1）某客户同时拍下两件商品，只完成一件商品的付款，另外一件商品并未付款。

（2）某客户未使用购物车分别拍下两件商品，收货人、联系方式以及收货地址相同。

（3）某客户使用购物车在同一订单中拍下两件商品，并在买家留言中说明"两件商品分开发货，××商品发订单里的地址，××商品发×省×市×区×街×号，收货人××，联系电话×××"。

（4）此次聚划算活动预计订单量可以达到 10000 单，合作的快递公司有三家，订单在快递分派过程中耗费了大量的时间和人力成本。

（5）为配合此次聚划算活动，店铺内还做了买××就送××的店铺促销，有两个问题需要考虑：一是免运费客户肯定会另外购买其他商品；二是店铺做了买××就送××的促销活动，买这款商品的几率比较大，有时会因为前端与后端不能有效衔接造成信息不畅，经常出现漏发或者错发的情况。

（6）审单模式过于传统，在人员分配时每个人同时负责审单和打单的操作，由于需要同时兼顾两个岗位，导致不能专心做好一件事，不仅容易出错，而且极其影响处理效率。据历史统计，按照传统模式计算，处理效率最高的人，每人每天可实现 800 单的工作量，在这种模式下，如果想增加单位出单量，只能相应增加人员的投入，从而增加人员成本，另外，这种模式下，每个人审单的时候，由他自己控制的打印机是停止打印的，从而浪费时间成本，极其影响处理效率，总体计算，10 个人的工作量最多只能实现七八千单的任务。

（7）大型活动中促销产品集中在一两款单品上，单品订单预计占总订单量的 70%～80%，订单处理和打单过程中按顺序打印，每个环节待处理的订单都是包含单品和混合的订单，配货员分拣过程中浪费过多的时间，出现多次到配货区取同一款商品的情况，不仅配货环节效率低下，还要浪费过多的人力成本，影响后续环节的有序进行。按传统的办法，如果因为配货环节的配货量过多，单纯在这个环节增加人手的话，不仅不能提高工作效率，还会造成人力成本的损失，整个环节下来 20 个人每天最多只能处理 2000～3000 单。

2．针对活动中的问题，通过系统应用以及流程的优化提出解决方案

（1）对于客户随时出现的未付款订单问题，审单员首先与客服沟通，确定没有付款的订单客户是否继续购买，如果需要，联系客户完成付款操作之后，两个订单进行正常的合并审核处理。如果客户确认另外一件不需要，则审单员即对付款订单正常审核处理，同时由客服人员与客户协商关闭未付款订单。

（2）对于同一收货地址的订单，审单员以收货地址一致为条件将订单进行筛选合并处理，归为一个包裹进行发货操作。

（3）对于客户使用购物车并且需要分发不同地址的情况，建议审单员根据买家的留言将买家使用购物车拍下的两件商品进行拆分处理，生成两个订单，对其中一个订单的收货人、联系电话、收货地址等信息在内部进行修改，后续进行正常的审核处理。

（4）对于快递分派的问题，审单员首先明确三家快递公司分别的派送范围支持程度，根据快递公司的不同支持情况分别做了快递分区划分，以保证所有地区与快递公司的合理匹配，同时，通过××订单处理软件实时获取淘宝物流信息，优先选择首选快递，进行快递方式的自动分派，不仅提高了订单处理效率，还提高了快递分派的准确度。

（5）对于促销活动形式可能导致漏发、错发的问题，提出的具体方案是：首先明确审单员对订单处理的时间间隔和频率，同时确认活动形式，并根据已确定信息在××订单处理软件中进行相应的设置，如以"相同收货地址"为条件的订单自动合并，促销模块的活动设置，实现赠品的自动添加，从而有效地解决了以上问题，活动期间不用再担心是否有赠品漏发、错发的情况发生，不仅避免了售后问题的发生，还能节省一定的人力、资金成本，大大提高了客户满意度。

（6）针对流程设计不合理、订单处理效率低下的情况，对流程进行了适当的优化，例如，审单人员只负责审单，打单人员则可控制多台打印机进行打单作业，既能保证每个人单一的进行工作，不会过多分散注意力，影响工作效率，还能保证打印机连续运转。

（7）针对突发性的大型活动引发订单量激增的问题，建议在订单处理环节，首先与审单员明确订单处理原则，先处理简单的订单，同时最好是购买单品的订单，优先审核处理。在打单环节，打单员按照单品订单优先打印，并且按不同的快递公司分开操作，到配货环节，配货员即可进行批量配货出库的操作，从而大大减少了配货频率，节省了时间成本，同时，针对单品促销活动，库房也可以在活动前1～2天根据销售预测提前进行打包准备，从而在活动期间节省操作时间。

3. 经过系统设计以及流程优化起到了实际性效果

经过系统设计以及流程优化起到了实际性效果，日发货从之前的每天最多三四千单达到了每天万单的处理效率，并且快递分派的准确度可以达到99%以上，活动后期的售后问题仅为0.1%，店铺动态评分也得到了综合性的提升。

5.4 小结

本章对电子商务运营中的订单环节进行了综合性的介绍，其中包含了订单所有相关概念、订单环节对整个店铺运营的影响、订单处理环节常见问题及解决办法、系统应用以及流程设计等，让大家不仅对订单处理同时也对电子商务有了一个新的认识，同时，在日常网店管理中也提供了一定的辅助作用。

电子商务不同于传统企业，订单量的多少在很大程度上受店铺流量的影响，营销推广又是电商行业主要的营销手段之一，因此，为了保证活动的正常进行，就必须保证各运营环节的有序配合，本章也对日常运营以及大型活动进行了流程介绍和举例说明，不同的网店运营状况不一样，可根据店铺实际情况进行优化和设计。

总之，对订单处理环节的优化和规范，是为了最终保证整个店铺运营的畅通和有序进行，提升整个店铺的综合运营能力，保证店铺的良性运转。

第6章

分销管理

本章是对电商企业流程化管理分销环节的介绍，通过学习本章，可以让传统企业中高层管理人员、网络品牌企业负责人、代运营公司负责人等对网络分销有兴趣的人群全面了解网络分销相关知识，指导相关企业如何制定网络分销战略规划，为如何开展网络分销指明方向，迅速拓展网络分销市场。

6.1 分销概述

6.1.1 分销定义

分销是指产品通过一定销售渠道由生产地点到达消费者手中的一种销售模式，即品牌商借助分销商将产品传递给消费者。

分销渠道是指产品从生产者向消费者转移过程中所经过的、由各个中间环节连接而成的通路。这些中间环节包括生产者或品牌拥有者自设的销售单位、批发商、零售商、代理商等。

网络分销是指企业充分利用互联网的特性，在网上建立产品分销体系并开展的分销行为，通过互联网来完成铺货、渠道建设、分销商管理等，如图6-1所示。

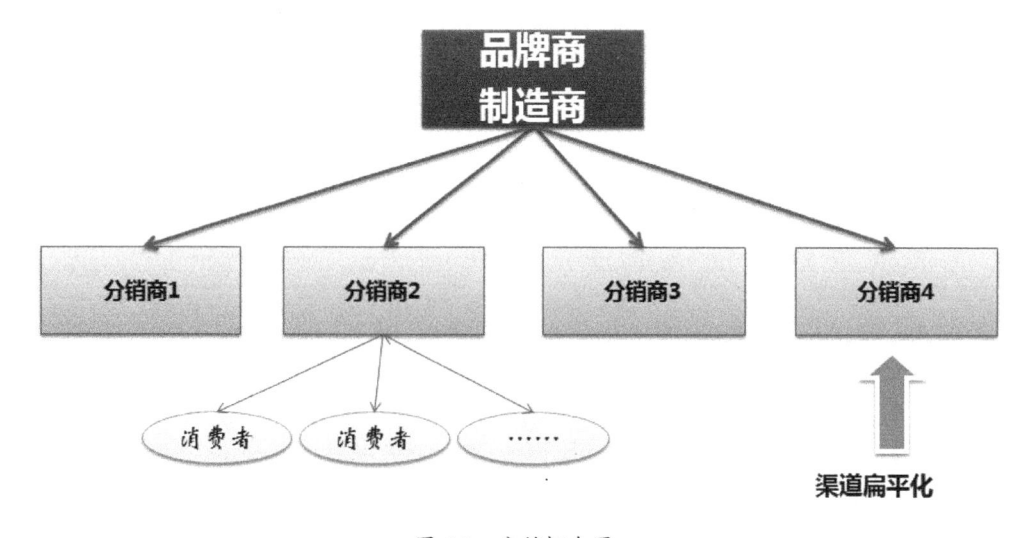

图 6-1 分销概念图

6.1.2 网上分销市场发展

1. 网购市场容量逐步增大

根据艾瑞咨询的数据显示，2011 年第三季度中国网络购物市场规模达到 1975.1 亿元，较上一季度增长 11.5%，较 2010 年同期增长 73.4%。网购已成燎原之势，如图 6-2 所示。

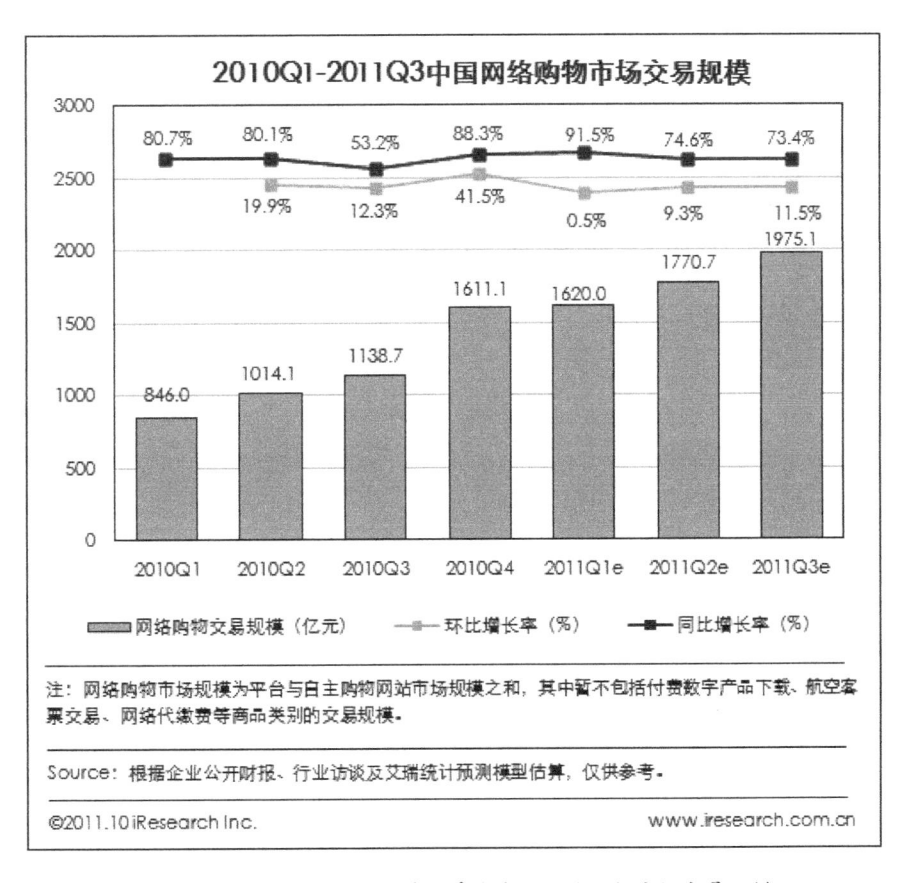

图 6-2 2010 年至 2011 年第三季度中国网购购物市场交易规模

中国政府对电子商务发展给予了重要的肯定和支持。2011 年 10 月 18 日，商务部发布《十二五时期电子商务发展的指导意见》，提出"十二五"期间将支持传统流通企业充分整合利用线上和线下资源开展网上营销；鼓励网络零售平台企业创新商业模式，向所有零售形态全面开放平台，具备条件的还要发展好、建设好物流基础设施，共同促进电子商务服务业融合发展。

2. 网络分销——不可阻挡的趋势

传统企业缺乏对电子商务的理解，尤其对网络分销如何开展茫无头绪，导致战略迷失、管理缺位、规划不明、模式不清，阻碍了企业开拓电子商务市场的脚步，其次是传统行业缺少熟悉电子商务运营及管理经验的人才，投入了资源却不知如何管理运作，从而产生对电子商务及网络分销的抵触情绪。传统企业要搞好电子商务，做好网络分销，需要的是转变思维、调整经营模式以及对电子商务进行专业化管理。

以七匹狼为例，早在 2008 年以前七匹狼就一直很关注电子商务的发展，但线上线下定价问题使得七匹狼放缓了进入 B2C 的脚步。不过，随着国内网购市场的发展和网民人数的不断增多，七匹狼意识到电子商务将是一个爆炸性发展的市场，如果再不发力将错失发展先机，这也使得公司加大了对电子商务的投入力度，一方面在淘宝等平台开办网店，另一方面推出独立商城。七匹狼试水电子商务之后一方面对产品进行分类，另一方面坚信渠道为王，分销制胜这一理念，开设网络分销渠道，通过将原来七匹狼的经销商和网络经销商归纳到一个体系当中统一管理的方式来解决线上与线下冲突的问题。

而对于借助网络发展起来的网络品牌商来说，当一个网店的销售量到达某个限定时，头顶的天花板将成为无法逾越的痛，对于零售商而言，面临两种选择：横向扩张，拉长其产品线；或者拓展销售渠道。例如，裂帛、芳草集、麦包包等一系列淘品牌，这些淘品牌发展到一定阶段，最终从淘宝的单渠道剥离，形成多渠道并举，从单纯直营渠道扩展全网营销。多渠道发展已成为众网络品牌网络营销的新思路，更有"探索者"甚至将触角伸至线下，整合各种资源寻求线上线下融合的 O2O 商业新模式。

3. 分销优势——多、快、好、省

网络分销有何优势，发展网络分销能给企业带来什么好处？

（1）销售渠道更多

发展分销就意味着分销商帮你拓展了销售渠道。日前淘宝店铺有 500 万家，网购用户有 3.7 亿，但任何一家网店都只能覆盖小部分的目标消费群，然而借助超过 100 万的正在寻找商业合作伙伴的网络分销商，足以问鼎 10 亿网销交易额。分销商，帮你拓展了销售渠道！

（2）销售业绩提升更快

拥有了数量众多的分销商意味着销售能力的增强，企业借助固有且覆盖广泛的网络分销商客户渠道，可在最短的时间内全面覆盖市场，提升销售业绩，加快网销市场发展的步伐。分销商，帮你进行产品销售！

（3）品牌效应更好

通过分销网络的铺建拓宽销售渠道后，即增强了品牌曝光率，同时也增强了品牌在网络人群中的认可度，是企业品牌战略的重要组成部分。分销商，帮你加强品牌宣传！

（4）营销成本更省

为了提高销售量，扩大市场份额，分销商需负担起市场推广、活动策划等品牌市场宣传活动，大大降低商品单位销售成本。分销商，帮你节约推广成本！

任何一个企业的生存都需要建立一个通畅的渠道，将自己的产品有效地推销到市场，获得消费者的认可，从而获得利润，有了充沛的现金流，才能实现企业的可持续发展。分销渠道模式正是顺应了市场发展的潮流，正如博洋家纺老总吴荣华的观点："网络分销和发展线下加盟商无异，是借助电子商务的力量，用更低的成本、更高的效率来扩展一个全新并高效的渠道。"为此在未来的电商发展中，分销必将成为主流。

4．淘宝分销平台应势而生

近年来，随着电子商务的高速发展，网络分销因线下分销无可比拟的优势被广泛看好。2009 年 7 月底淘宝分销平台应势推出，从两个方面彻底解决了许多企业存在的困惑，为网络分销提供了技术和资源上的有力支持。一方面，供应商能从淘宝近百万的卖家中快速找到优质分销商，发展零售终端，实现网络销售渠道的快速搭建、管理及运作；另一方面，分销商利用淘宝分销平台，能更便捷地寻找到供应商并由此获得货源。

截至目前，淘宝分销平台上的供应商数量已经达到 5.6 万，分销商的数量则达到了 86 万。平均计算，每位供应商已经发展了 15 个左右的分销商。同时，通过分销平台实现的总销售额也达到了日均 2500 万元，最高峰值甚至超过了 5000 万元。与此同时，品牌商也在加速进军淘宝分销平台。

种种数据与现象表明，网络分销市场机会已经来临，网络分销开展势在必行，大势所趋。淘宝分销平台架构如图 6-3 所示。

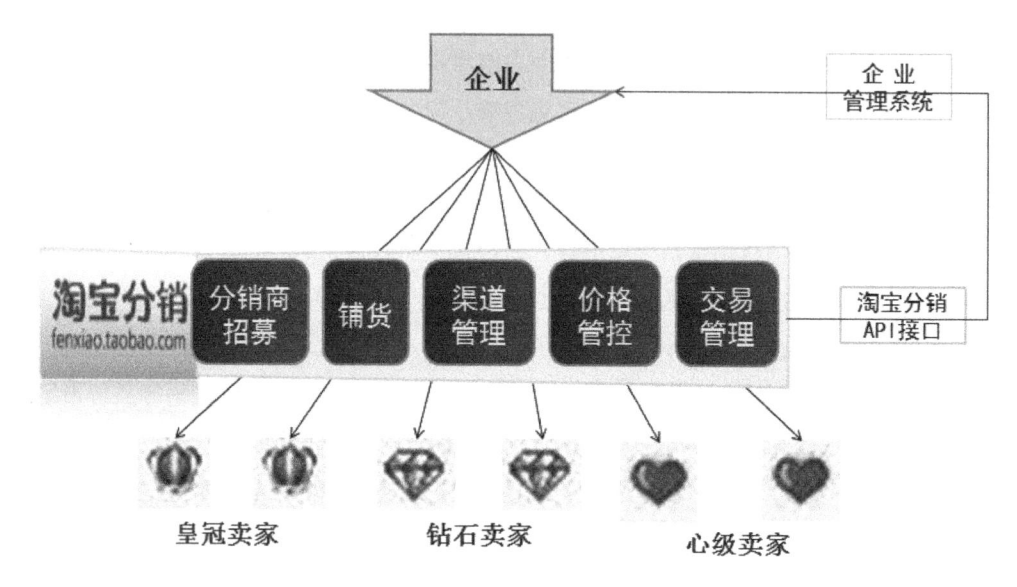

图 6-3 淘宝分销平台架构图

6.2 分销形式与渠道类型

6.2.1 分销形式

网络分销的好处是可以扁平化地开展业务，既避免了传统渠道中因为深入分销所带来的渠道掌控压力，同时又更为直接地把握市场脉络。网络分销的精髓在于建立销售渠道，因此网络分销可以分为"直营"、"联销"、"代发"和"批发"4 种形式。

1. 直营

直营又称零阶渠道，是指生产商、品牌商不通过中间环节进驻各种网购平台，目的在于直接面对终端市场消费者，适合于企业开展网上市场的初级阶段，便于对网购人群消费习惯及喜好的掌控、对市场需求的了解、对市场销售策略的部署，对企业发展具有重要意义，如图 6-4 所示。

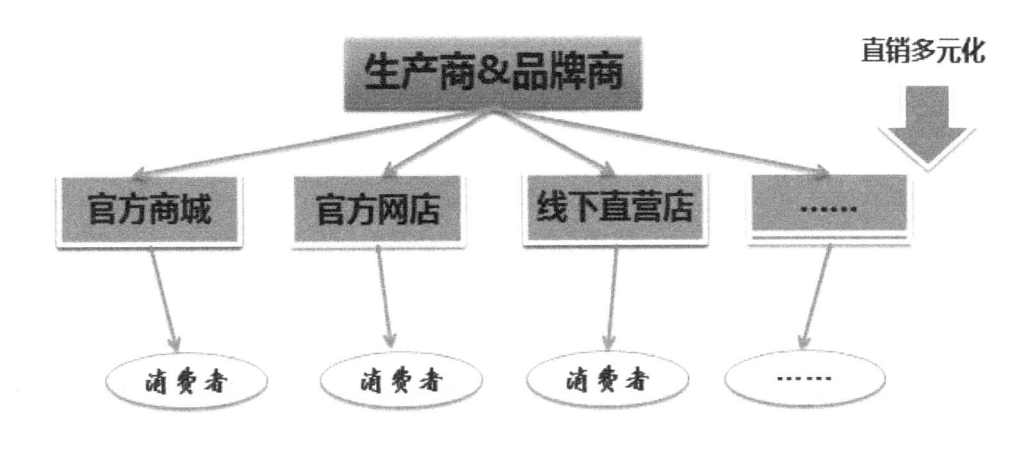

图 6-4　直营概念图

2. 联销

联销又称为联合供销，是指生产商、品牌商与联合供销网站（如京东网、当当网、卓越网等）进行合作销售的行为，以联合供销网站作为营销平台开辟专卖板块，由联合供销平台代为进行推广、销售、售后，并由各联销点以其销售量业绩享受最低进货价或销售返利提成的新的网络分销形式。其优势在于利用各方资源开展销售，适合缺乏电子商务运营能力和运营团队的公司采用。

3. 代发

代发（Drop-Shipping），即制造商代发货模式，由零售商接受顾客的订单，收取款项，然后将订单转发给制造商，由制造商将商品直接发送给顾客。零售商无须积压库存，赚取批发价和零售价之间的差价。

代发形式一般面向 C 店，网络代销商通过淘宝网、拍拍网以及 CPS 平台搭建销售联盟建立自己的网络批发商城，代理商通过与供应商建立分销关系，代理商也在自己的网店上展示供应商的产品，当顾客在代理商处下单，代理商将订单信息反馈给供应商并直接让其发货。供应商收取代理费和成本价，而代理商获取差价利润。代发的优势在于可聚集数量众多的 C 店客户及网络分销商迅速把货铺向市场，如图 6-5 所示。

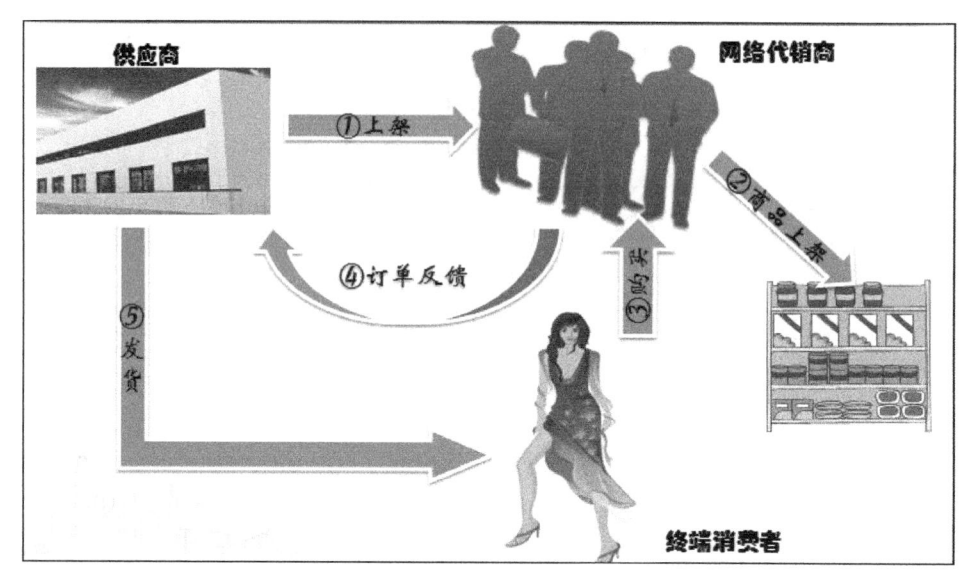

图 6-5　代发概念图

4. 批发

网络批发与传统的货品批发形式无异，分为两种形式，一是代销商开展代发模式，在运营过程中发现某种或某几种商品畅销，故而采取批量买断货源的方式；二是个人网商、实体店铺、网上专业店铺等通过网络的形式把看中的商品直接在网上下规定数量的订单，付款拿货或压款经销的形式。

6.2.2　分销渠道类型

电商行业很热门，许多传统企业也纷纷参与进来。但是往往有两种误区。第一种就是认为做电商就等于在淘宝开店；第二种是认为做电商就非得做独立商城。这些都是对电商渠道缺乏全局观察的表现。电商发展到现在，渠道已经多样化，并且随着时代的发展，将会出现更多新的渠道模式。下面我们对网络分销渠道进行简单的分析。

目前网络分销渠道大体可分为以下几种：C2C、B2B2C 平台、B2C 商城、独立 B2C（官方商城）、团购网站、CPS 联盟、信用卡/积分/支付商城、门户/微博/社区化商城。如图 6-6 所示。

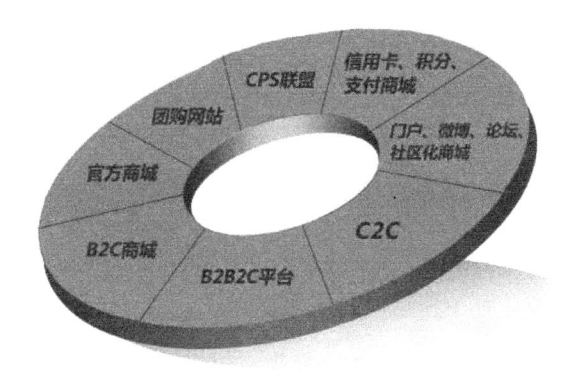

图 6-6　网络分销渠道分类

1. C2C

C2C 是 Consumer to Consumer 的缩写，即个人对个人交易的营销平台，目前在国内主要指淘宝集市和拍拍网。C2C 平台就相当于线下的集市，特色小店、地摊、专卖店和百货店同处一处，颇为热闹。

绝大多数的 C2C 平台都采取"免费模式"吸引卖家入驻，对个人卖家和中小企业有极大吸引力。无论是网络开店的数量，还是网购的产品数量，C2C 都远远高于电子商务其他渠道。在许多国人的观念里，电子商务就等于淘宝网。据易观国际计算，2011 年中国 C2C 市场交易规模将是 B2C 市场的 15 倍。不可否认，目前 C2C 仍然是个人电子商务的"主力军"。

2. B2B2C 平台

B2B2C 平台，也简称 B2C 平台，是一种电子商务类型的网络购物商业模式，其中第一个 B 代表销售产品的企业，他们的身份比较多样，如品牌商、代理商、制造商、零售商；第二个 B 代表网络零售平台，如淘宝商城、QQ 商城、乐酷天、无名良品等。平台自己不直接销售商品，其作用是同时聚集消费者和商家资源，让他们在其网站上达成交易，C 就是消费者。

B2B2C 平台模式与线下的购物中心类似，购物中心给品牌商、零售商提供营业场所，本质上做的就是商业物业租赁。B2B2C 只是在网络空间中营造了一个虚拟的购物中心，供商家进行经营活动。目前，淘宝商城拥有超过 1.8 亿卖家，15000 个商户，20000 个品牌，是现阶段规模最大的 B2B2C 平台。

3. B2C 商城

如果说 B2B2C 平台是网络上的 shopping mail，那么 B2C 商城就是网络上的百货商店。

目前，国内真正意义上的 B2C 商城数量并不多。京东、当当等几家是领军企业，他们在线上渠道的地位相当于线下的沃尔玛、家乐福。2009 年，中国前十名的 B2C 商城大多开始转入百货商城，大多数商品品类都卖，正在建立其他品类商品供应链，这就给传统企业进入 B2C 渠道提供了良好的机会。

4. 官方 B2C 商城

独立 B2C 是最早的电子商务业态，现在如日中天的亚马逊公司就是由独立 B2C 发展而来的。它相当于线下的直营店或者精品百货店，不依赖于任何平台，完全由商家独立搭建，具备最高级别的经营自由度。独立 B2C 的优势毋庸置疑，不用看平台脸色，也无须跟平台分利润，例如，玛萨玛索、乐淘。

5. 团购网站

继 B2B/B2C/C2C 后又一新兴的模式——C2B，即 Consumer To Business，是一种消费者通过网络面向企业进行商务活动的模式。目前，国内主流团购网站主要分为三种模式：一种以拉手网为代表的生活服务信息类团购模式，拼的就是服务；其次是以购团网为代表的，从"团购"到"团需"的特定产品类团购模式；另一类便是淘宝聚划算，从原有平台上整合商品的导航类团购模式，其依托淘宝网巨大的消费群体，其交易额远远超过其他所有的团购网站之和，已经确立国内最大团购网站的地位。

6. CPS 联盟

CPS 联盟包括第三方 CPS 平台及自营 CPS 平台，目前电子商务比较主流且固定的渠道推广就是 CPS 模式，通过推广产生有效的订单后进行比例分成，这是一种零风险的实效营销方式。一般 B2C 平台，CPS 销售占 20%，不做这个渠道意味着你将损失 20%的销量，而有实力的企业也可建立自己的 CPS 联盟，制定超越竞争对手的联盟分成政策，增强竞争力，若能和第三方 CPS 平台形成互补，带来的销量比例更大。

7. 信用卡/积分/支付商城

信用卡商城：纵观国内各大银行，都已经建立起信用卡商城，银行拥有大量使用网银支持的客户群体，渠道价值将在未来不断扩大。某电商企业进入中国 16 家银行网上商城并进行深度推广合作，产生了非常好的营销效果。

积分商城：目前拥有大量用户群体的机构都建立起自有的积分体系，将积分与电子商务结合。在积分体系商城中，平安万里通将系统中的 4000 万用户的积分演变成一个商城，顾客通过平安万里通的入口可直接购买如 1 号店、红孩子等其他 B2C 平台的商品。

支付商城：支持宝商城、财付通商城、快钱、环讯等第三方支付平台拥有庞大的用户量，这些平台上的用户大多都有通过网上支付购物的经验，是精准的网购人群。企业若能与第三方支付平台达成合作意向，利用第三方支付的优质资源进行推广，将对营销及销售起到巨大的推动作用。

8. 门户/微博/论坛/社区化商城

中国的主流门户都有自己的 B2C 商城，例如，腾讯 QQ 会员商城、新浪商城、搜狐商城、网易购物返现商城等。虽然它们都没有发力，门户商城的交易量也还暂时不大，但门户的影响力及庞大的用户量是不可小觑的。若能在门户商城占据较好的渠道位置，并争取门户的推广资源支持，策划一些促销活动，配置相应客服人员，也可产生一定的销量。

6.2.3 分销渠道战略

不同类型的商家，对于分销渠道的诉求点是不同的。对于网络品牌商而言，分销渠道的意义在于扩大品牌生存空间、完善渠道体系；对于传统品牌商而言，分销渠道的意义是品牌推广和网络分销体系搭建。对于代运营商而言，分销渠道的意义是销量和利润。

1. 网络品牌商

网络品牌商是指以电子商务为平台，通过网络营销手段与网购消费者产生互动并得到群体认可的网络原创品牌企业，简言之网络品牌无实体基础，是从购物网站起家的品牌，因销售渠道只存在于网络，被行业喻为"纯鼠标"型，如裂帛、御泥坊、麦包包等。

网络品牌因受知名度、产品体系、供应链、货源等因素制约，建议分销发展采取三步走战略，忌急于求成。第一步：扎根网络直营，通过直营方式取得网购消费者的认可；第二步：建立联销策略，进驻联合商城进行销售，扩大其品牌知名度；第三步：发展网络分销，在自身货源、供应链及运营团队成熟的情况下，逐步开展分销业务。

在当前互联网流量如金的时代，流量入口的资源争夺战将越来越激烈，单个网店的销售额就像线下单店的销售额一样，会遇到无法逾越的销售天花板。对于网络品牌商而言，从直营单渠道到多渠道并举、从单平台销售到全网营销，将是其重要的战略发展思路。

2. 传统品牌商

传统品牌商顾名思义就是线下知名品牌商，在渠道发展战略中，传统品牌商应结合自身特点选择是否开展网络直营或分销业务，可采用三种形式，第一，类似网络品牌发展思路，先扎根网络直营，而后建立联销、代发形式进而发展网络分销；第二，根据商品的特性、销售渠道及企业自身实际出发，只进行网络直营；第三，拥有电商管理团队，具备网上运营管理能力的企业可直接开展网络分销。

以 361°运动为典型代表，361°在网上市场的发展跟其实体市场一样具有战略性，在对网上市场进行调研之后，制定出了一个比较清晰的网上市场发展战略。进入网上零售市场，361°公司的目的不仅仅是通过网上渠道进行销货，而是在网上建立一个 361°长期发展的网上零售与分销体系。

3. 代运营商

代运营商是指为企业提供从创建网站到仓储等一系列电子商务全外包的第三方服务商。其核心是拥有一些品牌的授权，这些品牌线下的表现优异，同时具备较好的品牌背书和消费者基础。但是代运营遇到最大的问题是品牌商对于授权和价格的管控，所以代运营商的分销策略取决于品牌商的分销策略。

代运营商又分为两种：一种是自身开展代运营的服务商；一种是根据代理品牌的特点和代运营商的管理能力在自己开展代运营服务的同时发展分销会员开展网络分销。以厦门乐麦为例，乐麦代理多个知名运动品牌与知名男装品牌。在自身开展的代运营服务到达一定阶段后，逐步发展分销会员，开展网络分销，目前乐麦已经成为服装行业内知名度较高的代运营商。

6.3 分销管理

6.3.1 分销运营四要素

经过前面几节的简要介绍，大部分人应该都对网络分销有了初步的理解。网络分销的目的是什么？就是建立"快速低成本"销售商品的网络渠道。网络分销的作用和优势显而易见，例如，扩大商品销售量、提高品牌知名度、提高资金周转率、减低销售成本等。在获悉网络分销诸多好处后，如何进行分销运营，成为电商企业迫切需要解决的问题。

网络分销运营主要由商品规划、渠道拓展、分销商服务、IT 系统 4 个要素构成。4 个要素环环相扣，缺一不可。

1. 商品规划

网络分销运营中，商品规划必须考虑到各方利润空间和商品库存，这两点至关重要。首先，要分析、评估什么样的商品适合做分销？第一种类型：天生可以做分销的商品类型，如男装。男装的利润空间非常大，尤其是男士西服。第二种类型：本身不能直接做分销，但可以通过改造，如组合销售等模式进行分销的商品，这类商品多为小规模产品，利润空间较少。第三种类型：不适合做分销的商品，如特色性产品（手绘鞋子）、专业性较强的商品（医疗器械等）。

其次，还需要考虑商品是否可以进行标准化生产，要保证商品库存深度足够深。以尚客茶品为例，茶叶本身是不适合做分销的商品，但由于尚客茶品对其进行了改造，将其转化为袋泡茶，变成可标准化生产的商品，大力拓展分销市场。

2. 渠道拓展

网络分销运营中，渠道拓展是基础。进行渠道拓展时，必须从三个角度入手，开拓网上渠道，促进分销市场发展。

首先，需要组建专业的招商团队。招商是企业营销过程中的关键环节之一，是企业将产品推向市场的必由之路。在纷繁复杂的网络分销市场中，不同渠道有不同的招商模式，因此渠道拓展第一步：组建专业的招商团队，设置招商员，根据企业规模及产品特点，建立完善的招商组织体系。

其次，制定合理的招商政策。做网络分销是一个系统负责的过程。品牌企业须对网络分销市场进行详细分析后，根据市场情况，制定合理的招商政策，把支持精细到终端，真正意义上给予终端支持，在网络分销中树立品牌形象。

最后，渠道拓展必须拥有自己的招商平台。品牌企业可以选择建立分销官网。分销官网为传统企业和大中型网商搭建的针对网络分销的前端分销平台。可帮助客户轻松实现货源网络销售，代理渠道网络的拓展，同时宣扬品牌文化，提升品牌形象。

3. 分销商服务

在线下分销市场中，服务做得好，分销商就不容易跑掉。而在网络分销市场中，由于网络本身的特性以及加入门槛高低问题，分销商黏性不高，如果分销商服务没做好，甚至可能出现一夜之间分销商集体消失的情况。因此服务是网络分销的重中之重。

在网络分销过程中，主要从以下几个方面来做好工作。

（1）信息支持：提供给分销商的商品资料越详细越好。在这点上，名鞋库就做得很好。他们将鞋类的尺码等标注得非常清楚。有尺码的商品，最好给客户最直接的参照。尺码问题是造成退换货的重要因素之一。

（2）技术支持：主要从图片服务器入手，建议供应商站在分销商的角度考虑，图片服务器应该支持多线路宽带，让分销商能快速下载到相关数据包。在上传图片过程中，图片风格尽量与品牌风格一致。要保证商品库存的准确率，避免出现缺货率居高不下的局面。

（3）营销支持：对于分销商的促销活动要给予大力支持。尽可能提供销售数据支持，让分销商了解热销商品，做好相应对策。

（4）售后支持：品牌企业给分销商的商品退换政策要合理，要多站在分销商角度考虑问题。在派发来自分销商的订单时,需要及时将发货信息反馈给分销商,让分销商做到"心中有数"。

4. IT系统

网络分销管理流程较为复杂。在确立运营模式后,需要制定一套可行的解决方案。解决方案的实施必须通过IT系统来支持。"工欲善其事,必先利其器"。1号店总裁于刚曾经说过"电子商务要成功,系统非常重要。"

要做好电子商务,做好分销,就必须有强大的IT系统支持。

分销管理环节包含许多内容,需要步步细化。仓库环节要保证发货快且不出错,信息环节需实现上传下达,做到沟通顺畅、实时信息共享等。没有专业的分销系统,根本无法处理分销中遇到的问题。因此一套强大的分销处理系统应该包括分销商管理、仓储物流管理、信息管理等环节,综合以上几点,一套好的网络分销管理系统应该具有如图6-7所示的几个模块。

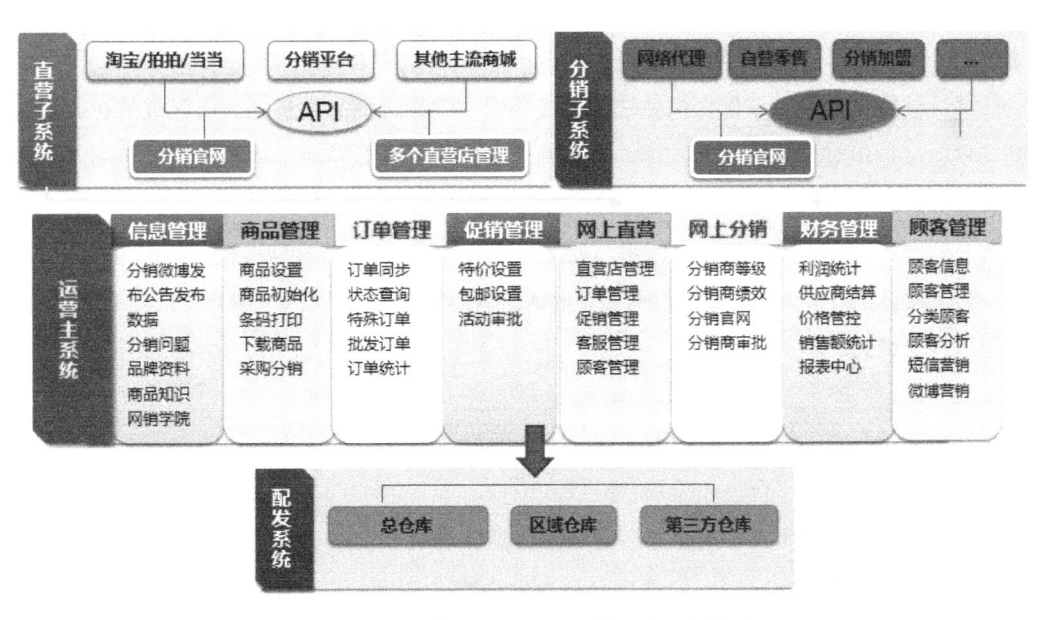

图6-7 分销管理的网络分销管理系统架构图

6.3.2 分销管理环节

品牌企业进行分销运营中，确立分销形式和渠道种类后，正式进入分销管理环节。分销管理要如何开展？下面我们将从 8 个环节，进行简单阐述。

1. 分销商招募

如何快速发展分销商，招募到优质分销商，是很多品牌企业在开展分销运营中遇到的首个问题。

招募分销商，企业要树立正确的招商心态，要记住渠道的矛盾始终是存在的，企业应该秉着"广进、少量"的原则。麦包包的经验值得很多开展分销商招募的企业借鉴，首先，所有下游分销商在申请加盟的时候都必须通过电话确认，初步判断其规模、网络零售能力及诚信度资质；大部分分销商在经过审核后，都设定在入门级的代理资格，提供少量的市场热销商品，价格在网络市场中有一定优势；经过 2～3 周的试销期，分销商优胜劣汰，销量好的分销商再给予更多的产品线支持，提升其业务量。

通过这样"广进、少量"的做法，不仅降低了前期因商品数量庞大而导致的在线铺货的难度，又能很好地依照二八定律，自然筛选和扶持优质分销商。而给予更多产品线还是一种很好的激励手段，为日后与分销商的深入合作起到了推进作用。

品牌企业确立正确的招商心态后，要如何快速发展分销商。可以通过以下几种方法：

（1）设置招商员。招商员通过网络、电话、QQ 等方式，线上线下融合，挖掘渠道客户，迅速发展分销商。

（2）通过 CPS 联盟发展个人分销商。

（3）主动与卖家沟通，挖掘潜在客户，拓展分销市场。

（4）可进入联营平台，如 V+、当当等。

（5）通过论坛、博客等社交平台发布招商信息。

（6）建立品牌分销官网。分销官网是为企业和大中型网商搭建的针对网络分销的前端分销平台。帮助客户轻松实现货源网络分销，代理渠道网络的拓展，同时还可以宣扬品牌文化，提升品牌企业形象。

目前在网络上，分销商招募的形式较多。品牌企业可以根据企业实际情况，选择适合自己的分销商招募方式，采取等待报名和主动邀请双管齐下的方式进行。目前看来，搭建品牌分销官网不失为重要举措。古由卡品牌招募分销商采取最多的方式就是搭建品牌分销官网，目前古由卡已经拥有上千名优质分销商，迅速拓展了分销市场，销售额度急剧上升，也进一步促进品牌企业的知名度。如图 6-8 所示。

图 6-8　招商官网案例：古由卡

2. 信息上传下达

接触过很多分销商，他们经常会反映这样的问题，例如，"商品图片不能及时更新"、"商品信息不能及时共享"、"最新促销活动是什么，为什么我总是最后知道"等，这一切的根源在于分销信息管理处理不善。

在电子商务时代，信息的获取速度将会影响分销商的一些决策乃至销量。

在网络分销运营中，分销信息的管理绝大多数是通过 IT 系统后台进行操作，通过 IT 系统，可以在线生成多种网店商品数据包，并与各渠道对接，便于分销商上货，促进网上加盟店大力拓展。分销商品编码随机生成与多小图技术，展现各分销商特色，规避分销商同质化与恶意竞争，加强了分销市场监控。在分销运营中，设立分销微群，通过系统及时发布最新促销信息，使得各级零售与分销商资讯上传下达，实现信息实时共享，便于快速市场反应及危机处理。

在分销信息管理中，可以通过系统逐步完善，力争实现规则的标准化运用及信息的无缝同步，促进分销市场发展。

3. 商品选择与定价

电子商务产业链的核心和前提是商品。它从根本上决定了品牌企业的成败。简单地说，商品货源的质量决定销量！如何进行商品选择和定价，成为网络分销中首要考虑的问题。

网络分销商品的选择，首先要考虑的是哪些商品可以做分销，哪些商品不可以做分销。折扣商品、利润过低的商品，一般不建议做分销，最好由直营渠道直接处理。经济发达城市消费高的商品、品牌知名度高的平民化商品都可以考虑做分销。其次必须根据分销商的特点来配置商品，例如，某些分销商擅长销售服饰类商品，则可以加大该类商品的配置力度。

在商品定价过程中，要遵循两个原则。第一，商品价格必须合理。在定价过程中，要兼顾厂商和分销商的利润空间。厂商和分销商利润比例必须合理。第二，分销价格不能朝令夕改，随意变动，必须建立科学合理的价格体系，不得随意更改。如果一定要更改时，可借用大型促销活动时机，再统一调整价格，避免扰乱分销市场。

4. 分销订单处理

直营订单处理涉及环节少，顾客下单后同步到系统，客服审核后安排发货即可，处理流程相对简单。而作为分销管理，由于涉及来自各个渠道的订单，牵扯更多细节处理，从商品管理到商品定价，从快递设置到运费核算，从库存设置到库存保障，既要让分销商有货可发，又要避免分销商的恶意商品囤积。如何常态化管理大批量、来自各个渠道的订单，如何做到有单就发，需要严格的订单处理流程为其规范。

客服接单：在客服接单审核订单中，通常是通过 API 同步下载订单，对于未开通 API 接口的平台，可采取导入订单方式或者手动下单方式。客服人员需要对订单详细内容进行审核，在审核后提交财务进行价格审核。

订单付款：多种付款方式保证订单即时发货。

订单拣货：订单审核通过后，提交到仓库进行拣货。目前仓库一般采取"摘果式"和

"播种式"两种拣货方式。拣货员按单拣货，检查产品质量及数量后，将货物送交包装区。

打印订单：由打单员接收订单，打印配货单，同时打印快递单及销售清单。批量打单，连号保存，日发万单不是梦。

分拣、校验：对货物进行分拣归类，扫描员对货物扫描后进行包装，随之将销售清单及发票放入包裹中。

称重：对逐一货物称重后，交由扫描员扫描出库。

出库扫描：扫描快递单出库，等待快递公司取件。

从退换货角度来看，分销订单由于涉及多级分销环节，是否需要多级审批，快递信息是否能够及时反馈，对整个退换货订单的处理进程都有很大影响。另外涉及和分销商之间的退换货货款结算方式，在分销订单处理流程中也是难点中的难点，品牌企业发展网络分销，必须建立一套规范化、科学化、合理化的退换货订单处理流程。如图6-9所示。

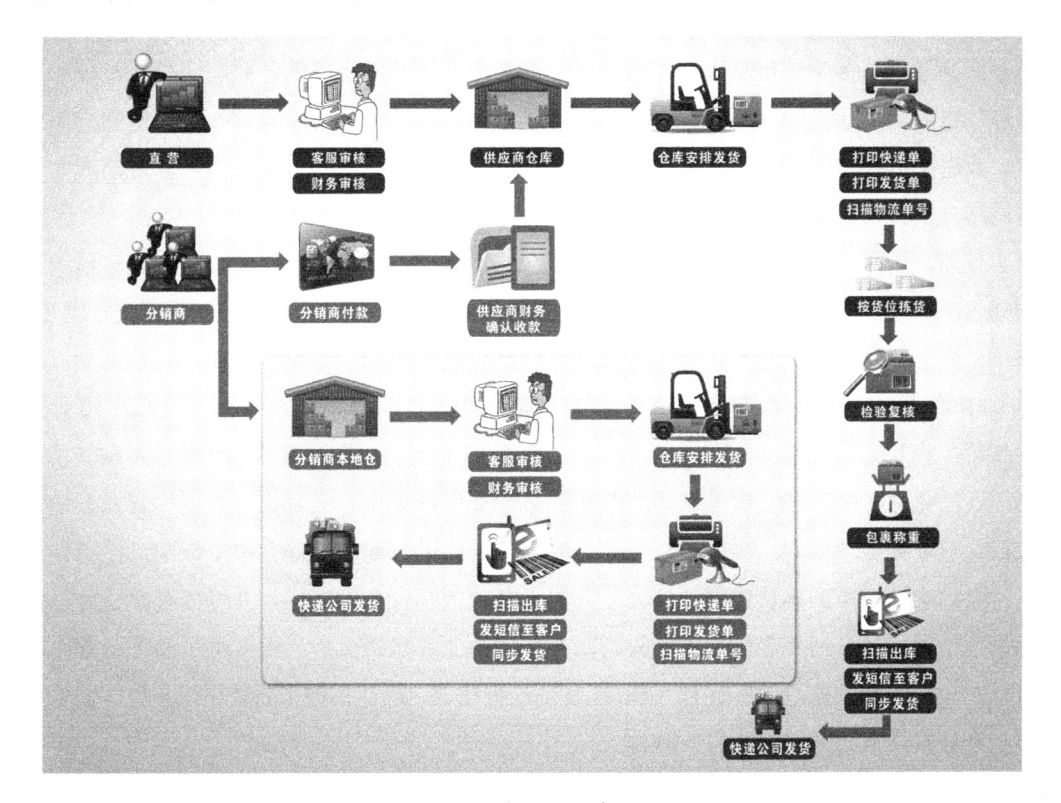

图6-9 分销管理的订单处理流程

5. 分销物流仓储

品牌企业分销运营中，需全方位物流仓储支撑，根据分销商的不同分销模式，发货方式也各有不同。以网络批发和代发为例，阐述不同发货方式的区别。网络批发是指品牌企业从电子商务总仓内将商品批发装箱配送给大分销商，大分销商拥有自己的线下实体仓库，当接到订单时，大分销商可以从自有仓库直接将商品通过物流配送到顾客；网络代发模式的发货方式则刚好相反，代发分销商在接到顾客订单时，将订单反馈到品牌企业电子商务总仓处，由品牌企业电子商务总仓统一安排发货，并通过指定快递将商品送达顾客。

这两种发货方式在分销运营中属于较为简单的物流配送方式。在分销运营过程中，还会存在多仓单点和多仓多点的物流仓储模式。"多仓单点"主要指品牌企业拥有一个销售品牌，并在多地设置多个电子商务仓库的仓储配送模式。每个仓库放置的商品品类不同，如遇商品不在同一仓库存放的订单，需要对其进行拆解或集合到一处配送；"多仓多点"则是指品牌企业拥有多个销售品牌，并在多地设置多个电子商务仓库的仓储配送模式。每一个仓库放置的商品品类会有不同，网上订单可以根据地域或配送需求设定，选择任意仓库发货，或进行拆解、集合配送处理。随着电子商务行业的迅猛发展，"多仓多点"逐渐成为目前网络分销市场上重要的仓储配送模式。

目前，为数众多的传统企业存在异地多仓的情况，电子商务应用系统可根据订单的不同需求，制定一些优先规则，将订单分配至各个仓库配送。下面以整单原则为例进行阐述。整单原则主要以订单中的商品都在同一仓库为优先选择对象，例如，甲仓库有 A 商品（10件）、B 商品（20件）、C 商品（30件）、D 商品（40件）四款，乙仓库有 A 商品（10件）、B 商品（2件）、C 商品（2件）、G 商品（2件）、H 商品（2件）五款，一个顾客购买了 B 商品、C 商品、H 商品三款各一件，由于甲仓库没有 G 商品，虽然乙仓库的库存保有量比较低，但依据整单原则，该订单还是要分配到乙仓库进行配送处理。整单原则可根据各仓库存自动确认订单的确认归属，省去了人工大批量判断订单的麻烦，并可以有效避免拆单的情况出现，提升消费者的购物体验，减少品牌企业的运费负担。很多电子商务运营比较成功的大型品牌企业，诸如 361°采取的就是该种模式，迅速扩展了分销市场，也加快了其电子商务将线上线下相融合的步调。

仓库配发系统是否顺畅，将直接影响整个订单流水线和高效的运作流程，需要引起电商企业足够的重视。

6. 分销财务核算

与直营财务核算不同，分销财务核算主要是基于品牌企业网络分销过程中客观存在的财务活动和财务关系而产生的，是品牌企业组织财务活动、处理与各方面财务关系的一项重要经济管理工作。它通过对资金运动和价值形态的管理，像血液一样渗透到品牌企业的生产、经营和网络分销等一切管理领域。

分销财务核算主要包括账款管理、价格管控、保证金管理、佣金返利统计、异常订单款处理等环节。

账款管理方面：在分销为王的网络销售环境中，如何能准确管理众多分销商的账款，并及时处理分销商提交的大批量发货订单申请，需要有一套行之有效的方法和系统来帮助品牌企业管理，以确保在可控的风险范围内满足广大分销商的大批量订单需求。

价格管控方面：建立科学合理的价格体系；在设定新品价格时，要严格把控设定。严格审核订单价格，避免出现价格偏差的问题。熟知价格运营策略，加强价格管控，可以防范风险，减少通路阻力，提高企业的竞争优势。

保证金管理方面：可在合同约定范围内收取分销商的渠道保证金，并加以合理有效地管理，以增强企业各项可动用资金的使用效率，从而创造效益的最大化。

返利统计：汇总订单销售数据，根据用户输入的返利比率，自动计算生成返利数据，付款、确认完成返利操作。返利是对分销大军激励的一个模式，根据分销商销售额度的高低，设定适当的佣金返利比例，可促进分销商的积极性，促进销售额上升，拓展分销市场。

异常订单款处理：分销渠道增多，必定导致订单复杂化，易出现异常款项情况。例如，异常退款订单、异常补款订单等。分销订单的退换货订单涉及一级甚至多级分销商，如何处理这些异常订单款已经成为分销运营中需要关注的问题。

7. 分销促销规划

在网络分销运营中，经常要进行大量的促销活动。在进行促销活动规划时，必须考虑网络直营和网络分销的区别。同时，传统企业在规划网络分销促销活动时，还必须考虑到线下实体店的具体情况，避免造成线上线下冲突。

网络分销促销活动规划时，需要考虑到以下三点：

第一，供应商在进行网络分销统一活动时，如节假日的大型促销活动，由供应商统一策划促销活动，严格遵循避免线上线下冲突、直营与分销冲突这两个原则，制定统一价格。

第二，分销商所处的渠道不同，也会有不同的促销活动出现。此时就需要为某些分销商制定一些特定的促销方案，给予相关支持。当遇到某个商品进行促销活动，如参加某次聚划算活动，供应商也应针对此次活动做特定的促销规划。

第三，分销活动促销规划必须提交供应商审核，落实可行性。针对此次分销活动进行考核和评估。根据评估效果确定下一次促销活动策略。并对促销活动效果较差的分销商给予相关指导意见。

8．分销商管理

在网络分销运营中，分销商管理处于一个最为关键的环节。分销商管理流畅后，可形成分销群体。通过优胜劣汰的方式，促进分销体系完成。分销商管理包含内容众多，在此主要从分销商考核、分销商等级设置、保证金管理、分销商授信、市场活动支持 5 个方面来阐述。

（1）分销商考核：这是分销商管理的基础。根据分销商的绩效考核，才可进行下一步分销商等级设置。因此网络分销运营中，对分销商的考核更加细化。可通过绩效查询（包含销售次数、销售金额及退换货次数）、月销售统计等多角度评判，并进行相关数据分析。例如，销售金额分析（如图 6-10 所示）、销售次数分析、活跃度分析等。定期对分销商进行考核、排名，并给予奖励，将有助于提升分销商的积极性，有利于品牌企业挑选优质分销商。对于休眠的分销商，则给予淘汰出局。另一方面，综合这些数据，判断分销市场情况，以便快速进行市场反应及危机处理。

（2）分销商等级设置：根据分销商资质、能力，灵活设置分销商等级，授权相匹配的不同类型产品线、分销价格、优惠政策、折扣系数等，实现按照不同分销商的级别自动计算等级规则，结合不同分销规则，灵活多样管理分销商。

例如，博洋家纺根据店铺信誉的星级、好评率、实物交易、店铺经营年限等维度将分销商分为 A、B、C 三个等级，并制定相应的奖励政策，三类分销商的返利也因层级的高低而不同，层级越高，获得返点也就越高，这也促进了 B、C 类分销商不断向 A 类靠近，以获得更多的返利。

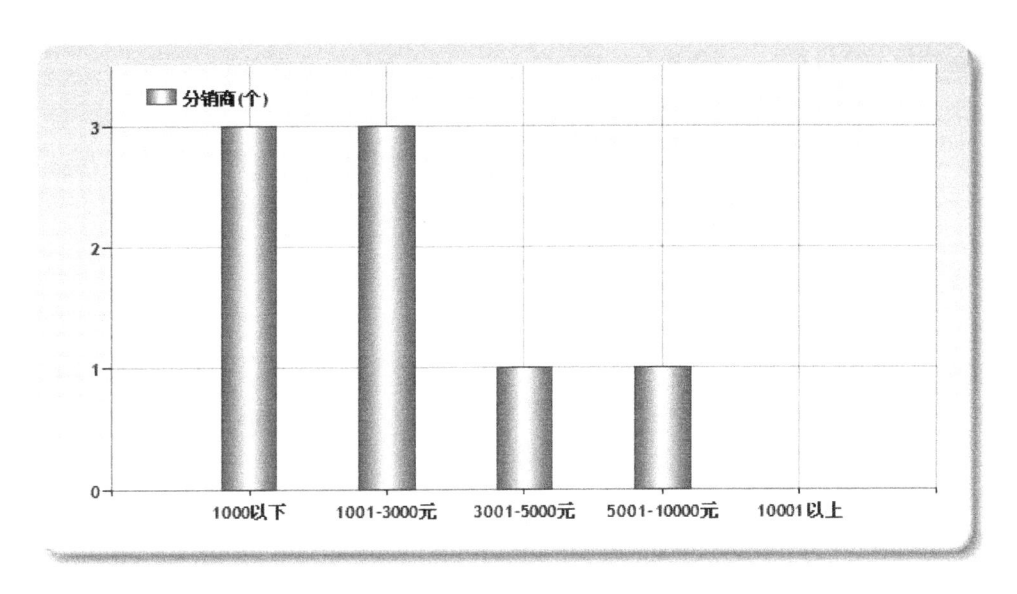

图 6-10　分销商考核的销售金额分析图

（3）保证金管理：在分销商招募时，必须为分销商建立门槛，避免因盲目扩张导致一些不堪设想的后果。例如，有些分销商在价格方面不能遵守约定，突破价格底线，变成市场利益蚕食者而非创造者，导致内耗。由于在接纳之前无法判断该分销商是否守信，所以可以要求其缴纳一定的保证金。缴纳保证金的态度从某种程度上也可以推断出一位新招募的分销商的品质。

（4）分销商授信：供应商根据分销商等级以及诚信度，设置相对应的授信方式，例如，"实时收款"、"限时收款"、"月度授信"。通过分销商授信，根据分销商的信誉度，收取不同等级分销商不同的预付款，加强对分销商的管理。

（5）市场活动支持：在网络分销运营中，分销商会根据销售情况进行一些促销活动或者其他市场活动，供应商应大力提供支持，给予相关配合。分销商基础薄弱，品牌商可适当推出运营扶持政策，例如，可策划"产品上架装修扶持月"的主题活动，提供产品知识、分销平台操作培训、产品上架及店铺装修等方面的支持；设置"推广扶持月"的活动，提供专业推广、活动推广、直通车推广等扶持项目；设立"评优月"，设立"进步奖"、"装修奖"、"销售达标奖"等奖项对分销商进行奖励。

分销管理的 8 个环节是环环相扣的，缺一不可。如何支撑庞大的分销管理，则需要通过一个强大的 IT 系统来实现。分销管理各环节做好了，可为供应商带来批发级的销售订单，带来零售级的销售利润。亦能快速拓展分销市场，进一步提高品牌企业知名度。

6.4 分销常见问题

1. 线上与线下商品如何规划

是否开拓网上市场，众多企业已经形成共识。现在主要的问题是如何化解线上线下渠道的商品与价格差异。传统企业不敢贸然进入电子商务，担心线上的价格较低，会冲击传统渠道的价格体系。网络品牌企业，虽然没有线下价格体系压力，但也在考虑下一步落地开店，价格是否与网上统一，还是略为提价。

价格问题，归根结底还是可以通过科学合理的商品规划来解决。如图 6-11 所示。

图 6-11 分销战略-产品战略

2. 不同网上渠道商之间商品分配、库存方案、销售价格解决方案

很多企业担心线下线上冲突，其实网上分销渠道商之间冲突更为明显，因为网络销售渠道是一个公共市场平台，有几个分销商在销售，每家价格多少，顾客是很容易获取这些

信息的。所以，不同网上渠道商的商品分配、库存方案、售价等管理，就变成网络分销管理的难点。

（1）商品分配：网上有不同的销售渠道，如 B2C 商城、官方直营店、C 店加盟、大的分销商、小型分销商等，对他们的商品配置都必须有差异化。定款定渠道，商品门类比较庞大的品牌，还可以不同商品类别分配不同分销商。

（2）库存方案：不同分销渠道之间的库存配比要有不同，可以通过分销 IT 管理系统实现虚拟分仓，设置分销商私有仓和公共仓。同时根据分销商促销推广活动单独为其设置活动库存方案。鼓励分销商自建本地仓库，某些销售量大的款式，可以批发自行发货；传统企业还可以与线下经销渠道合作，为网上销售开设多仓单点、多仓多点发货，进一步优化电子商务物流供应体系。

（3）销售价格：网上销售平台价格敏感性比较突出，所以品牌企业针对网上零售必须有一套完善、明确的销售价格制度和体系，可以按照不同类别、不同季节年份等来制定。同时企业总部必须通过人工和技术手段，对网上市场进行价格监控，发现违规行为，严惩不贷，甚至取消分销资格。在同一网上价格体系下，也可以根据一些特殊销售时节，允许一些渠道商差异化调整，但必须做好申请、备案、通报工作。

3．如何选择分销管理 IT 系统

谈起网络分销，很多专业人士的第一个反应就是如果没有专业的 IT 管理系统，分销工作根本无法开展。那么如何选择分销管理系统呢？

网络分销 IT 管理系统的选择一般根据分销发展不同阶段和渠道规模来匹配。

（1）分销初期：分销商比较少，每天订单量不多，品牌自身分销模式尚未确立的情况下，基本可以不考虑引入 IT 管理系统，可以依靠有限的人工来实现管理。

（2）分销中期：随着分销商的不断加盟，订单量持续攀升，这个阶段就需要添加以订单管理为核心应用的网络多渠道销售管理系统，聚集、理顺不同渠道订单，发货及时，多层次退换货管理等。

（3）分销成熟期：分销商多，订单多，部门多，人员多。这个阶段，品牌企业的网络分销已经初具规模。在 IT 系统上必须考虑整体解决方案，前端需要建立分销展示平台（分销官网），后台系统打造以订单管理为核心的系统体系，包括分销商招募管理、分销信息管理、商品管理、高效订单处理、全方位仓库管理系统、分销商管理、财务管理、顾客管理等。

总之，品牌企业在寻找分销管理系统时，应进行多方比较，结合分销管理的 8 个环节，找到得到业界认可的专业分销管理系统。

6.5 案例分析

361°国际有限公司是一家集品牌、研发、设计、生产、经销为一体的综合性体育用品公司，其产品包括运动鞋、服装及相关运动配件等，下辖 361°（中国）有限公司、361°（福建）体育用品有限公司、361°（厦门）工贸有限公司。2005 年、2006 年，361°相继获得"中国名牌"、"中国驰名商标"等荣誉，迅速成长为行业领跑者。

361°在网上市场的发展跟其实体市场一样具有战略性，在对网上市场进行调研之后，制定出了一个比较清晰的网上市场发展战略。进入网上零售市场，361°公司的目的不仅仅是通过网上渠道进行销货，而是在网上建立一个 361°长期发展的网上零售与分销体系。

2008 年起，361°开始进入网上零售市场，淘宝商城也在这一年开始发展，企业级电子商务吹响了号角。361°电子商务中心在福州分公司组建起来。电子商务第一个战场设在福州体现出战略上的科学性和渠道发展原则，福州分公司离厦门运营总部和泉州生产基地较近，利于电子商务操作上的便利与沟通；361°进入电子商务领域，并不对原有线下渠道造成利益冲突，企业总部还是延续线下对各渠道经销商服务与市场支持的角色，与福州分公司联合运营电子商务，正集中体现这一点，总部派驻专业团队前往福州分公司，所有的网上零售业绩归入福州分公司。

361°在网上的第一个店是通过与北京鼎诚公司专业的网销团队合作的，在淘宝商城开设 361°专卖店。之后，361°电商中心自身也在淘宝商城开设了 361°淘宝旗舰店，通过前期几个网店的运作，理顺了运营和仓库发货的基本管理流程。2009 年，361°电子商务中心又陆续发展了乐麦、美宁商贸、淘鞋、达腾等专业品牌代运营服务商，开设了多家淘宝商城等网购平台专卖店，差不多一年的时间，361°完成了第一阶段的电子商务发展布局。如图 6-12 所示。

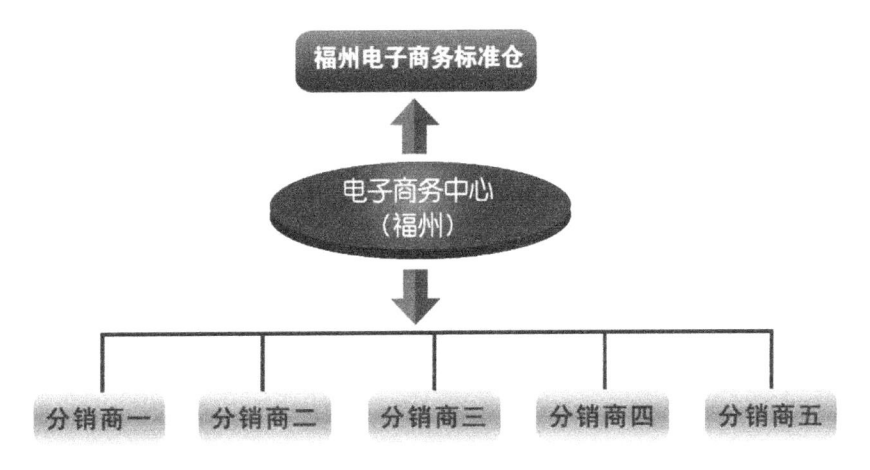

图 6-12　361°电子商务布局图一

2010年起,在原先几大代运营商基础之上,361°网上渠道开始多元化、纵深发展。配合一些有二级分销市场开发能力的代运营商开始通过"淘宝分销平台"以及自建分销体系,发展淘宝、拍拍C店加盟;并开始入驻国内一些大型、专业的B2C商城,如京东、好乐买、酷运动、名鞋库、淘鞋网等。2010年,361°还配合广州亚运会推出了361°N系列网上专售商品,361°零售官网也同期上线。这一年,361°电子商务中心完成了网上渠道的二次布局。如图6-13所示。

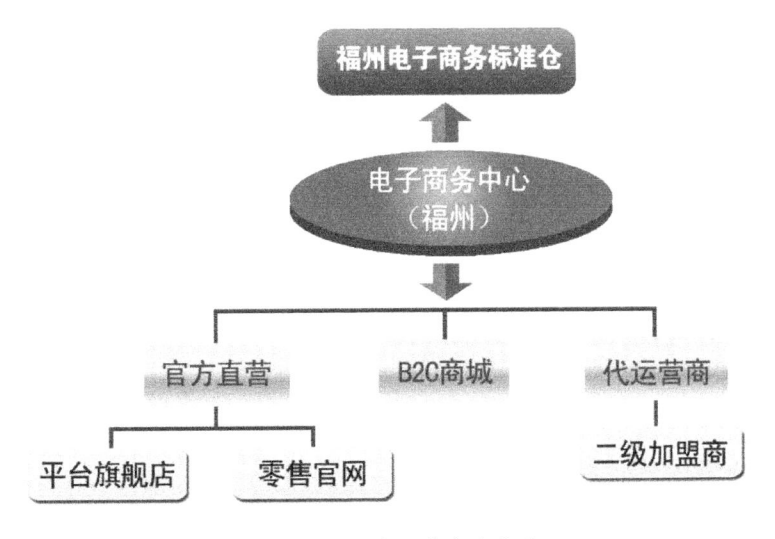

图 6-13　361°电子商务布局图二

2011 年初，361°电子商务中心从福州分公司转移到厦门运营总部，加大了部门团队和职能建设，运营管理能力和水平大幅提升，以适应网上市场的迅猛发展。在福州分公司一个电子商务仓的基础上，2011 年又陆续和其他几个省的经销商合作，北京仓、南京仓、广州仓等逐步建立起来，形成全国大部区域物流网络，实现多仓多点发货，线下与线上的初步融合。361°电子商务中心从之前参与网上销售转变为以全网商品规划和全国物流供应链管理为核心职能，网上渠道服务体系全面形成并不断完善。如图 6-14 所示。

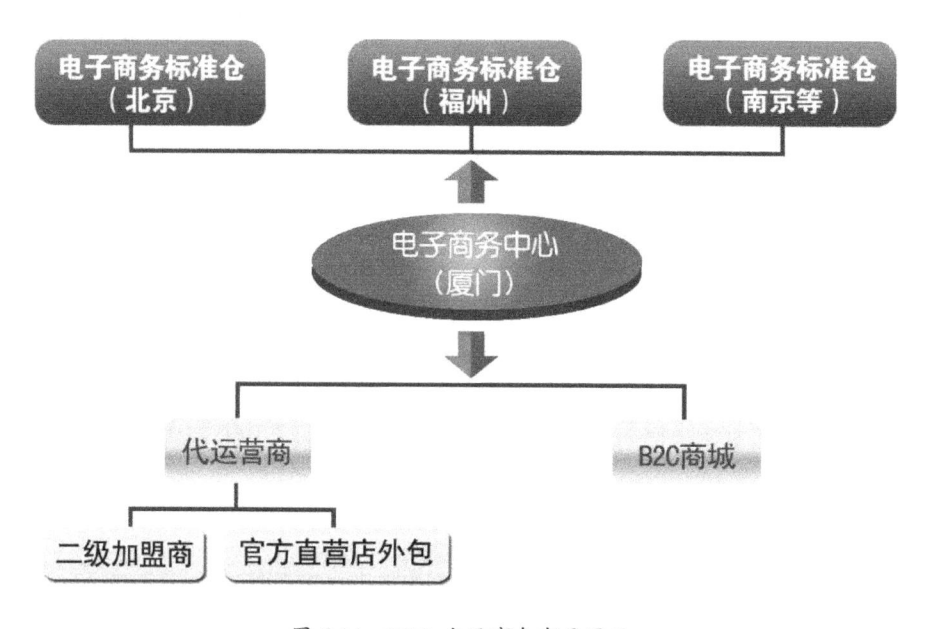

图 6-14　361°电子商务布局图三

361°电商之路，基础已经扎实了，接下来的路还很长。

Site to store（网店到门店计划）、全网零售门户、线上线下服务方式融合等。从 361°的电商发展战略来看，我们可以发现网络分销与实体分销实质上道理是一样的，同时也说明网络分销必然是网上市场发展的趋势，同时也是品牌企业发展的必经之路。

传统品牌企业利用自身传统品牌、供应链、传播等优势，制定清晰的网上市场发展战略，实现线下线上渠道融合，是品牌未来之路，也是企业可持续发展之路。

新兴的网络品牌，在网络销售市场逐步运作成熟之后，必然要突破网上直营渠道发展瓶颈，开展网上分销与线下开店之路，从而蜕变成真正意义上的品牌。

6.6　小结

本章简要概述了网络分销的定义，分析中国目前网购市场的现状，网购市场逐步发展壮大，网络分销已经成了不可阻挡的趋势。结合传统品牌商、网络品牌商、代运营商的特点，指导如何制定各企业的网络分销战略。以分销运营的四要素为基础，详细阐述网络分销的 8 个环节与流程，并以传统实体品牌 361°的发展历程为参照，为各类型企业如何开展网络分销指明方向，迅速拓展网络分销市场。

第 7 章

会员关系管理

随着电子商务的发展，越来越多的商家和传统企业开始入驻淘宝这样的购物平台，随之而来的就是流量的获取竞争越来越激烈，流量的成本也越来越高。一些推广方式每获取一个新客户的成本已经达到了 20 元左右。与此同时，很多商家自身存有大量的会员和老顾客，但是这些会员和老顾客却没有好好利用和挖掘。下面是很多卖家普遍遇到的问题。

（1）开店多年，不知道自己的客户有多少，也不知道他们喜好什么。

（2）只知道做推广，新用户来了又走了，营销成本很高。

（3）缺乏客户分类依据，所有客户一刀切。

（4）想进行客户关系管理，进行二次营销，却无法完整地统计会员。

（5）积累了上万家客户，却不知如何利用会员资源进行营销活动。

（6）有限的营销资源希望能够精准的投放。

基于以上问题，本章会对会员关系管理以及商家如何执行进行深入地阐述和分析，希望通过这些讲解，可以解决商家的问题。

7.1 CRM 概述

7.1.1 CRM 的定义

CRM 是选择和管理有价值客户及其关系的一种商业策略。CRM 要求以客户为中心的商业哲学和企业文化来支持有效的市场营销、销售与服务流程。

CRM 是以客户为中心的企业管理理论、商业理念和商业运作模式，也是一种以信息技术为手段，有效提高企业收益、客户满意度、雇员生产力的具体软件和实现方法。

CRM 既是方法论，也可以是基于这种方法论而设立的软件和工具。

7.1.2 CRM 的分类

CRM 分为操作型 CRM 和分析型 CRM。

1. 操作型 CRM

操作型 CRM，是指对市场、销售、服务等方面，也是对企业前端管理的业务流程进行重新规划和整合，以最佳的工作方法来获得最好的效果。例如，销售过程的管理、代理的管理、员工的管理、服务请求的回复管理等。

2. 分析型 CRM

分析型 CRM，主要是获得各种数据，进而为企业的经营和决策提供可靠的量化依据。分析型 CRM 一般需要用到一些数据管理和数据分析工具，如数据仓库、OLAP 和数据挖掘等。

3. 操作型 CRM 和分析型 CRM 的简单对比

关于操作型 CRM 和分析型 CRM 的简单区别如表图 7-1 所示。

表 7-1　操作型CRM与分析型CRM的区别

	操 作 型	分 析 型
面向对象	传统销售作业/起步企业以数据收集为主要需求	数据积累成熟行业
功能作用	数据记录，客户标识，进度跟踪	数据获取，多维度分析，分析策略参考
数据来源	自主录入/数据导入	自主录入/数据导入
分析引擎	偏重记录，分析较弱	偏重分析，数据获取，数据清洗，数据报表

从上面的简单对比可以看出：

- 操作型 CRM 主要特点是进行数据的记录、收集以及实现对客户不同状态变更的管理；
- 分析型 CRM 主要特点是把大容量的销售、服务、市场及业务数据进行整合，使用数据仓库、数据挖掘、OLAP 和决策支持技术，将完整的和可靠的数据转化为有用的、可靠的信息，再将信息转化为知识，进一步为整个企业提供战略上和技术上的商业决策。

所以对于电商来说，分析型 CRM 更适合整体的作业方式和实际所要达到的目的。

7.1.3 电商企业为什么要选择 CRM

1. 电商企业选择 CRM，具有优势，可以快速开始

互联网的交易过程，不管从浏览过程，沟通过程，交易的过程，还是交易心理，都可以用数据的方式记录下来，并且可以分析，这些数据的丰富性和便利采集为电商企业做客户关系管理工作提供了一个便捷的前提，是一个天生的优势。

2. 电商企业选择 CRM，对于业务发展非常重要

电子商务就本质来说，可能就是供应链管理和会员管理，无论从事任何行业和类目，如果会员的忠诚度高，对于企业来说，是永远的财富，是企业发展的核心动力。

同时，做好会员关系管理，对于企业来说，还有更重要的意义。

（1）节约营销成本

- 获取客户成本低；
- 推广成本反复利用，例如，上了一次硬广推广，对于销售额来说，可能在有限的几天内可以体现出来，如果后续不断促使推广期内获取的客户反复消费，理论上说，是上次硬广推广活动的延续，从长期来看，是分摊了推广费用的成本；
- 节省了市场营销、邮寄、接触、追踪调查、实现和服务等方面的开支。

（2）提高客户忠诚度

- 维护好老客户同样能保持稳定的业务量；
- 老客户对于营销更善于做出反应。CRM 还能减少促销活动的成本并提供营销和客户沟通方面更高的 ROI。

（3）提升销量

- 更多的后续销售，更多的来自满意客户的口碑营销，更多的服务，更有实力进行交叉销售或增量销售；
- 客户留得越久，购买得就越多。因此，CRM 增加了销售机会和客户有生之年的商业价值。

（4）为自己的发展奠定良好的基础
- 了解哪些客户是真正对于企业来说有价值的客户；
- 哪些客户可以通过交叉销售或增量销售改变其低价或无利的状态；
- 哪些客户永远无利可图，哪些客户需要用外部渠道管理；
- 哪些客户驱动了未来的业务及产生了新的需求。

7.2 CRM 在电商应用中的基本流程

通过以上基本概念的阐述，可以对 CRM 有一个大致的了解。客户关系管理在电商企业中是一项实操性非常强的工作，具体如何落地和实施，是需要一些基本的流程和操作的。在本节中将重点说明如何结合自己的实际情况来进行 CRM 操作。

7.2.1 CRM 执行大致流程

如图 7-1 所示是会员关系管理的基本流程。

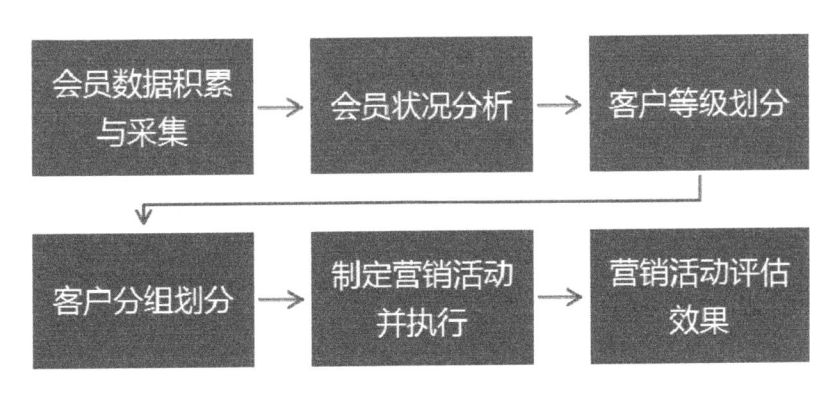

图 7-1 会员关系管理的基本流程

从图 7-1 可以看出：
（1）数据获取是最基础的，因为后续的所有活动都是基于数据来进行的。
（2）当把会员信息收集完毕后，接下来要看看此时此刻，所有会员的现状如何，首先要了解自己，才能制定相应的策略。

（3）了解会员以后，需要对会员进行等级划分，发现哪些是最有价值的客户。

（4）会员等级是一个相对固定的会员分层方式，分组可以更灵活地发现会员的其他行为。

（5）了解会员、细分会员以后，就可以针对不同的人进行不同的营销策略，这个会更精准，也会使转化率更高。

（6）营销活动以后，必须有一定的评估，来查看每次营销的效果如何，以便以后可以更好地进行改进。

7.2.2 CRM 执行流程之采集数据

1. 会员数据应该采集哪些部分

如表 7-2 所示展示了会员的基本属性，通常收集数据也需要按照这些属性进行收集。

表 7-2 会员的属性

买家属性	心理属性	行为属性
性别 地址 （买家）特征	心理的特征 （品味、嗜好等）	行为的特征 （交易、行为）
性别 年龄 名称 居然区域、地址、通讯 居住地 职业、商业信息 收入情况 资产情况 家庭结构 旺旺号、支付宝账号 ……	调研数据 兴趣爱好 要什么产品 要什么服务 ……	交易 • 购买时间、数量、金额 • 订单状态 • 所购宝贝及服务 • 付款方式及时间 • 购买频次 • 消费能力 • 关联销售分析 ……

表 7-2 中是比较全面的会员数据，商家在实操过程中，可能不是每个会员都能收集完全。所以，前期第一步，可以先收集订单数据，基于订单数据来整理会员数据。其实这样已经可以进行很多分析了。

2. 如何采集数据

会员数据采集步骤如下：

（1）登录淘宝网，进入"我的淘宝"→"已卖出的宝贝"，如图7-2所示。

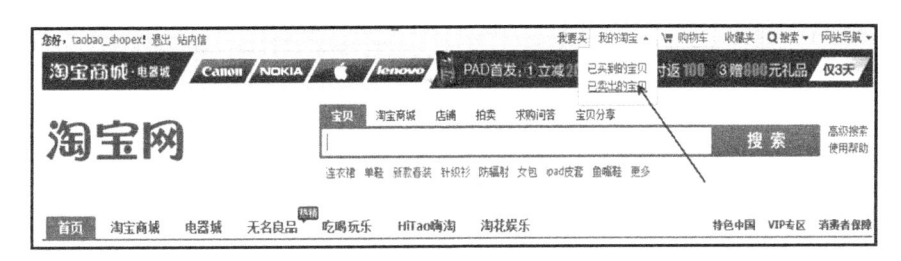

图7-2　选择"已卖出的宝贝"

（2）如果要下载3个月以前的订单可以单击"三个月前订单"选项，如图7-3所示。

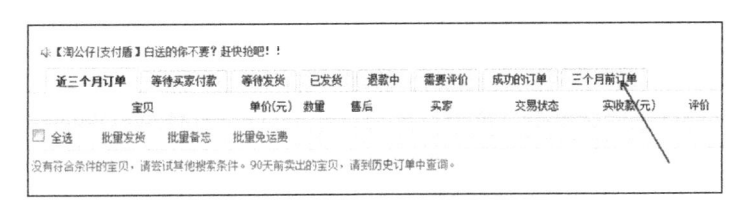

图7-3　数据采集，选择时间段

（3）选择需要下载订单的年份，如图7-4所示。

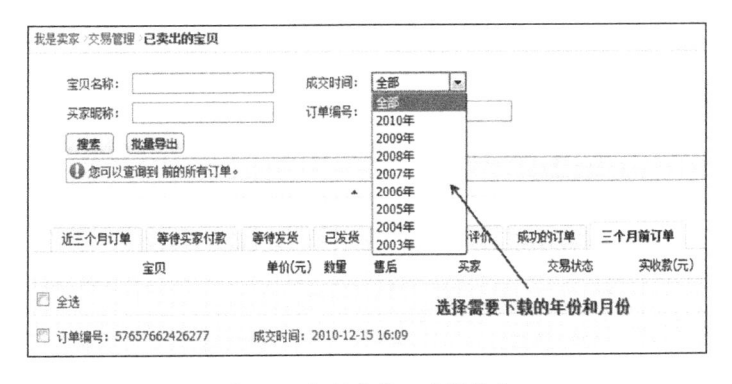

图7-4　数据采集，选择年份

（4）单击"批量导出"按钮，如图7-5所示。

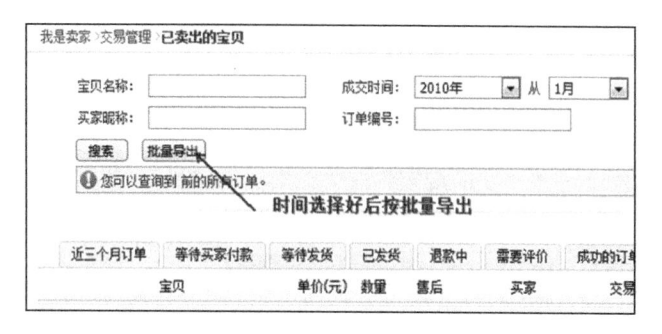

图 7-5　数据批量导出

（5）单击"生成报表"按钮，如图 7-6 所示。

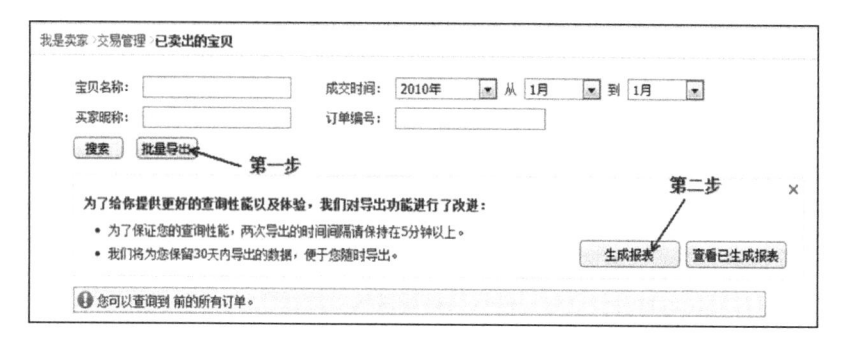

图 7-6　数据生成报表

（6）下载订单和宝贝数据，单击"下载订单报表"按钮和"下载宝贝报表"按钮，如图 7-7 所示。

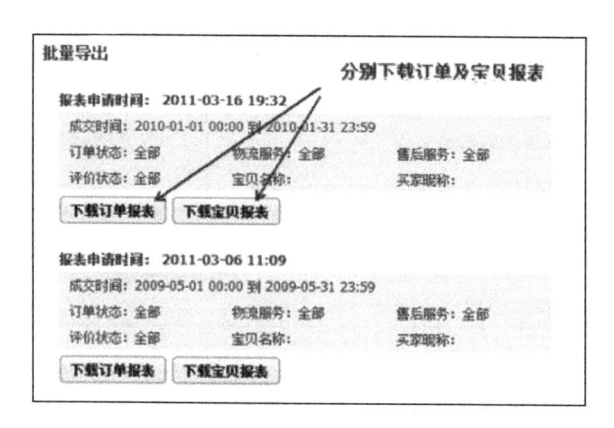

图 7-7　下载订单数据与宝贝数据

3. 数据采集的注意事项

（1）三个月内的订单可以直接在淘宝收集。

（2）以往更多的订单可以通过三个方式收集。

- 自建系统获取与导入，这部分数据可以协调技术负责人来获取数据；
- 通过淘宝导出数据（每个月不能超过 5000 单）；
- 采用淘宝的异步服务，可以导出 2008 年以来的所有订单。

（3）如果手头有其他的数据来源，也可以一同收集，要做好每个字段项目的定义，这样方便以后进行分析。

7.2.3 CRM 执行流程之会员状态分析

当把会员数据采集回来以后，接下来就可以对这些数据进行分析了，先看看目前这些会员，此时此刻到底处于一个什么状态。可以从以下几个数据来看。

（1）购买频次分布：如图 7-8 所示为一家店铺的购买次数不同的会员数量分布。

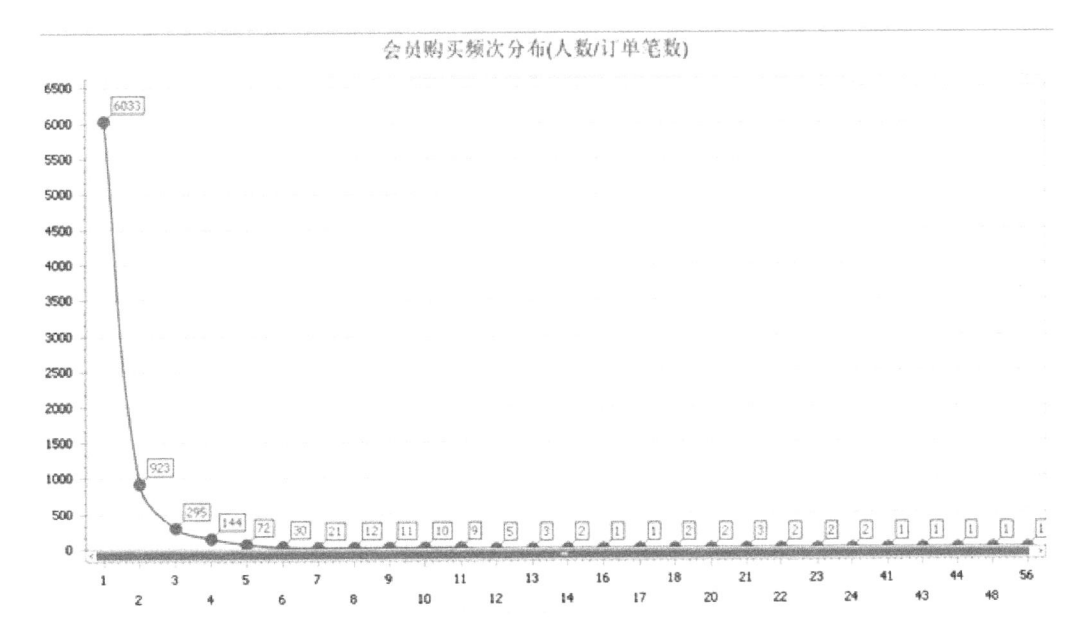

图 7-8 会员购买频次分布

解读：

- 大部分会员只购买了一次，数量有6000多；
- 购买频次高的客户处于长尾状态；
- 同时购买3次以上的会员也不少，这些高忠诚度的客户需要好好维护。

（2）老会员增量趋势：主要是看老会员回头购买的趋势，反映了店铺对客户黏性是越来越好，还是老顾客不断流失，如图7-9所示。

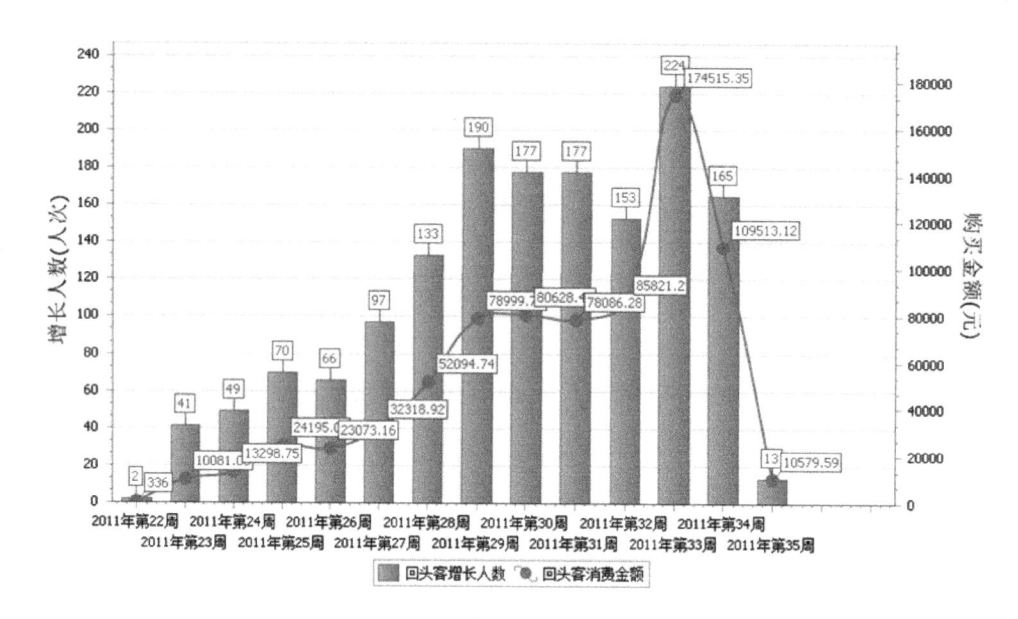

图7-9 会员二次购买增长趋势

解读：

- 这家店铺的老会员回头购买，按周来看是逐步增加的，说明老会员回头势头不错；
- 注意第32周和第33周的数据，回头会员增加数量不到一倍（从153到224），购买销售额却增加了一倍多，从85000多增加到了17000多，这也说明老会员的购买力还是很强的。

（3）休眠客户数量与比例：这个主要看究竟有多少人在多长时间内没有再来购买。例如，要看看3个月内有多少人没有再回头购买，6个月内有多少人没有再回头购买，休眠客户也反应顾客的忠诚度，其实，营销活动的第一步，往往就是想办法把休眠会员唤醒。通过一些方式方法把他们叫过来，特别是食品行业，1个月不来，或者是半个月不来，就要想办法让他们来了。服装行业 3 个月之内必须要来一次，像其他的 3C 行业一年不来还可以说得过去，根据行业的不同，唤醒休眠客户的时间长短是不一样的。

（4）下单时间分布：这个主要是会员一般在什么时间段下单，不同的行业，往往下单的时间段是不同的，可以按照下单的密集时间区域来分配客服人员，同时，下单时间也是进行客户关怀的时间标准。

（5）交易额：这个数字反应会员的购买力，可以选择不同等级、不同购买频次的会员，查看他们的交易额情况。

（6）日均客单价/每笔客单价：每个会员在店铺每次购买的金额。这个可以反映会员每次消费的能力，可以看出客户随着购买次数的增多，是不是每次消费的金额也越高，另外也可以反映出店铺关联销售的能力是不是有所提升。

（7）客单件：和客单价类似，只是这个数字看的不是金额，而是宝贝数。这个数字是每一个订单内的宝贝数量，可以反映客服关联销售能力，也可以检验运营、页面设计人员在推荐购买和关联销售的效果。

如图 7-10 所示是把上面几个数据合并在一起的表现。

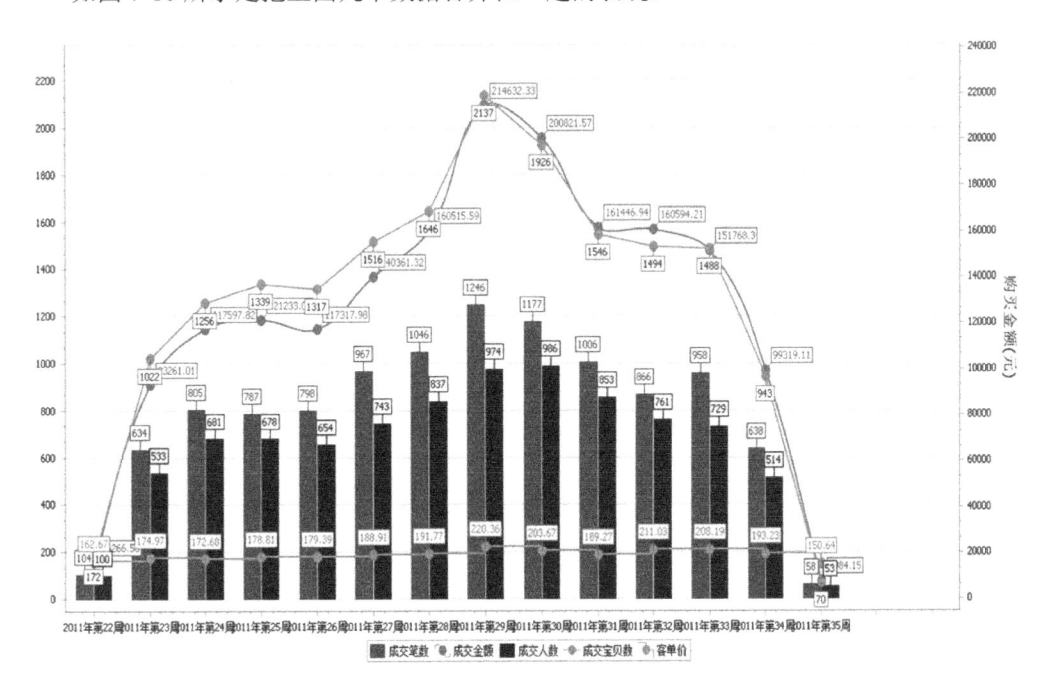

图 7-10　交易额、成交人数、成交宝贝、客单价汇总图

解读：

- 客单价线总体平稳，说明会员购买客单价没有提升，那么后续是不是在提升客单价上可以做一些努力；
- 会员的购买情况，上升一段时间以后，近期出现了下降，那么，这方面应该采取一些动作；
- 把交易额、客单价、成交宝贝数等数据放在一起查看，往往会解读出更多的东西。例如，可以看到销售在顶峰的时候，其实客单价并没有提升，说明关联销售在某些方面还是做得不到位。

（8）购买地区分布：看看会员的分布地，哪些地方的会员购买力更强，哪些地方会员分布最广。地区的分布也可以指导直通车和钻石展位的投放地区，如图 7-11 所示。

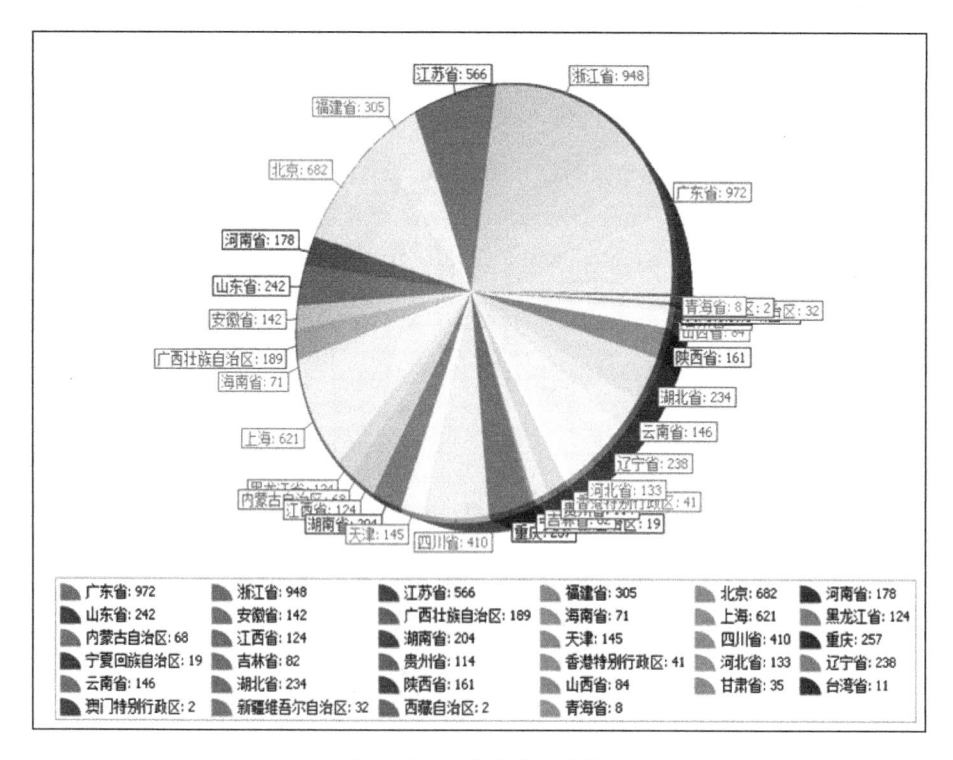

图 7-11 会员分布地区图

（9）会员等级分布：如果店铺设置了会员等级，可以看看不同等级的会员大致的比例是多少。

（10）多次购买的会员的概况：一次购买的客户给店铺贡献多少价值，二次购买了多少价值，看到这个价值比例后，基本上就知道，一般来说，肯定是购买次数越多的客户，对店铺的忠诚度越高，通过这个数字对于设置会员制度都有帮助。

把不同购买频次的会员所消费的总金额全部统计出来以后如表7-3所示。

表7-3 不同购买频次会员的平均客单价

频 次	消费金额	人 数	平均客单价贡献
1	922969.61	6033	152.9868407
2	286366.87	923	310.2566306
3	136992.68	295	464.3819661
4	92914.96	144	645.2427778
5	52689.66	72	731.8008333
6	28275.9	30	998.0542857
7	20959.14	21	998.0542857
8	12672.2	12	1056.016667
9	23902.26	11	2172.932727
10	16877.59	10	1687.759
11	164333.96	9	1825.995556
12	5841.94	5	1168.388
13	8176.45	3	2725.483333
14	4619.19	2	2309.595
16	3265.72	1	3265.72
17	1821.22	1	1821.22
18	4093.91	2	2046.955
20	4405.69	2	2202.845
21	7152.61	3	2384.203333
22	6072.55	2	3036.275
23	4590.43	2	2295.215
24	8346.19	2	4173.095
41	5966.88	1	4173.095
43	4318.44	1	4318.44
44	5894.1	1	5894.1
48	5599.6	1	5599.6
56	5291.3	1	5291.3
总计	1696511.05	7590	223.5192424

如图 7-12 和图 7-13 所示，虽然购买多次的客户比例只有 21%，但是总的消费金额比例却是 46%，从这个图表也可以说明老顾客对店铺的贡献还是非常大的。

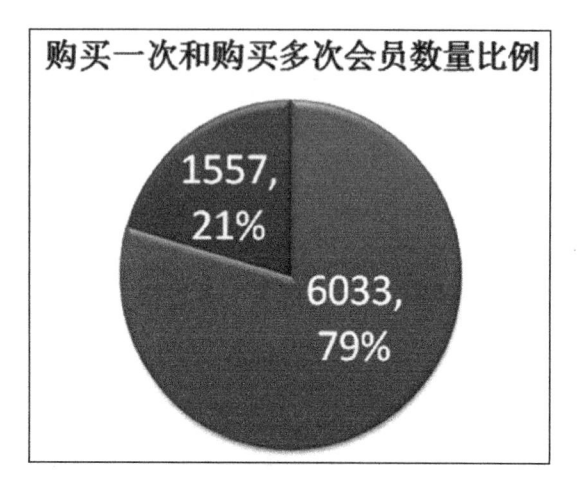

图 7-12　购买一次与购买多次的会员比例图

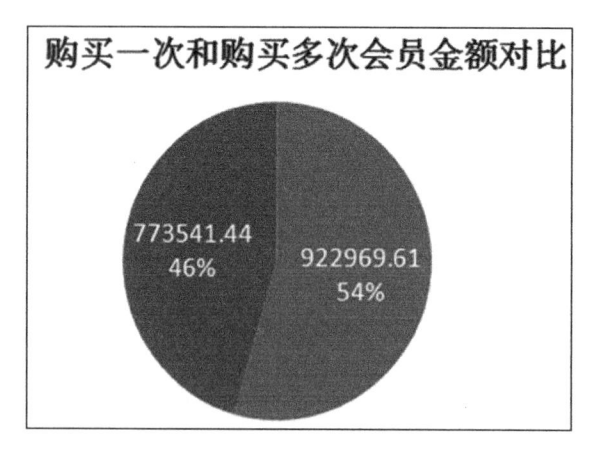

图 7-13　购买一次与购买多次的会员金额比例图

7.2.4　CRM 执行流程之会员等级

1. 会员等级的作用

当了解了会员的状态，把数据收集后，紧接着做的事情就是要做一个顾客等级划分。

- 等级代表着会员对于店铺的价值；
- 等级代表着会员对店铺的忠诚度；
- 等级指导商家不同的营销措施。购买的金额衡量一个人对一家店铺的价值。

2. 会员等级的划分方法

（1）金额累计法

通过单纯的购买金额来衡量，不同的金额制定不同的等级。

（2）金额与购买频次法

通过购物金额和购买频次两个维度来进行划分。目前淘宝的会员关系管理也是采用这个做法，如图7-14所示。

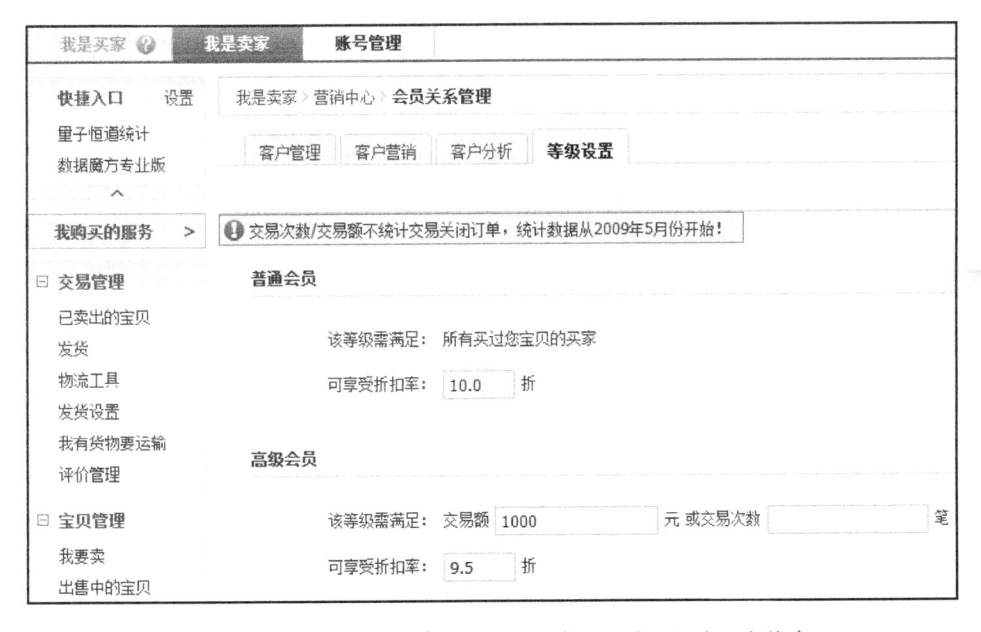

图7-14　淘宝会员关系管理使用购物金额和购买频次两个维度

当设置会员等级，并且也设置好对应的折扣价格以后，在店铺中就可以看到商品对应的不同价格，如图7-15所示。

以上提到的第1种和第2种方法很普遍。

图 7-15 不同会员等级对应不同销售价格

(3) 金额、购买频次、购买时长——RFM 分析法（精准）

第 3 种方法是以购买时长（R）、购买频次（F）、购买金额（M）三个维度来进行客户等级的划分，这样划分会员等级的时候就更精准了。

- 首先，要根据店铺的情况来制作一张表格，如表 7-4 所示。

表 7-4　RFM 分值对应表

购买时间间隔（R）	购买频次（F）	购买金额（M）	分 数
R≤1 个月	6 次≤F	2,000 元≤M	5
1 个月<R≤3 个月	4 次≤F≤5 次	1,000 元≤M≤1,999 元	4
3 个月<R≤4 个月	F=3 次	500 元≤M≤999 元	3
4 个月<R≤7 个月	F=2 次	300 元≤M≤499 元	2
7 个月<R≤1 年	F=1 次	M≤299 元	1

不同的购买时间间隔，不同的购买频次，不同的购买金额都会有不同的分数标准。

- 然后确定一个计算公式：

会员的分数=R 的分值+3×F 的分值+4×M 的分值

- 再确定会员积分对应等级表，如表 7-5 所示。

表 7-5　分值对应的会员级别

RFM 值	顾客级别
40~36	至尊 VIP
35~26	VIP
25~17	高级会员
16~1	普通会员

- 举例试算一个会员应该属于哪个等级。

假设一个会员两月前消费了一次，总共消费了 5 次，累计购物总金额在 786 元。那么应该划分在什么等级？

开始分析：

该会员 2 个月前消费一次，那么对应表中 4 分，如表 7-6 所示。

表 7-6　2 个月前消费一次，对应 4 分

购买时间间隔（R）	购买频次（F）	购买金额（M）	分　数
R≤1 个月	6 次≤F	2,000 元≤M	5
1 个月<R≤3 个月	4 次≤F≤5 次	1,000 元≤M≤1,999 元	4
3 个月<R≤4 个月	F=3 次	500 元≤M≤999 元	3
4 个月<R≤7 个月	F=2 次	300 元≤M≤499 元	2
7 个月<R≤1 年	F=1 次	M≤299 元	1

总共消费了 5 次，那么对应表中总共消费 5 次，也是 4 分，如图 7-7 所示。

表 7-7　总共消费 5 次，对应 4 分

购买时间间隔（R）	购买频次（F）	购买金额（M）	分　数
R≤1 个月	6 次≤F	2,000 元≤M	5
1 个月<R≤3 个月	4 次≤F≤5 次	1,000 元≤M≤1,999 元	4
3 个月<R≤4 个月	F=3 次	500 元≤M≤999 元	3
4 个月<R≤7 个月	F=2 次	300 元≤M≤499 元	2
7 个月<R≤1 年	F=1 次	M≤299 元	1

累计购物总金额在 786 元，那么对应表中应该得 3 分，如表 7-8 所示。

表 7-8　累计购物金额 786 元，对应 3 分

购买时间间隔（R）	购买频次（F）	购买金额（M）	分　数
R≤1 个月	6 次≤F	2,000 元≤M	5

续表

购买时间间隔（R）	购买频次（F）	购买金额（M）	分　数
1个月<R≤3个月	4次≤F≤5次	1,000元≤M≤1,999元	4
3个月<R≤4个月	F=3次	500元≤M≤999元	3
4个月<R≤7个月	F=2次	300元≤M≤499元	2
7个月<R≤1年	F=1次	M≤299元	1

然后再按照公式计算一下：

$$4+3\times4+4\times3=28$$

根据得到的 28 分对应制定的积分表，如表 7-9 所示，通过分析和计算，可以把这个会员定义为 VIP 会员。

表 7-9　算出对应的会员等级

RFM 值	顾客级别
40～60	至尊 VIP
35～26	VIP
25～17	高级会员
16～1	普通会员

其他问题：

① 如表 7-10 所示中的数字是如何定义的？

表 7-10　数字如何定义

购买时间间隔（R）	购买频次（F）	购买金额（M）	分　数
R≤1个月	6次≤F	2,000元≤M	5
1个月<R≤3个月	4次≤F≤5次	1,000元≤M≤1,999元	4
3个月<R≤4个月	F=3次	500元≤M≤999元	3
4个月<R≤7个月	F=2次	300元≤M≤499元	2
7个月<R≤1年	F=1次	M≤299元	1

这些数字，可能根据店铺自己的情况来定义，如食品类的，重复消费次数高的，可以把时间间隔调高，同样，客单价高的店铺，也可以把累计消费金额提高。

② 公式为什么要设置一个系数？

这是一个通用公式，可以灵活调整。

3. 会员等级的一些误区

很多商家都在使用会员等级，但是，往往会出现一些误区，接下来用一个例子说明会员制度应该以什么标准制定。

如图 7-16 和图 7-17 所示是两家店铺的会员等级制定规则。

图 7-16　一家店铺的会员等级制度

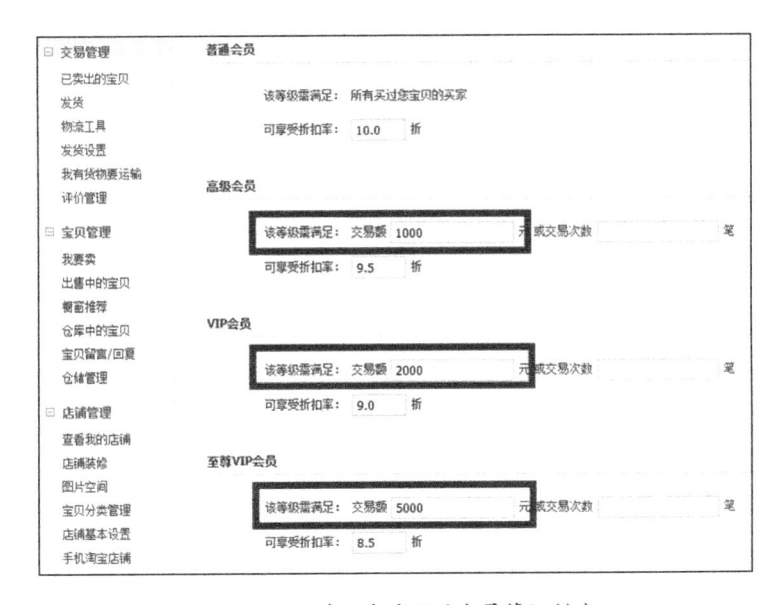

图 7-17　另外一家店铺的会员等级制度

可以看出，这两家店铺的基础会员门槛都设定在 1000 元左右，当选择其中一家去查看他们的平均客单价时，会发现一个问题，其中一家店铺的平均客单价在 180 元左右，如图 7-18 所示，但是基础会员的门槛却在千元左右，其实，这样的会员制度在基础会员的累计金额设置上是不合理的。只会有很少的新顾客会成为会员，而店铺设置会员制度，也是一种促销方式，太高的门槛，往往也会让更多有购买力的顾客被挡在会员体系之外。

所以，建议会员制度的设立应该参考客单价，在客单价的基础上进行会员消费金额的调整。

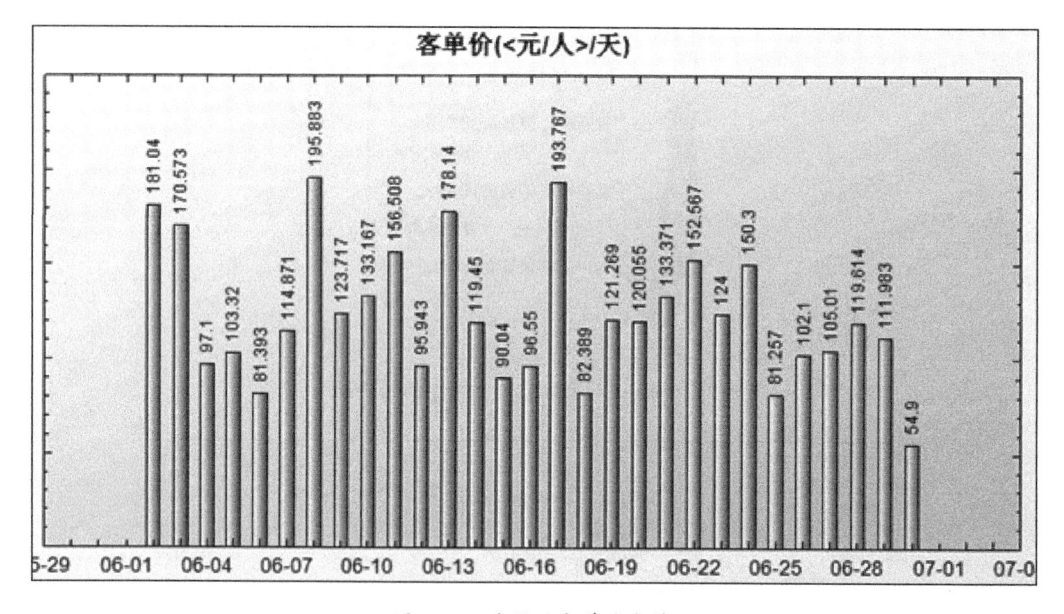

图 7-18　店铺的客单价走势

7.2.5　CRM 执行流程之会员分组

当把会员等级划分完以后还有一项非常重要的工作，就是会员分组。

为什么要做这个呢？

因为会员等级仅仅是按照频次、金额、时长来划分的，它其实只有三个维度。前面的章节介绍了会员有很多属性，每个属性都代表着一群客户，如何进行自由、灵活的筛选，这个时候必须要有一些分组，通过分组的方式来解决会员制度的不足。

1. 会员分组常用的划分维度

会员属性有很多，但是日常工作中，常用的客户分组条件却不需要太多，做客户筛选和分组的时候，主要关注以下几个属性就基本可以解决很多分组的问题了。

- 所属店铺；
- 所属地区；
- 下单时间；
- 下单次数；
- 消费金额；
- 购买商品总数；
- 购买频次；
- 客户关怀次数；
- 曾经购买过的商品；
- 生日；
- 性别。

2. 常用分组案例

下面会展示几个商家的分组案例，看看他们是如何分组的。可以注意一下不同的店铺会员分组的一些特色。

（1）案例 1

如图 7-19 所示是一个商家的客户分组情况。

- 同时参照购买间隔时长、购买频次和购买累计金额，分组可以更灵活地筛选会员；
- 可以按照购买间隔时长、购买频次和购买累计金额区间来筛选会员；
- 按照购买间隔时长可以筛选出休眠会员。唤醒休眠会员是进行会员二次营销的一项重要工作。

（2）案例 2

如图 7-20 所示可以看到这个商家的分组情况。

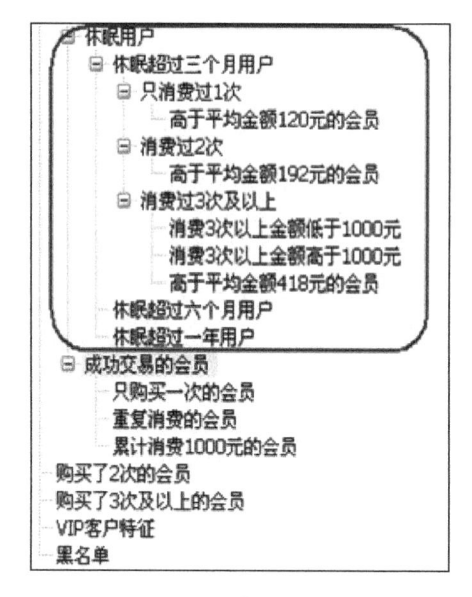

```
休眠用户
  休眠超过三个月用户
    只消费过1次
      高于平均金额120元的会员
    消费过2次
      高于平均金额192元的会员
    消费过3次及以上
      消费3次以上金额低于1000元
      消费3次以上金额高于1000元
      高于平均金额418元的会员
  休眠超过六个月用户
  休眠超过一年用户
成功交易的会员
  只购买一次的会员
  重复消费的会员
  累计消费1000元的会员
购买了2次的会员
购买了3次及以上的会员
VIP客户特征
黑名单
```

图 7-19　会员分组案例 1

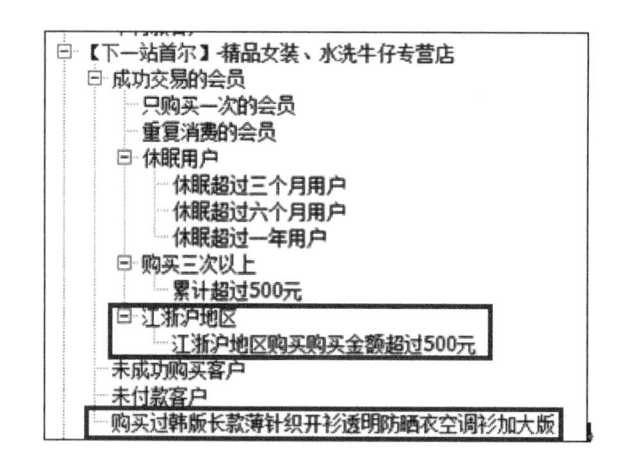

```
【下一站首尔】-精品女装、水洗牛仔专营店
  成功交易的会员
    只购买一次的会员
    重复消费的会员
  休眠用户
    休眠超过三个月用户
    休眠超过六个月用户
    休眠超过一年用户
  购买三次以上
    累计超过500元
  江浙沪地区
    江浙沪地区购买购买金额超过500元
  未成功购买客户
  未付款客户
  购买过韩版长款薄针织开衫透明防晒衣空调衫加大版
```

图 7-20　会员分组案例 2

- 按照地区的消费累计金额来筛选客户，这个主要考虑江浙沪地区的购买力比较强，商家把这个地方的会员单独分组，以后做营销活动时候，这部分会员会进行相对频繁的营销活动。
- 按照购买过某个商品来进行会员的分组，这样做的目的是，如果与此商品类似或者相关联的商品上架以后，会对这部分会员进行相关的推广活动。

（3）案例 3

如图 7-21 所示是这家店铺的分组情况。

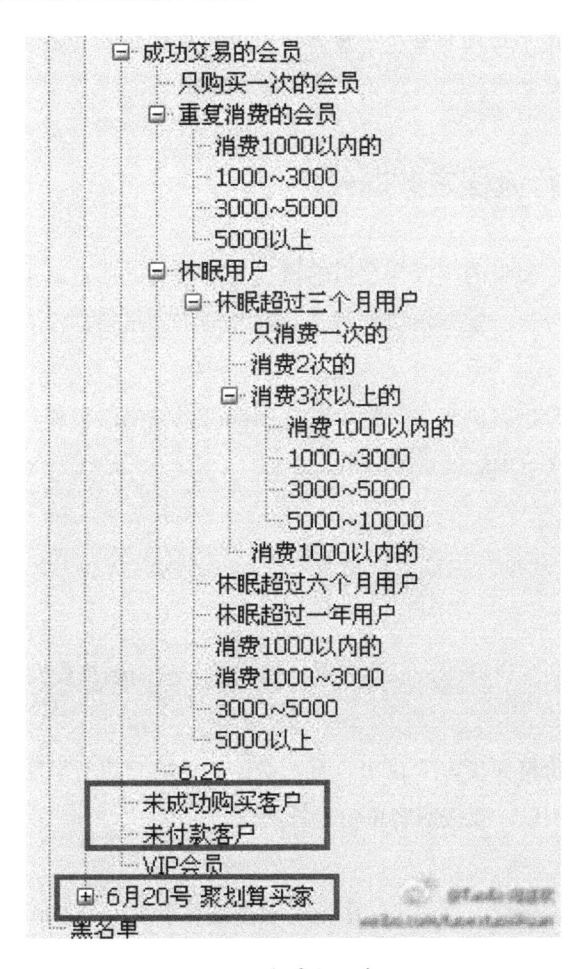

```
成功交易的会员
  只购买一次的会员
  重复消费的会员
    消费1000以内的
    1000~3000
    3000~5000
    5000以上
休眠用户
  休眠超过三个月用户
    只消费一次的
    消费2次的
    消费3次以上的
      消费1000以内的
      1000~3000
      3000~5000
      5000~10000
    消费1000以内的
  休眠超过六个月用户
  休眠超过一年用户
    消费1000以内的
    消费1000~3000
    3000~5000
    5000以上
  6.26
  未成功购买客户
  未付款客户
  VIP会员
  6月20号 聚划算买家
黑名单
```

图 7-21　会员分组案例 3

- 把未付款和未成功购买的客户进行了分组，以便进行客户的催付和后续的跟进。三日内未付款的客户，一般在下单一天后做催付，在催付时，如果是老客户，就不要过多的催付了，新客户客单价比较高的时候，尽量做一些催付的过程。如果是购买频次比较高的老客户，可以以其他关怀的方式催付，如电话回访，效果会更好一些。催付的时间点也要注意一下，按照他下单的时间去催付，这样效率会高一些，否则很容易出现被拒的可能。

- 把聚划算的会员进行了分组，以便于更好地挖掘聚划算会员的二次购买。聚划算的销量一般还不错，但是聚划算的客户很多都是买了一次再也不买了，很多商家认为聚划算的客户都不是优质客户，那么，可以单独把聚划算客户进行分组，看看这里面哪些人是优质客户。

7.2.6 CRM 执行流程之数据分析

当把会员的分组、会员的等级和会员的资料全部落实以后，就可以根据这些情况对会员做分析了。所有的分析一定要落实到营销活动，落实到结果，没有结果、没有动作的分析是没有用的。

下面就以实际的分析案例来进行讲解，案例都可以被当做模板，具体的实际操作人员可以依照下面的例子来对本店铺进行分析。

1. 案例 1

（1）分析目的

找出最有购买力的客户群体，以便为近日推出的一款高档真皮女鞋做营销活动。

（2）分析方法

这次的真皮女鞋价格偏贵，要找出具有消费能力的客户进行营销，而消费能力与会员购买的客单价相关，所以，要按照客单价进行筛选。

（3）分析结果

从购买平均客单价来看，目前店铺中消费水平在客单价大于 500 元的客户有 1071 位，那么，这 1071 位客户就是此次营销活动的主要客户群体。如图 7-22 所示。

2. 案例 2

（1）分析目的

流量成本越来越高，所以引流工作需要更换一种方式，需要找到最有可能购买店铺商品的客户群体，而会员是已经认可商品的老顾客，正好现在处于换季时节，希望老顾客可以回头购买。

店铺客单价分布情况

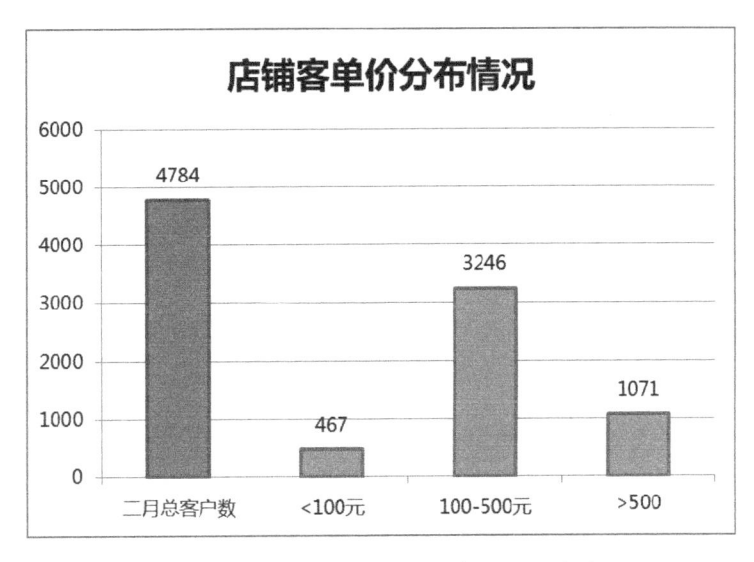

- 二月总客户数：4784
- <100元：467
- 100-500元：3246
- >500：1071

图 7-22　平均客单价>500 的有 1071 位客户

（2）分析方法

最近已经购买过店铺商品的会员，短期内再次购买的概率比较小，看看前一季购买过店铺商品的顾客对新款是不是感兴趣，所以，要找到 6 个月内没有光顾过店铺的老顾客。同时这次新品的品质很好，价格也偏高，需要找到更有购买力的老顾客回头购买。

（3）分析结果

分析店铺休眠的会员比例与数量，如图 7-23 所示。

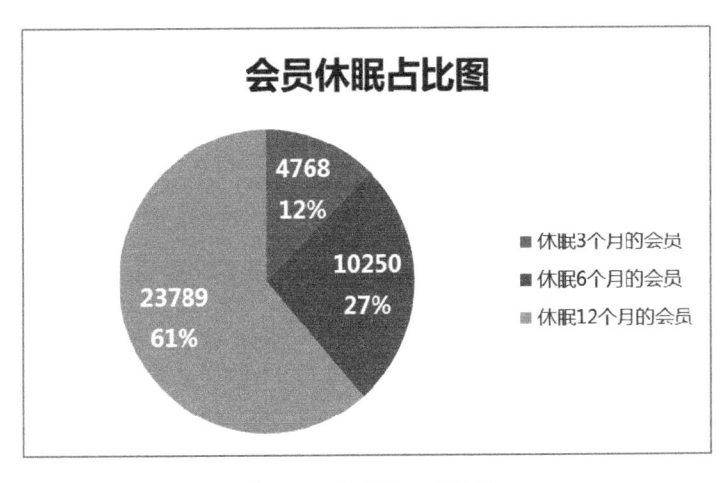

会员休眠占比图

- 休眠3个月的会员：4768　12%
- 休眠6个月的会员：10250　27%
- 休眠12个月的会员：23789　61%

图 7-23　会员休眠比例图

这次重点是找到休眠 6 个月以内的会员进行营销，那么，再看看这 6 个月内休眠客户的客单价分布情况，如图 7-24 所示。

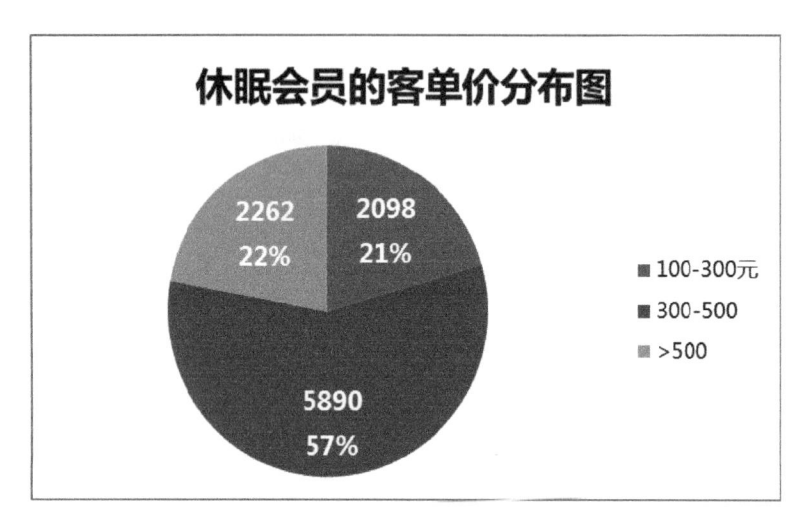

图 7-24　休眠用户的客单价情况

通过客单价的分布图可以看到，具有超过 300 元以上消费能力的会员应该是这次营销活动的主体。

3. 案例 3

（1）分析目的

目前一款热卖款需要补货，要根据以往销售的情况对尺码和颜色进行分析，以便确定补货的不同颜色和尺码的比例，避免库存压力。

（2）分析方法

根据以往销售记录来判定商品补货比例。

（3）分析结果

列出这款商品所有的销售记录，如图 7-25 所示。

可以看出，这款商品的浅红色和西瓜红色几乎没有销量，那么此次补货不要再补，蓝色销售得最好，根据尺码比例来进行补货安排就可以了。

货号	商品名称	单价	数量	总金额 ▼	购买人数	商品规格
MK301510						
MK301510	【聚】俏艺2011新品夏款 一衣两穿 纯...	39.00	1048	40872.00	1032	颜色分类:蓝色;尺码:L
MK301510	【聚】俏艺2011新品夏款 一衣两穿 纯...	39.00	967	37713.00	958	颜色分类:蓝色;尺码:M
MK301510	【聚】俏艺2011新品夏款 一衣两穿 纯...	39.00	602	23478.00	595	颜色分类:蓝色;尺码:S
MK301510	俏艺 2011新品 夏款 一衣两穿 纯棉 长...	100.00	157	15700.00	155	颜色分类:蓝色;尺码:M
MK301510	俏艺 2011新品 夏款 一衣两穿 纯棉 长...	100.00	156	15600.00	156	颜色分类:蓝色;尺码:L
MK301510	俏艺 2011新品 夏款 一衣两穿 纯棉 长...	100.00	109	10900.00	106	颜色分类:蓝色;尺码:S
MK301510	[淘满意]俏艺 2011新品 夏款 一衣两穿...	100.00	33	3300.00	33	颜色分类:蓝色;尺码:L
MK301510	[淘满意]俏艺 2011新品 夏款 一衣两穿...	100.00	32	3200.00	32	颜色分类:蓝色;尺码:M
MK301510	2011新 夏款 休闲 女 短袖 t恤 新款 纯...	100.00	28	2800.00	28	颜色分类:蓝色;尺码:M
MK301510	[淘满意]俏艺 2011新品 夏款 一衣两穿...	100.00	26	2600.00	26	颜色分类:蓝色;尺码:S
MK301510	俏艺 2011新品 夏款 一衣两穿 纯棉 长...	100.00	22	2200.00	22	颜色分类:西瓜红;尺码:M
MK301510	俏艺 两件包邮 春装新品2011 休闲 女...	100.00	21	2100.00	21	颜色分类:蓝色;尺码:L
MK301510	俏艺 2011新品 夏款 一衣两穿 纯棉 长...	100.00	16	1600.00	16	颜色分类:蓝色;尺码:L
MK301510	俏艺 2011新品 夏款 一衣两穿 纯棉 长...	100.00	15	1500.00	15	颜色分类:西瓜红;尺码:L
MK301510	俏艺 两件包邮 春装新品2011 休闲 女...	100.00	14	1400.00	14	颜色分类:蓝色;尺码:S
MK301510	俏艺 2011新品 夏款 一衣两穿 纯棉 长...	100.00	14	1400.00	13	颜色分类:蓝色;尺码:S
MK301510	俏艺 2011新品 夏款 一衣两穿 纯棉 长...	100.00	13	1300.00	13	颜色分类:蓝色;尺码:M
MK301510	2011新 夏款 休闲 女 短袖 t恤 新款 纯...	100.00	12	1200.00	12	颜色分类:蓝色;尺码:S
MK301510	2011新 夏款 休闲 女 短袖 t恤 新款 纯...	60.00	19	1140.00	19	颜色分类:蓝色;尺码:L

图 7-25 所有的销售记录

通过销售记录进行分析，如图 7-26 所示。

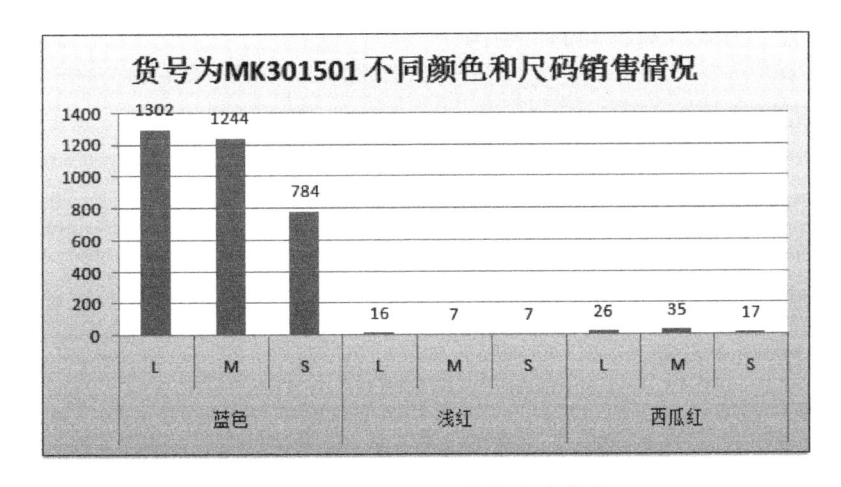

图 7-26 不同尺码和颜色的销量图

可以看出，这款商品的浅红色和西瓜红色几乎没有销量，那么此次补货不要再补，蓝色销售得最好，根据尺码比例来进行补货安排就可以了。

7.2.7 CRM 执行流程之营销活动

数据采集、客户的分析、数据分析的目的都是为了产生营销活动，而把营销活动传递给顾客，需要借助一些方式。选择不同方式，其成本、效率、转化率都是不一样的，所以，要针对不同的客户、不同预算、不同的营销目的来选择不同的营销传递方式。

1. 常用的营销传递方式

- 短信；
- 彩信；
- 邮件（EDM）；
- 电话回访；
- 淘宝站内信，旺旺；
- 礼品赠送。

2. 不同的营销方式都有不同的优劣势

（1）短信营销

成本较低，且准确度较高，一般短信的到达概率及顾客查看的比率是在营销方法中偏高的，但整体的转化率偏低，具体转化率需要看活动力度。

（2）彩信营销

成本稍高，信息传递比短信更丰满，增加用户浏览停留的黏性，加入多宝贝对比及店铺链接，增加浏览转化率。

（3）EDM 营销

成本较低，因为可以直接单击页面，活动转化率比较高，但是顾客查看的概率不高，而且需要提前准备网页设计。

（4）电话回访

顾客感受度最好的营销方式之一，准确率和转化率也非常高，平均成本也是最高的一种方式。

(5) 淘宝站内工具营销

淘宝站内的顾客比较精准，可以通过群发消息、发优惠券、建旺旺群等方式在后台设置客户关怀，这些是平时就可以进行的二次营销方式。

(6) 实物礼品赠送

顾客最喜欢的莫过于实物礼品了，可以作为小惊喜出现在顾客的包裹中，但是礼品的选择是有技巧的，例如，食品类常用的礼品就是将要上市的小包零食，可以用于测试市场，也可以提前吊吊顾客的胃口，对二次销售帮助很大，需要注意的就是礼品的选择常用属性（尺子、鼠标垫）、印上店铺链接。

3. 短信营销

(1) 短信营销注意事项

短信营销因为成本低、见效快、到达率高，所以商家使用率很高。但是，在选择短信的时候，要注意以下几点。

- **简意赅，直奔主题，注意发送字数**：因为一般情况下，短信的发送字符最多只有70个字，如果文字超过70个字，会被当做两条短信来发送，这样，一是客户感觉不好，语义被拆分，同时也增加了短信的发送成本。
- **热门词语**：大家一般对热门的词语，会比较感兴趣，如果热门词语运用得当，那么会收到很好的效果。
- **精准发送**：发送的精准性与前面章节所提到的客户分组和客户细分相关。客户细分越科学，则发送的精准性就越高。
- **提前量、重复量**：提前发送短信有两个好处，一是可以做营销活动的预热，提前告知客户；另外也可以避免发送高峰时短信堵塞的情况，特别是在热门节假日，如春节和国庆。
- **客户尊重感**：当客户阅读短信的时候，如果让客户感受到被尊重，那么，回头购买的概率会大大增加。增加客户尊重感的常用做法有两种，一是短信开头以客户的真实姓名来称呼，让客户觉得此短信是针对自己发送的。二是可以在短信中增加夸奖客户的语言。
- **唤起记忆**：现在网上购物非常频繁，根本记不住在哪一个商家买过东西，即使把店铺名称写上可能也无法回忆起，这个时候你要想办法让他唤起记忆，只要你的店铺对他没有过伤害，他往往还会来。

- **优惠信息**：优惠和活动的信息是让客户回头最常见的方式，要简单明了地把优惠和活动的信息表达清楚，让客户迅速产生兴趣。
- **紧迫感**：类似"限量"、"只在今天"、"截至23:00"等有时间紧迫感的词语，往往会吸引顾客快速产生兴趣。
- **短信视觉**：短信都是文字，如何去做视觉营销？其实，即使只是文字，也需要在短信内容中穿插各种数字、符号来吸引客户的注意，同时也可以让短信看起来更有节奏感。
- **发送通道选择**：发送通道非常重要，往往直接影响短信的到达率和发送成功数，选择短信通道需要注意以下几点：

a．尽量选择106移动通道；

b．不要选择发送号码为固话号码的发送渠道，因为现在很多智能手机的短信拦截软件会直接拦截这些通道的短信，导致客户完全无法收到短信；

c．尽量不要选择过于便宜的短信通道。很多便宜的网关，会通过各种方式克扣短信数，表现为购买的数量在实际使用时条数不足，会影响整个营销计划。

（2）短信撰写案例

好的短信会增加客户的回头购买率，所以如何在有限的字符数内既做到表意清晰，同时又具有新意，是一个需要仔细斟酌的过程。

下面是一些优秀短信的案例：

- 梵家年中180元红包礼券派发啦！含30、50、100元优惠券各一张，已加入您的账户，满额立减，限7天。

  包含元素：紧迫感，数字，优惠信息等。

- 哈喽我是漳州老字号！您收到宝贝了吧，给力！感谢亲对http://t.cn/aoka12的支持。

  包含元素：热门语，符号等。

- 亲，您好！天使家"大促直降"最给力，单品最高直降92元，还不骑神马来抢？着陆地址http://cdtsmz.taobao.com《天使美妆》。

  包含元素：符号，数字，热门语，优惠等。

- 今天淘宝聚划算冰点麻糬十点开抢，国际食堂等你来。

  包含元素：数字，紧迫感等。

- 您曾好评的淘宝店 dawa888.taobao.com 正在限时大优惠，快去抢【淘宝网】。

  包含元素：唤起记忆，紧迫感，优惠等。

（3）短信的优秀素材收集

很多卖家开始做营销活动时，会为短信如果撰写和措辞考虑很长时间。平时如果多多留意优秀的文案，可以为以后短信的撰写提供不少思路。

淘宝论坛（http://bbs.taobao.com）的很多文章标题都可以做很好的借鉴。同时，也要经常关注淘宝和淘宝商城的首页焦点图和钻石展位图片的一些文案，这些文字的素材都可以帮助卖家不断积累短信素材。

4．邮件营销

邮件营销，从发送来看，成本最低、监测效果最好、信息包含量大。1~2分钱就可能维系住一个客户。不过邮件营销是一个系统工程，需要一段时间的坚持和积累才能取得效果。

（1）邮件营销不是发送邮件这么简单

邮件营销应该是接触客户方式中最复杂的一种。因为邮件营销是会员关系管理部门的一个系统性、高配合度的工作，如图7-27所示为邮件营销全程图。

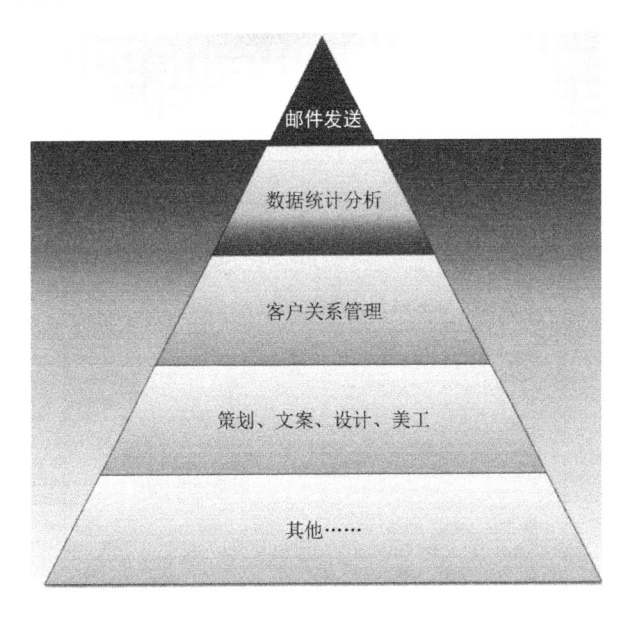

图 7-27　邮件营销全程图

邮件的发送仅仅是平时看到最直接的动作，为了配合最终的邮件发送工作，往往需要活动策划人员、设计美工、数据分析人员的整体配合，这样，才能把邮件营销活动做好。

（2）邮件营销的基本类型

邮件发送，一般都有固定的发送类型，不同的类型，邮件的设计和文案往往是不同的。邮件类型主要包含营销型邮件和客户维护型邮件，如图 7-28 所示。

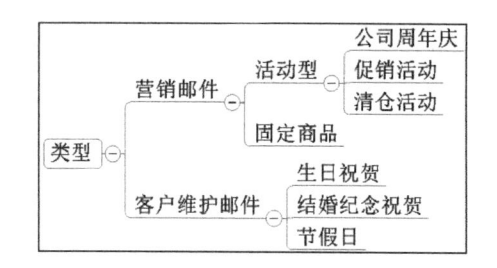

图 7-28　邮件的不同类型

如图 7-29 至图 7-32 所示，分别展示了不同类型的邮件。

图 7-29　固定商品邮件 1

图 7-30　固定商品邮件 2

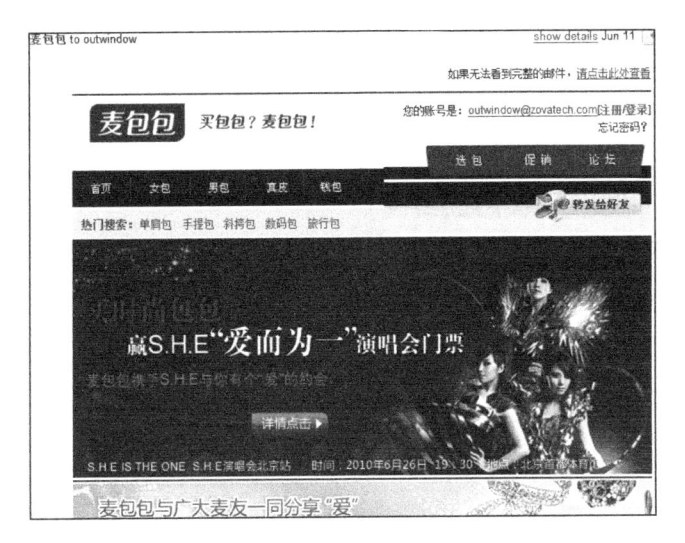

图 7-31　活动型邮件

图 7-32　促销清仓邮件

（3）邮件营销的注意事项
- **邮件营销的类型**：要穿插不同的类型主题，例如，单品促销、会员关怀、活动营销、节假日营销，这些主题可以穿插在一起，避免活动类型单一。
- **发送频次**：不宜太频繁，保持最多每四天一次，对于一般商家来说，最好每周一次。但是一定要坚持发送，这样才能逐渐产生效果。
- **文案与设计需要注意以下几点**：
  a. 整体风格与色彩要和主站保持一致；
  b. 最优的宽度是 600px～650px，高度最好不超过两屏；
  c. 创意与图形，清晰明快，一目了然，想表达的东西要快速表达清楚；
  d. 不要用大面积的图片，以免被当做垃圾邮件；
  e. 不要出现奇怪的形状；
  f. 不要使用冷门的字体；
  g. 不要用 CSS，直接使用 table 定位加页面内联 CSS。
- **发送时间**：尽量选择在凌晨，或稍微晚一些，因为很多人早晨打开计算机的时候，你的邮件就在上面，周末的时候最好是在周日的凌晨发送，这样打开计算机，就可以在邮件列表靠上的部分看到你的邮件，在可视的范围内，点击率和打开率就会有比较大。
- **客户邮箱的选择**：网易的邮箱往往难以发送成功，所以，在筛选客户时，一定要把 163.com、yeah.net、126.com 为后缀的邮箱从发送名单中去除。邮件到达及时率最好的是 QQ 邮箱，而且 QQ 邮箱收到新邮件以后，会自动在 QQ 上弹出提示，这样，客户也可以在第一时间看到商家发送的邮件。

7.2.8 CRM 执行流程之效果评估

评估环节也是重要的一个环节，因为当触发了营销活动以后，活动效果是好还是不好，都需要通过一定的数据分析来做判断，同时评估也便于找出问题、找出差距，有助于下次可以更好地做营销活动。

1. 评估的基本要素

（1）结果指标

做会员的管理和二次营销，可以从以下几个结果指标来查看营销活动是不是起到了效果。
- 会员再次访问店铺的比例；
- 会员再次购买的比例；
- 会员再次购买的交易额；
- 营销活动投入产出比。

（2）过程指标

结果指标是营销活动结束以后要看的总体指标，但是为了保证结果指标的完成，还需要控制过程中的一些指标。

- 短信营销，需要关注：

a．发送成功率。

b．如果有短信的退订功能，需要看短信的退订比例。

- 邮件营销，需要关注：

a．邮件发送成功率：这个指标主要看客户资料的准确程度。

b．邮件的到达率：这个主要考量邮件发送商的质量，如果到达率不高，首先要检查邮件内容，是不是有垃圾邮件的嫌疑，其次还要考查邮件发送商的能力。

c．邮件的打开率：这个主要考核邮件标题是不是足够吸引人，是否会引导客户打开邮件。

d．邮件的点击率：当客户打开邮件以后，是否点击了邮件里面的内容，这是最关键的一步，直接考量设计和文案是否把足够有吸引力的内容呈现在客户面前。

如图 7-33 所示是邮件营销典型的过程数据，反映邮件发送的整个过程数据，不同的数据，对应着工作的细节是否做得足够到位。

2. 效果评估基本模板

针对效果评估，需要做出表格来进行评判，不但要对结果指标进行评判，同时也需要对过程指标进行评判，这样才能更好地改进不足。如图 7-34 所示是一个典型的活动效果评估表格，把营销活动面向的客户数量、营销成本、活动收益全部列出。这样可以一目了然地看到营销活动的效果，同时，把一段时间内的效果评估表列出来以后，还可以看到对应的趋势变化，从更长时间范围内来查看店铺的营销活动效果，是否在逐步改善中。

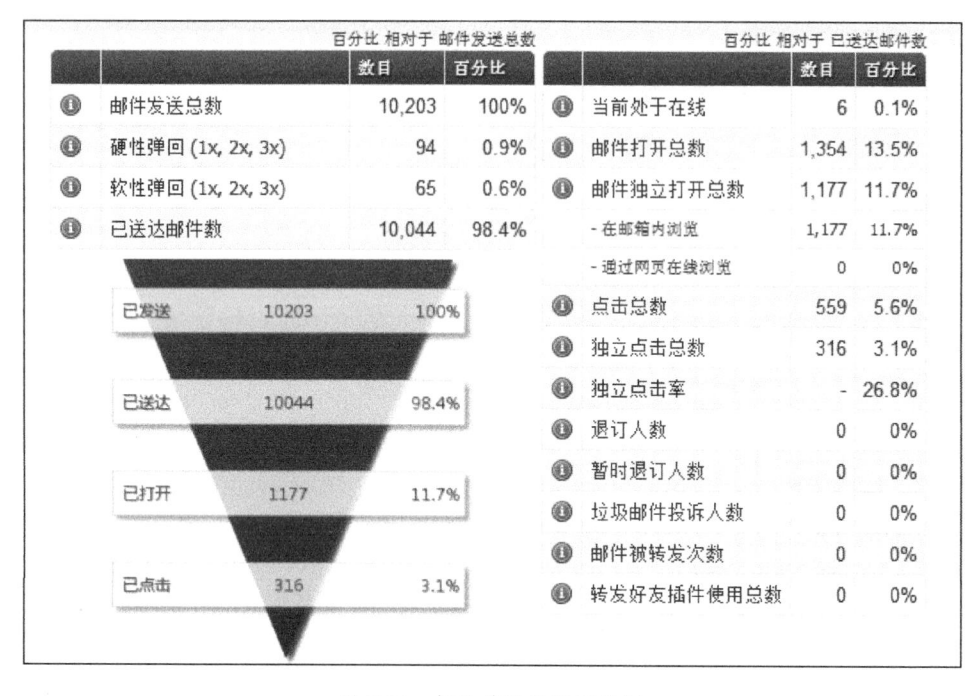

	数目	百分比		数目	百分比
邮件发送总数	10,203	100%	当前处于在线	6	0.1%
硬性弹回 (1x, 2x, 3x)	94	0.9%	邮件打开总数	1,354	13.5%
软性弹回 (1x, 2x, 3x)	65	0.6%	邮件独立打开总数	1,177	11.7%
已送达邮件数	10,044	98.4%	- 在邮箱内浏览	1,177	11.7%
			- 通过网页在线浏览	0	0%
			点击总数	559	5.6%
			独立点击总数	316	3.1%
			独立点击率	-	26.8%
			退订人数	0	0%
			暂时退订人数	0	0%
			垃圾邮件投诉人数	0	0%
			邮件被转发次数	0	0%
			转发好友插件使用总数	0	0%

已发送 10203 100%
已送达 10044 98.4%
已打开 1177 11.7%
已点击 316 3.1%

图 7-33 邮件营销的过程数据

活动ID	目标客数	响应数量	响应速度	活动经费	活动收益	ROI
#春季活动	300名	60名	20%	5万	9万	80%

↓每部分活动分解

活动ID	目标客数	响应数量	响应速度	活动经费	活动收益	ROI
短信	1,00名	30名	30%	1万	3万	200%
Email	1,00名	25名	25%	1万	2万	100%
DM	1,00名	5名	5%	5千	6千	10%

图 7-34 活动效果评估表格

7.3 案例部分

下面通过两个案例，来说明在实际操作会员二次营销过程中的一些注意事项，从这些案例也可以看出会员的管理是一个系统功能，很多细节会影响到商家整个运营体系的变化。

7.3.1 案例1：白送也赚钱

1. 商家背景信息

此商家是做地区特色食品类目的。从日常的运营分析来看：

（1）会员的重复消费频率比较高。

（2）产品线丰富。

（3）顾客每次购买客单件较多。

（4）每个宝贝的价格相对便宜。

通过上面的情况可以看出，此店关联销售做得相对较好。

2. 营销活动背景

（1）通过数据分析，发现老顾客的休眠比例比较高，希望通过一种方式来唤醒休眠会员，让其产生二次购买，一旦唤醒休眠客户，则后续的再次重复也会随之而来。

（2）休眠会员的唤醒往往需要更大的优惠力度，所以商家决定使用完全赠送的方式，就是送东西并且包邮。

3. 活动策划与执行

（1）活动日期确定在七夕情人节，对休眠1年的老顾客进行唤醒。

（2）选择一款68元的商品，0.1元售卖并且包邮。

（3）活动开始前5天，对已经锁定的会员进行短信群发。短信文字如图7-35所示。

（4）配备对应的客服，专门负责赠送。

> 亲爱的会员客户：我是新疆敏敏淘宝店客服经理易文！情人节快乐！您永远是我们公司的情人，相约七夕我们也送上一份情人节的礼物！区区几十元红枣核桃礼物虽小，但我们心中有您！请上旺旺联系我们客服，领取礼物！

图 7-35　活动当天发送的邮件信息

4. 活动的效果评估

此次活动的效果很好，达到了唤醒休眠客户的目的，如图 7-36 所示。

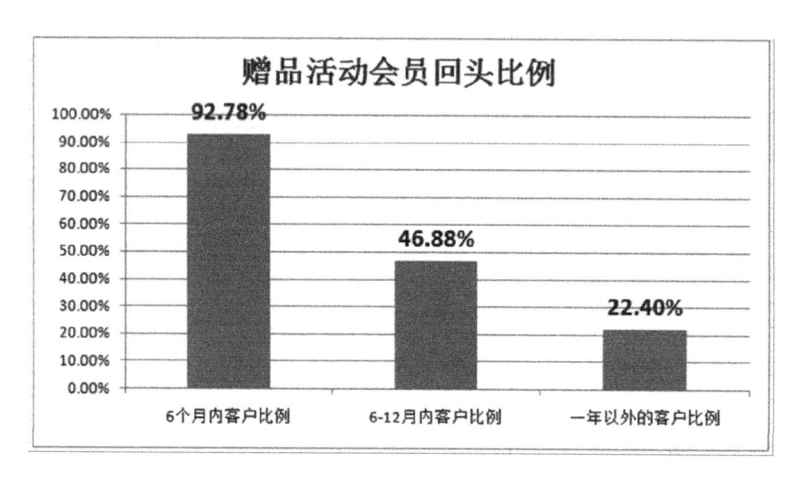

图 7-36　赠品活动会员的回头比例

从评估效果来看，6 个月内的老顾客回头购买的比例很高，说明店铺的知名度在会员中的影响力还是不小的。一年以前的会员回头购买率也非常高。

如图 7-38 所示为赠品活动收入费用，总成本为 49362 元，但是应收却达到了 62108 元，超出了商家预期。主要原因在于，会员接受赠送的同时，产生了关联购买，每个会员回到店铺以后，又发生平均 87.7 元的消费。

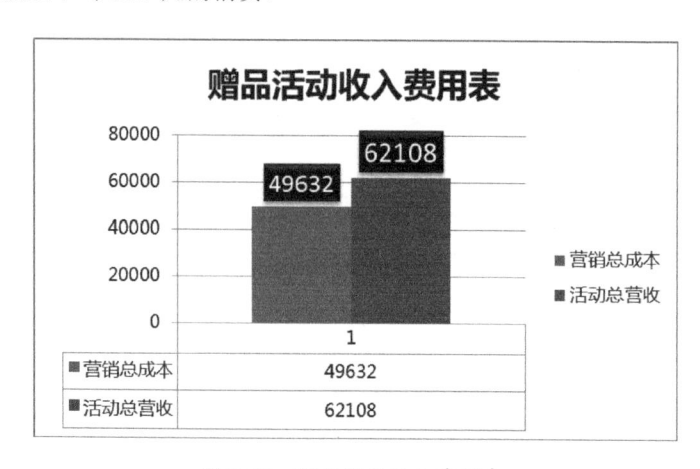

图 7-37　赠品活动收入费用表

7.3.2 案例2：不精准的新品推广，让客服压力剧增

1. 商家背景

此商家是做流行女装，偏欧美街头风格，上新品频率比较高。

2. 营销活动背景

又到上新品的时候，希望让所有的会员都到店铺看看，有没有适合他们的款式。

3. 活动策划与执行

（1）找出所有旺旺群、QQ群，同时发送手机短信，告知会员回头购买。
（2）会员购买可以8.5折优惠。

4. 活动效果检测

此次活动的第2天，发现以下几组数据，客服回复的条数大增。

如图7-38所示，2011年6月16日，发现客服回答顾客提问的比例大幅度上升。

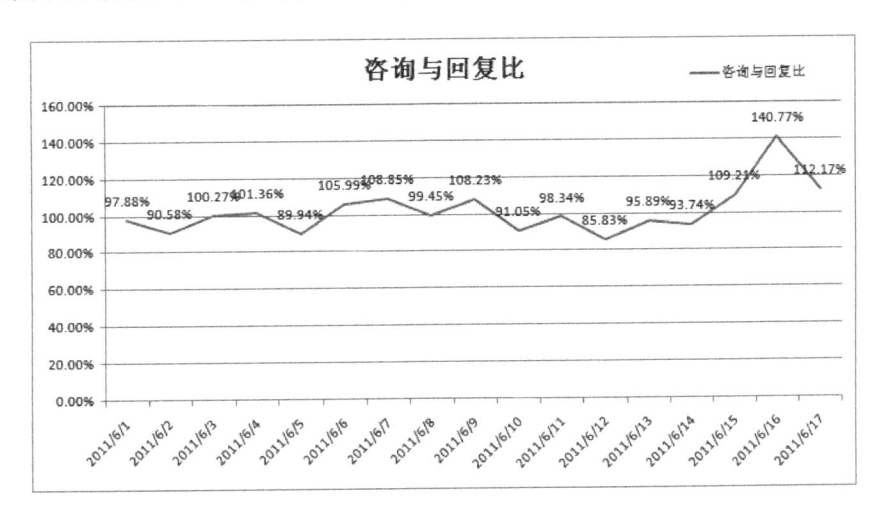

图7-38 客服回复条数大增

如图 7-39 所示，2011 年 6 月 16 日，客服回答顾客的语句数大幅度超过顾客咨询客服的语句数。

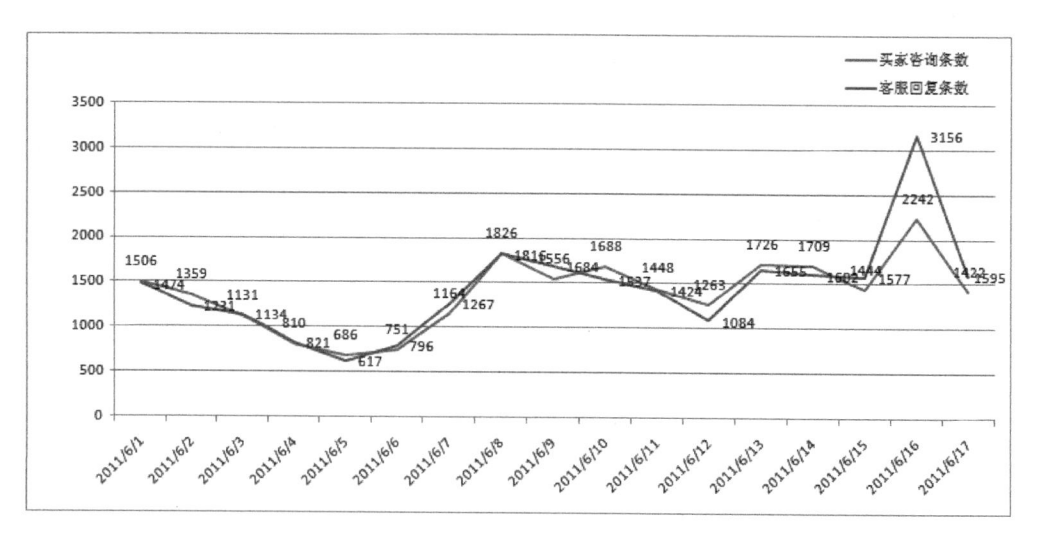

图 7-39　客服回复条数大增

如图 7-40 所示，一般稳定在 24% 的售前咨询转化率，在 2011 年 6 月 16 日当天剧烈下滑到了 6.79%。

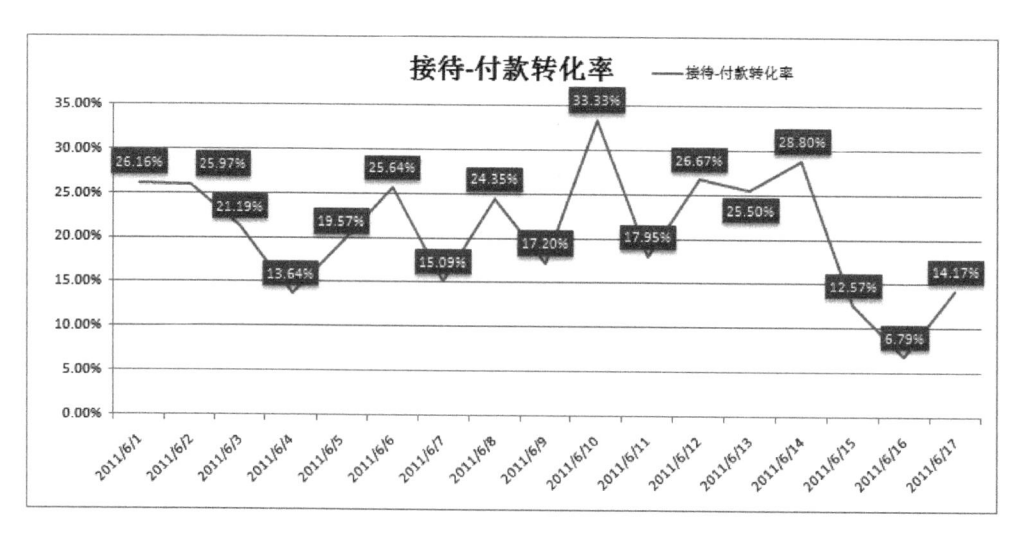

图 7-40　客服转化率骤减

结合 2011 年 6 月 16 日当天的实际情况与图中的数据，得出的结论如下：

（1）通知老顾客本身没有错，但是由于没有进行具体细分，一刀切让老顾客回头，导致对客户具体的要求和具体的客户属性不清晰。

（2）上新品的产品定位、款式和价格并不适合所有会员。

（3）正是由于不适合所有的会员，但是会员接到了 8.5 折的通知，所以和客服人员进行了很多关于折扣的争论，导致客服压力增加，同时转化率较低，甚至影响了店铺的形象。

（4）精准营销非常重要，不精准的营销，甚至对上新品这么一个简单的营销活动都会造成不利的影响。

7.3.3 案例 3：女装行业的 CRM 解决方案

为了让卖家朋友们更好地理解，我们把女装行业的 CRM 解决方案流程图也放在这里，请卖家朋友们结合这里的细节更好地理解 CRM 的流程化管理。卖家朋友们可以结合前面所讲的各个细节措施，仔细研究并把各种会员策略融入这个流程管理中去，如图 7-41 所示。

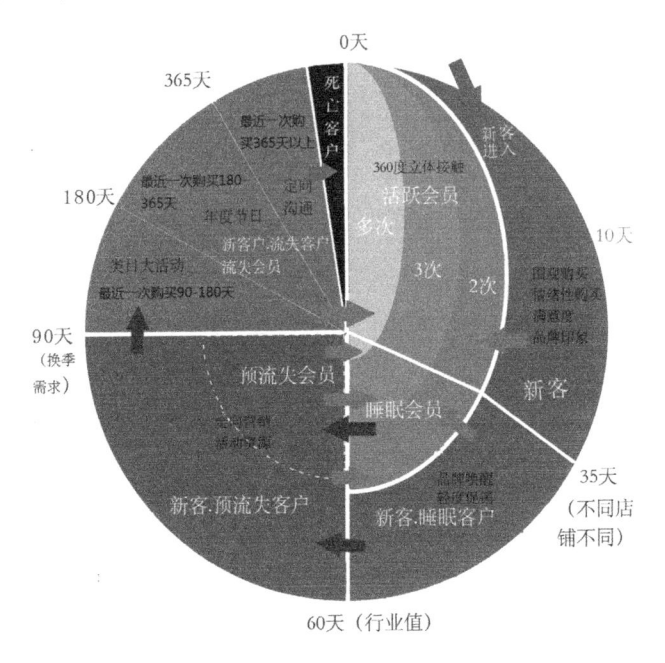

图 7-41　CRM 解决方案流程图

7.4 总结

通过本章的阐述，应该对客户关系管理的基本流程有了一个大概认识，通过一些案例，可以对照自身的店铺来进行相应的分析和策划营销活动。

客户关系管理是需要长期坚持才能逐步使效果最大化的一项运营工作，需要商家首先分析自己会员的情况，然后针对自身情况来制订对应的营销策略。

通过如图 7-42 和图 7-43 所示的两张图来做一个总结。希望广大商家可以根据图中的说明，对应指导营销活动的开展。

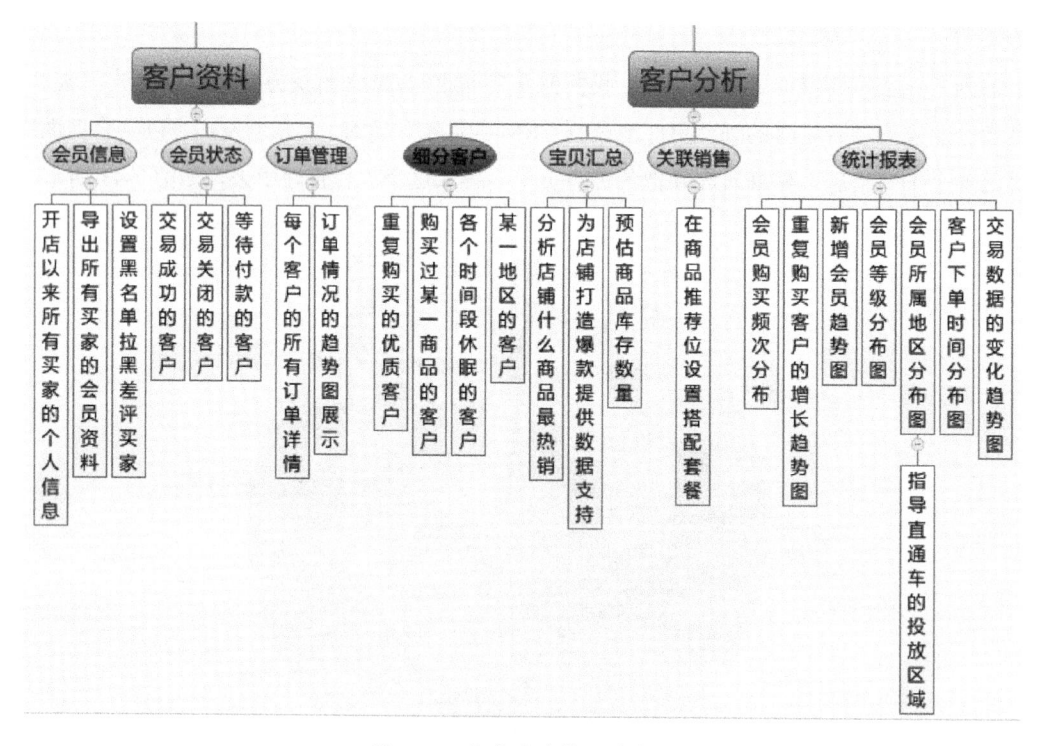

图 7-42　客户关系管理总结 1

第 7 章 会员关系管理 | 227

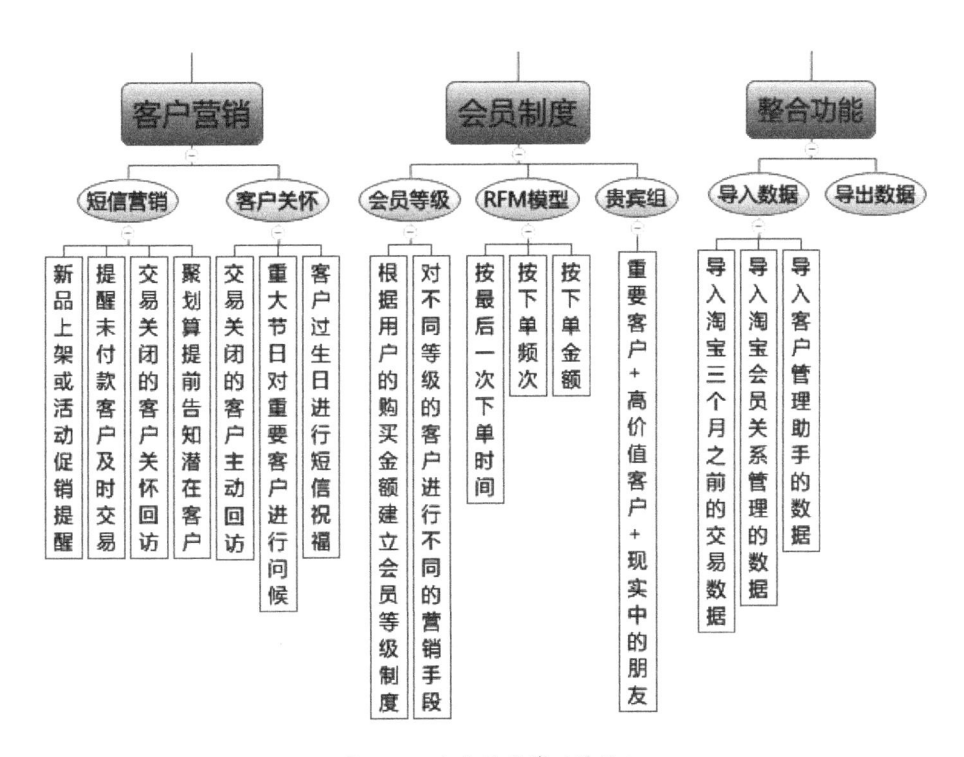

```
客户营销
├── 短信营销
│   ├── 新品上架或活动促销提醒
│   ├── 提醒未付款客户及时交易
│   └── 聚划算提前告知潜在客户
└── 客户关怀
    ├── 交易关闭的客户关怀回访
    ├── 交易关闭的客户主动回访
    ├── 重大节日对重要客户进行问候
    └── 客户过生日进行短信祝福

会员制度
├── 会员等级
│   ├── 根据用户的购买金额建立会员等级制度
│   └── 对不同等级的客户进行不同的营销手段
├── RFM模型
│   ├── 按最后一次下单时间
│   ├── 按下单频次
│   └── 按下单金额
└── 贵宾组
    └── 重要客户 + 高价值客户 + 现实中的朋友

整合功能
├── 导入数据
│   ├── 导入淘宝三个月之前的交易数据
│   └── 导入淘宝会员关系管理的数据
└── 导出数据
    └── 导入客户管理助手的数据
```

图 7-43　客户关系管理总结 2

第 8 章
绩效管理

绩效可能是目前国内电子商务企业谈论最多的一个管理名词了，公司的管理者都寄希望于借助绩效管理来提高员工的工作效率和公司业绩。然而在与众多企业管理者的交流过程中，发现很多的管理者并不真正了解绩效到底是什么，更多的人只是热衷于填写每月一次的绩效考核表，然后根据表格发放工资，最后这些表格的归处是垃圾桶。这种现象在传统企业中比较常见，但是在电子商务行业中尤为突出。因此，结合目前电子商务企业的发展状况和实际需求，本章在抽取传统企业绩效管理的精髓并结合电子商务行业的特殊性的前提下，系统化地阐述电子商务业态下员工绩效管理的理念、意义、操作技巧及运用。

8.1 绩效管理的概念

8.1.1 什么是绩效管理

绩效管理是一个系统化的方法，通俗的解释是管理者和员工双方就目标制定和如何完成目标形成的共识，主要目的是促进员工完成目标。但它其实是一个持续性的交流过程，这个过程的完成是由考核者和直接考核对象之间达成的"协议"来保障的，在协议中应当对未来的工作内容达成明确的目标和合理的理解，并将在过程进行中可能受益或影响目标完成情况的部门、经理及员工都融入该绩效管理系统中。

通过上述定义可以了解到绩效管理并不是为了对个人的业绩或者工作效率的评估而设计的，它更深层次的目的是为了有效地推动个人在企业中的行为表现，引导企业员工从个人开始，发展至部门，共同朝着企业所制定的整体战略目标迈进，是一项集合绩效考核计划制订、绩效结果辅导沟通、绩效对象考核评价、绩效目标合理提升的持续循环的过程。因此，在设计绩效管理体系的时候，管理者必须把企业的战略目标及绩效管理体系紧密地结合在一起。否则，个人的日常行为和工作任务必然会与企业的战略目标有所偏离，对目标的完成会起到事倍功半的负面效果。

本章将简单介绍绩效管理的概念和意义、绩效目标数据的合理选取。企业中由于岗位分类较多，每一个岗位所对应的绩效数据都不一样。然后，简单地做一些绩效考核，最后是一个体系制度的建立。

8.1.2 为何要进行绩效管理

无论从哪方面入手，绩效管理都是一件需要管理者进行巨大投入的事情，从根本上来说是时间和精力的投入，很多管理者都宁愿把时间和精力投入产品包装、活动策划、新品研发等可获利的项目上。实际在企业中推动绩效管理的不是掌握多少理论知识，而是要管理者与员工同样看到此种管理方法给其自身带来的各种好处和收益。

1. 管理者日常工作中经常遇到的困惑

（1）大部分做电子商务的人明显感觉白天时间不够用。
（2）一些错误经常出现，员工经常因为同一个原因而出错。
（3）管理者为了确保每个步骤或工作落实到位，事无巨细都要去管。
（4）工作任务的责任不清，员工或者部门间相互推诿，导致工作目标进度的滞后。
（5）一定周期之后发现员工开始缺少热情或热情度降低，他们在质疑完成所分配到的工作的必要性和合理性。
（6）各类问题被发现时已无法阻止它的扩大，导致工作质量低下，内部沟通成本加剧，工作流程受阻。

结合上述常见问题，可以看到它们的共同点在于员工与管理层对工作目标和工作任务缺少共同的理解和协调，从而产生了各种管理问题，导致了各种工作问题的发生。

那么，通过绩效管理的合理实施，员工将第一时间知悉管理者希望他们在对应岗位上做什么事、可以决定什么、每项工作应该做到何种程度以及应该何时管理工作进度。这样我们的管理者不仅可以节省大量的时间和精力，以便完成自身的本职工作，而且部门或组织的工作效率和目标完成率将得到有效提升。

2. 企业员工的苦恼和困惑

（1）无法获知自己能学到什么，无法获知岗位技能的掌握程度。
（2）员工不知道自己在企业中的地位及应当享有的权利和必须的义务。
（3）被管得太多，工作中感觉压抑，发现对一些简单的问题无决策权。

（4）完成工作所需的资源不足或缺失，并且不知道自己如何应对此类情况。

（5）员工无法正确及时地了解自己的日常工作完成情况是否令人满意，他日复一日的工作是否给公司带来价值。

同样，通过绩效管理也可以解决这些问题，因为绩效管理中最重要的一项是考核结果的反馈，管理实施过程中进行定期的交流，会使员工对自己的工作职责有更好的理解，对于一些与企业战略目标有偏差的环节进行及时调整，当员工清楚地知道自己的职责范围且获知如何调整的时候，他们的工作效率和技能会得到高速提升。

如图 8-1 所示为绩效管理环形图，从图中可以看到绩效管理在整个环形关系中的 4 个重点，包括辅导、激励、归属感及员工成长。

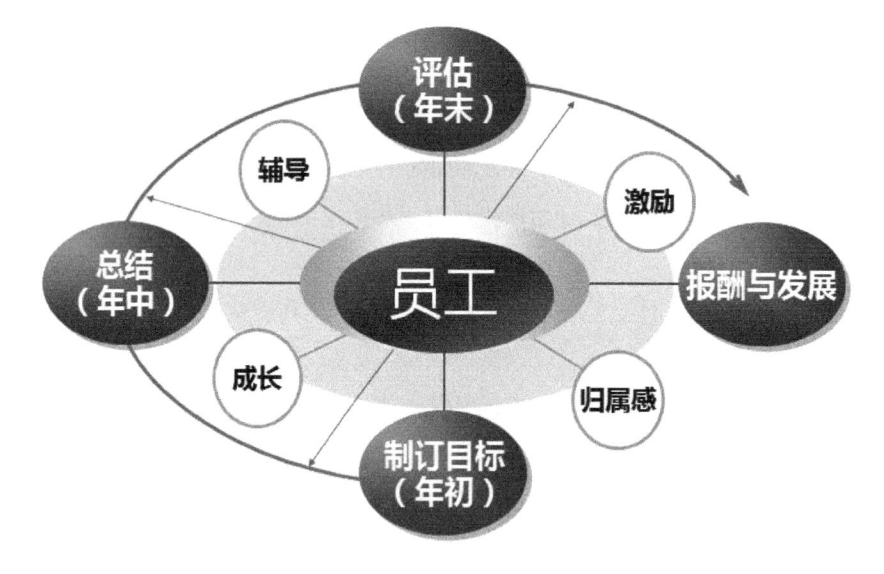

图 8-1　绩效管理环形图

- 辅导：无论哪个企业招聘入职的员工，并不是入职第一天就可以适应这个环境，要进行有针对性的培训。因此通过一些绩效目标的制定，可以了解其绩效缺陷，对其进行相应的工作辅导。
- 激励：激励是绩效管理体系中必然存在的一个环节，可以用奖金、旅游、晋升、荣誉等方法实现。
- 归属感：一个具有向心力的企业才能在竞争中存活得更久，可以通过企业文化的宣导、各种员工团队活动的举办让员工有归属感。
- 成长：85%以上的求职者在面试的过程中都会被问及"为何会离开原先的企业而选择我们"。通常的回答都是"原企业的发展空间太小，我看到了贵公司的发展空间，因此毅然选择跳槽"。

8.2 绩效管理的意义

管理者决定在企业中进行某项管理措施时非常关注这项措施能否给企业带来帮助以及如何让员工对此项管理达到认同。因此，绩效管理针对此类问题的解决有非常巨大的意义，分别是：战略意义、组织意义及长远发展意义。

8.2.1 战略意义

在整个绩效管理体系中，绩效考核最基础的考核者是各个企业的中层管理者，考核对象是普通员工，而同时考核者和被考核者必须对企业的战略目标达成一个共识。目的是让企业各个岗位的责任人都能为同一个目标迈进。在一个完善的绩效体系里，任何目标的制订都应该在年初。这个年初有两种概念：一种是我们所谓的财年，另外一种就是自然年。还有一种特殊的项目绩效，是根据项目的制订日开始，制订一个项目期内的绩效，然后每年的年中，通过绩效沟通过程的实施，以绩效评估结果为基础，了解上半年出现的各类影响绩效指标达成的问题、审核下半年的目标是否能够按时完成，如果中间出现了影响战略目标达成的因素，那么双方应根据实际情况共同调整下半年的工作计划与绩效目标，实现战略目标所承担的责任和义务。最后，在年末会进行整体绩效评估，根据一整年的绩效反馈考评各部门的任务目标完成情况，在公司整体战略目标中所占比重的完成情况。通过管理层与员工之间的绩效沟通，一方面可以使管理者对员工的绩效目标达成与否的原因及日常工作表现的优缺点有更清楚、更直观的认识；另一方面又给员工提供一个与管理层进行良好沟通的机会，方便员工对自身日常工作所面临的情况及任务指标的完成所需的协助有倾诉对象。

8.2.2 组织意义

一个完善的绩效管理系统可以使管理层之间跨部门、跨职责沟通更加快捷、准确。而管理层也会通过绩效计划和考核的反馈，及时了解到员工在工作完成的前/后分别发生了什么，他们的工作状态如何。但是不止这些，管理层同样可以利用绩效管理把企业战略目标和战略方向自上而下地传达到每个层次，从而保证每个团队或个人都能准确理解公司的要求是什么，目标是什么，员工应当为要求的落实、目标的达成做出何种贡献，如何保证这些贡献一定能够实现并且有具体的实施过程和发生条件。如图 8-2 所示为目标分解关系图。

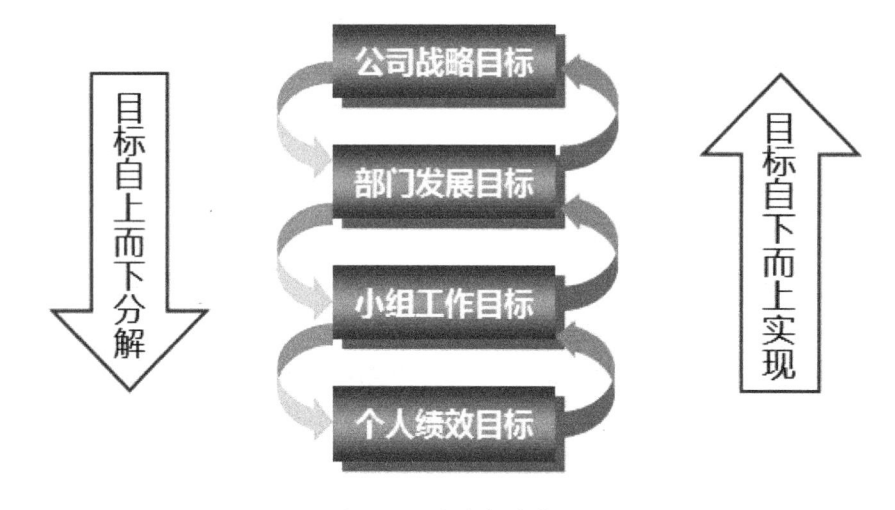

图 8-2　目标分解关系图

绩效管理最基础的考核对象是员工，因此作为一个系统性的方法，员工的职责，即所在岗位必须做的任务、必须完成的事情，一定是跟公司的战略目标存在必然的关系，目标决定任务。

8.2.3 长远发展意义

最后是薪资报酬及个人在企业内的发展路径。在任何企业中，员工的发展由三大因素决定：员工自身的成长动力、公司提供的培训资源以及愿意提供支持的管理者。而管理者通过绩效管理可以直观地了解到员工目前的工作技能和经验与其所在岗位的要求或者是高一层级的岗位要求之间的绩效差距，从而让员工及时了解自身的不足，通过公司系统的技能培训、工作指导等措施让其提升。通常在企业中常用的员工发展策略包括：技能培训、岗位调整、职业拓展。

8.3 绩效管理的应用流程

企业在了解绩效管理的概念、意义后具体的流程如图 8-3 所示，绩效管理在应用过程中应当遵循 4 个流程规则，包含了原则、载体、步骤及驱动力。

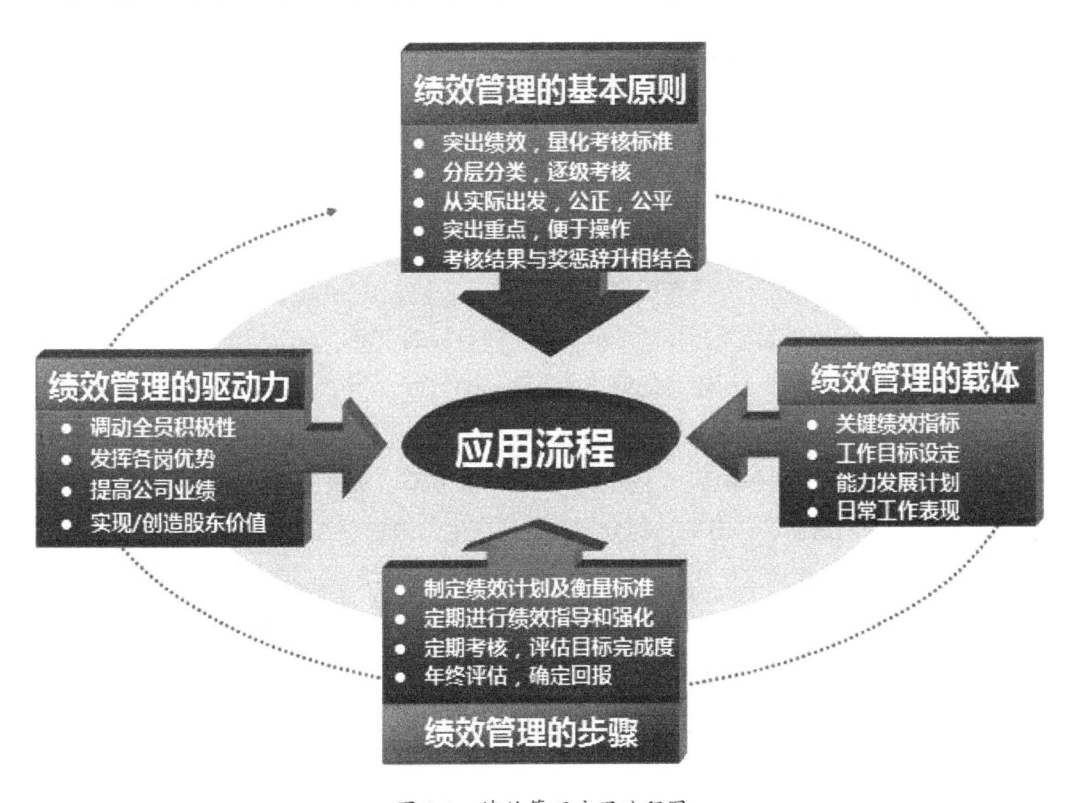

图 8-3 绩效管理应用流程图

8.3.1 绩效管理的基本原则

前面已经讲解了如何进行绩效目标的拆解并且使其达成，需要注意的是在做一个完整的绩效管理体系时要遵循的几个设计原则。首先，要突出绩效的作用，对考核标准进行量化，便于管理者对绩效目标有概念性的认识。其次，要遵循目标拆解原理，不同级别之间的考核目标应当有关联性和重要性的区分，分职级、分部门、分工作任务重心进行考核。再次，绩效目标要突出岗位工作职责重心，便于考核者通过绩效评估快速了解被考核者的工作状况和岗位技能掌握情况。最后，所有的考核目标及考核方法都应当从实际出发，用多种方案保障绩效结果的真实性和权威性。考核结果应当与其薪资、岗位待遇等福利挂钩。

8.3.2 绩效管理的载体

载体是指绩效管理通过何种方法或者方案实现。大致可以分为：关键绩效指标选取、工作目标设定、能力发展计划、日常工作表现。那么如何理解这些载体呢？可以通过下面的案例就载体这个概念做具体的阐述。

案例目的：直观了解载体的作用和应用方法。

案例说明对象：关键绩效指标的选取以及工作目标的设定。

案例场景：某公司制订了本月的销售任务是 500 万元，作为一个电子商务企业，或者是依托淘宝平台来进行业务发展的公司，500 万元销售目标的直接责任部门应该是客服部。

管理者制订的绩效考核的第一个关键数据就是客服部门要做 500 万元的销售额，之后对 500 万元进行目标拆分，首先，拆分客服接待产生的销售额占比以及客户自助下单购物产生的销售额占比，如果这个比例是各占 50%，可以认为客服部门需承担 250 万元的实际销售目标。第二个关键数据应当是咨询转化率，管理者设定的考核指标为 50%，第三个关键数据则是销售额占比，客服部门有 5 个客服人员，管理者认为 250 万元销售额每人应当承担 20%，即 50 万元的个人销售额指标。

根据上诉场景，此公司的关键绩效数据是销售额、咨询转化率、销售额占比。个人工作目标则是：个人销售额 50 万元。这几个绩效目标即为载体的主要内容。

8.3.3 绩效管理的步骤

行业内常用的绩效管理步骤如下:
(1) 选取绩效指标并衡量标准,制订绩效考核计划。
(2) 定期根据绩效结果对员工进行有针对性的辅导培训。
(3) 定期进行绩效目标达成率考核,及时进行绩效目标标准调整。
(4) 年终整体评估,对团队及个人进行绩效奖励。

8.3.4 绩效管理的驱动力

绩效管理的驱动力表现在通过日常工作中绩效管理的有效实施,对个人和组织的绩效目标达成起到推动作用。一般会以如下方式体现:
(1) 绩效管理可以系统地、有效地调动全体员工的工作积极性。
(2) 可以通过绩效评估发挥岗位优势。
(3) 最终目的在于有效提升公司业绩,协助完成战略目标。
(4) 为公司所有人/股东创造价值收益。

8.4 绩效考核的流程

绩效管理的直接应用在于绩效考核,而绩效考核拥有完整且严谨的操作流程。在进行绩效考核前首先要获取考核目标,其次要将考核目标拆解至不同的岗位及个人,最后要对被考核者进行绩效评估,本节会对整个流程做一个细致的梳理,方便读者理解学习。

8.4.1 绩效考核目标的来源

很多管理者都会问到绩效目标是如何获取的,如何去确定每个员工、每个部门及整个公司的绩效目标。如果把公司看成金字塔,那么金字塔最高一层实际是公司的战略目标以及公司业务在市场中的占有率。无论是什么企业，首先关注的肯定是业务产品的存活率和存活周期，而这些都可以通过公司的业务营收来反映，如图8-4所示。

图 8-4　目标来源图

1. 公司层次

从公司的层级来说，可以将战略目标进行初步拆解，一般会拆解为两个部分：第一部分是销售额，为何要进行媒体硬广、软文推广等营销手段，最终目的是为了完成公司业务营收。业务收入是公司赖以生存最关键的数据。第二部分是品牌认知度及影响力，很多企业在做影响力推广的时候会把推广目的定位为：扩大品牌认知度及影响力。为的是让更多的人知道品牌、认可品牌，企业的长远发展很大一部分是建立在老客户群体之中的，在之前的第7章"会员关系管理"中也有提及。

2. 部门层次

从部门这个层级来说，我们会把每个指标进行具体拆分，主要按照部门的职责进行分解，如市场部、运营部、客服部、物流、售后、采购部、财务部等。如图8-5所示为将营收目标根据部门职责进行拆解示意图。

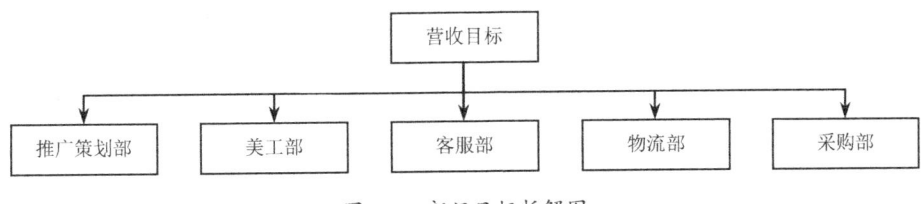

```
                    营收目标
    ┌────────┬────────┼────────┬────────┐
推广策划部  美工部   客服部   物流部   采购部
```

图 8-5 部门目标拆解图

当然，上述的拆分只是将营收目标的达成要求具体化落实到部门，方便各部门的领导能够依托拆分后的详细任务目标对部门所属员工进行绩效目标分配及指标制订。

3. 员工层次

绩效管理中的最终考核的对象是员工。员工的绩效会进行一个精准的细分，细分为：个人能力、个人业绩，个人贡献度。其中个人能力会体现在对工作技能的掌握程度、对任务的执行力度、工作目标的完成效率等。个人业绩一般会体现为业务价值的创造、关键绩效指标的达成等。个人贡献一般会体现在个人对于公司战略目标的达成起到何种助力，在整个部门或者团队中起到何种作用等。

8.4.2 目标的拆解与达成四部曲

行业内一般会将前文提到的部门承担的绩效目标拆分至个人绩效目标。一般在电子商务行业中直接对营收目标负责的部门是销售部或者客服部。

如果是客服部门负责营收目标，其拆解图如图 8-6 所示。

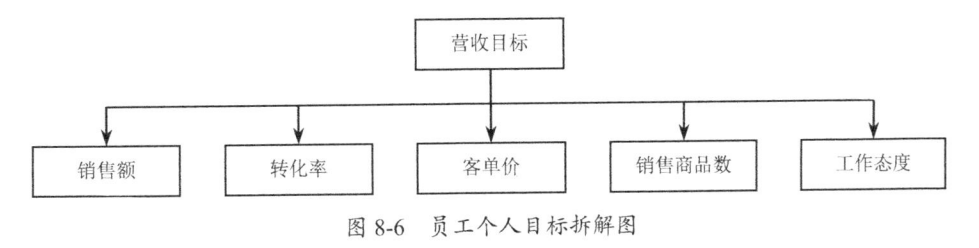

```
                    营收目标
    ┌────────┬────────┼────────┬────────┐
  销售额   转化率   客单价  销售商品数  工作态度
```

图 8-6 员工个人目标拆解图

可以清晰地看到很多目标并不与营收目标直接挂钩，而会对最终目标的达成产生影响，因此我们在制订个人绩效目标的时候，一定要将客观因素也进行考核。

1. 确定岗位基本工作内容

首先了解完成既定目标所需的基本工作内容有哪些？例如，一个月是 100 万元，完成这样一个销售额的目标，关联的职能部门的工作内容是什么？推广部门：负责产品页面流量的引入，对品牌进行宣传。客服部门：客服人员每个人需要完成的比率是多少。采购部门：需要有多少的库存量以支撑前端销售等。

2. 选取适合的岗位工作任务

对每一个"岗位"的主要工作任务和工作内容进行选取。例如，客服部门：主要工作任务是提高客服咨询转化率，提高订单回款率，降低订单退换货率。仓储部门：减少包裹错发率，提高发货速度等。推广部门：提升页面流量，提高流量的质量，提高页面的自然转化等。

3. 确定责任人

每一项工作任务都应有一个主要的负责人，他的工作内容是监督任务的有效完成，例如，推广流量：负责人要做的是监督任务的具体操作者，是否能够完成一个月 100 万的 UV 流量引入。

4. 设置绩效指标参数

对拆解后的所有目标做一个达成值指标参数，参数的来源是根据制定目标之前公司的实际情况得出的，这也是为何做绩效管理之前一定要进行绩效制订会议的原因。例如，公司去年的销售业绩是 500 万元，页面 UV 流量是 1000 万，那么，公司今年打算做 1000 万元的销售业绩，UV 流量的引入可达 2000 万，做此类评估后进行指标参数设置，最后实施整个绩效计划。

8.4.3 绩效评估

1. 什么是绩效评估

绩效评估是绩效管理中的一种正规的评测方法，它一般以季度评估或年度评估的形式出现。它的作用在于考查员工在完成既定工作目标时的具体表现。其终极目的在于强化个人目标，激励优质绩效，提供建设性反馈，并为制订合理有效的发展计划奠定基础。

2. 绩效评估的方法

通常一次有效的绩效评估会有4个步骤，简称为："4步流程法"。

（1）评估项目准备

首先要让员工根据既定的绩效目标进行自我绩效评估，一般可以使用下列问题：

- 个人目标完成情况如何？是否满意？
- 有没有绩效目标是超额完成的？完成的是哪些？
- 目前有没有感觉很难完成的目标任务？
- 你觉得是什么因素影响了个人绩效目标的成功完成？

（2）评估与自我评估

在对被考核者进行绩效项目评估时，除了常规的绩效指标达成的评估之外，还推荐加入一种评估方法作为补充意见，即"360度反馈"，它的原理是直接考核人征求被考核者的下属、同级或其他相关人员的意见，作为绩效评估补充。目的是通过多人的观察、多个角度地对被评估者进行相对公正、公平的考核。可以有效减少绩效评估中如企业价值观、团队合作性、任务执行力等客观因素的误判。当然此种方法的缺陷也十分明显：耗时耗力。但如果企业重视绩效评估，并且接受过足够的技能培训（如淘宝），那么此种考核方法可以全面、直观地反映员工工作的方方面面。同样，需要给员工一个进行自我评估的机会，自我评估的目的是让员工有归属感，能够以开放的态度将反馈提供给管理者。同时作为管理者也应当根据既定的绩效目标对员工进行绩效评估，可以准确发现其实际绩效与目标绩效之间的差异。

（3）进行绩效面谈

绩效面谈的作用在于让员工与管理层之间能更好地交流，特别是管理层需仔细聆听员工所言，了解员工日常工作中遇到的困难，哪怕与绩效任务无关。这个时候是一个深入交流了解员工在企业生活、工作情况的良好机会。而且在这个时候我们可以初步确定优质绩效与劣质绩效。同样，在面谈的过程中，我们会找出绩效差距的根源，是何种因素导致了目标无法达成。需要记录以下问题：

- 罗列出员工反馈的关于工作流程的抱怨及改进意见；
- 记录员工绩效目标无法达成的最主要因素；
- 记录员工提出最多的需要纠正或者重视的问题及行为。

（4）绩效目标调整及跟踪

当收集到足够的评估反馈表后，如果发现绝大部分的员工对于既定绩效目标无法达成，而且影响因素基本相同的情况下，应当对绩效目标进行重新制定使其能够在之后的绩效考评中被认可。或者发现大部分绩效目标都被轻松超越，那么也应当进行调整。最后应当制定相应的跟踪计划，对需要提升或者监督的员工进行定期的技能培训、辅导或其他有利的帮助，协助其达成自身绩效目标。

8.5 影响绩效达成的因素

任何的管理方法在实施的过程中一定会有一些突发或必然的因素对其造成影响，而影响绩效管理的主要因素有员工技能、内部条件、外部环境以及激励效应。

8.5.1 员工技能

员工技能指员工在岗位中所具备的核心工作能力，是个人的内在因素，可以经过技能培训和能力开发得到显著提高。例如，客户沟通技巧、文案写作能力、包装发货速度及客户满意度等。

8.5.2 内部条件

内部条件是指公司和个人开展工作所需的各种必备资源，也是客观影响因素。例如，客服要完成销售额必然需要推广部门加大流量的引入；推广部门要加大流量必然需要相应增加推广费用；在一定程度上我们能用一些措施来改变内部条件对绩效造成的影响。

8.5.3 外部环境

外部环境指公司和个人面临的无法立即决定解决方案的客观因素，是无法完成控制的。例如，公司业务产品供应商出现问题；公司办公场所临时拆迁决定等。

8.5.4 激励效应

绩效效应是指组织和个人为达成目标而工作的主动性、积极性，激励效应是主观因素。美国著名管理学家和心理学家弗雷德里克·赫茨伯格在他著名的激励理论"双因素理论"中通过数以万计的调查报告得出在一个企业中对员工工作态度起正面影响的事件为：在工作中获得的成就感、上司及同事对自己工作成果的认同感、工作职责是否与工作任务相符。起到负面影响的事件为：公司本身的政策及管理、公司管理层对工作状况及过程的监管措施、上下级之间的关系及薪水福利。

8.6 绩效考核的应用

8.6.1 常用的绩效考核方法

1. 目标管理法（MBO）

目标管理（Management By Objectives）又叫成果管理，其目的在于结合员工个人目标和组织目标，改进绩效考核，形成有效的激励。

它的应用特点是具有自觉性、总体性、民主性、结果性。

如表 8-1 所示的例子，只有考核目标和对结果的关注，管理者对过程及结果的达成方法并不关注。

表 8-1 MBO 示例表

目 标	结 果
月度个人销售额 30 万元	在 20 日完成目标且月度销售额超过目标值 50%
协助店长收集客户对产品和服务的改进建议	月底整理出对 60 名客户的问卷反馈表，且有 52 份合格

2．关键业绩指标法（KPI）

关键业绩指标（Key Performance Index）是用来衡量某岗位工作业绩表现的量化指标，通常是绩效合同的组成部分，也是各个行业使用最广泛的一种考核方式，它一般与绩效奖金直接挂钩。

它的应用特点：数据可信度高、考核指标多样化、应用范围广。

8.6.2 KPI考核的组成结构

由于 KPI 是目前应用最广泛的绩效考核方法之一，因此在本书中将对此种考核方法进行系统性的阐述，通过案例的深入分析使学习者快速掌握考核方法及应用场景。KPI 考核的实施由绩效考核方案、绩效指标选取、绩效表格制作组成。

1．绩效考核方案

在进行 KPI 考核之前，首先需要制定一个合理的考核方案，目的是让考核者和被考核者都知悉自身的工作任务内容、考核目标、考核目的及考核结果的影响范围。详细的制作如表 8-2 所示。

表 8-2 客服绩效考核方案表

方案名称	客户服务人员绩效考核方案	受控状态	
		编　　号	

一、目的
① 规范公司网店客服部日常销售工作，明确工作范围和工作重点。
② 使公司对客服部门工作进行合理掌控并明确考核依据。
③ 鼓励先进，促进发展。

二、范围
① 适用范围
公司淘宝网客服部。
② 发布范围
公司淘宝网客服部。

三、考核周期
采取月度考核为主的方法，对客户服务人员当月的工作表现进行考核，考核实施时间为下月的 1~5 日，遇节假日顺延。

续表

四、考核内容和指标

（一）考核的内容

1. 服务类

旺旺沟通（咨询转化率、平均响应时间、客户流失率）、订单类（订单总金额、有效订单比重、付款比例、退款比例、平均客单价）其他类（顾客投诉比重、异常订单比重）。

2. 管理类

公司监控报表上交及时性、报表数据真实性、报表整体质量。

（二）考核指标数据来源

① 讨绩效软件实时监控。

② 讨管系统查询。公司主要通过讨管系统查询与讨绩效核对。

③ 公司内部对客服部进行抽访。

（三）考核指标

客户服务人员绩效考核表如下表所示。总分为100分。

客户服务人员绩效考核表

见附件

五、绩效考核的实施

① 考核分为自评、上级领导考核及小组考核三种，其中小组考核的成员主要是由与客户服务人员工作联系较多的相关部门人员构成，三类考核主体所占的权重及考核内容如下表所示。

考核者	权重	考核重点
被考核人本人	15%	工作任务完成情况
上级领导	60%	工作绩效、工作能力
小组考核	25%	工作协作性、服务性

② 客户服务人员考核实施标准如下表所示。

项目	数据来源	抽查途径	标准答案
专业技能、专业知识	考核表单	公司、部门考试	按公司规定
迟到早退	公司	打卡记录	打卡记录
工作态度	公司抽查、客服主管	模拟接待场景	按公司规定
其他绩效数据	讨绩效	讨绩效	按公司规定

六、考核结果的运用

① 连续3个月（季度）评比综合排名前三名，分别奖励300元、200元、100元。

② 月考核评比综合排名后三名，要求客服部经理仔细分析落后原因，针对落后原因，寻找改进措施，并在月工作通报下发后的一周内，将整改方案报公司备案。

③ 公司将视情况对分部客服部经理及主管进行提交改进意见书及以上的处罚。

④ 汇总月度考核结果，进行年终优秀员工评比。

续表

相关说明					
编制人员		审核人员		批准人员	
编制日期		审核日期		批准日期	

表8-2是以客服部门的日常工作职责为例进行的方案制作，也就是在制定绩效考核方案的时候一定要对考核对象的工作职责进行确定，如表8-3所示，我们对一个岗位的工作职责进行了梳理及制定，明确列出这个岗位的工作内容及工作目标，后续制定绩效考核表的时候将会以这些内容作为考核标准选取的参考依据。

表8-3 岗位职责明细表

	岗位名称		客服组长	岗位编号	XXX号
基本信息	所属部门		客服部门	工作地点	客服部门
	工作关系				
	直接汇报对象		客服经理		
	直接督导对象		客服人员		
	日常协调部门		售后部门、物流部门		
	外部协调单位		无		
主要工作职责	工作目标		通过日常旺旺接待，引导客户下单。监督客服小组成员日常接待规范，本组人员的日常考勤记录。就出现的服务问题及时整理并汇报上级。做好售后部门、物流部门之间的沟通工作。		
	主要职权	部门规划	加强小组人员的接待技巧，提高小组的销售业绩		
		业务类	收集顾客对产品的需求及反馈		
		费用审批	无		
		人事类	无		
工作内容	主要工作内容		1. 销售额 2. 流量的有效转化 3. 小组人员聊天记录的QA质检 4. 对小组人员的考勤进行记录并合理排班 5. 对小组人员发生的接待事故进行指导处理		
职业发展	可晋升岗位		客服主管		
	可轮岗岗位		售后组长		

2. 考核指标选取：8大原则

由于绩效考核对于被考核者而言是一个严谨的、影响其直接利益关系的、敏感度极强的管理方法。因此，我们在选取绩效考核指标时必须遵循 SMART 原则，即：
- 具体的（Specific）；
- 可衡量的（Measurable）；
- 相互认可的（Agreed-upon）；
- 实际可行的（Realistic）；
- 与企业经营目标紧密相关的（Tie-to-business）。

如果将此原则具体化，就是如图 8-7 所示的"8 大原则"。

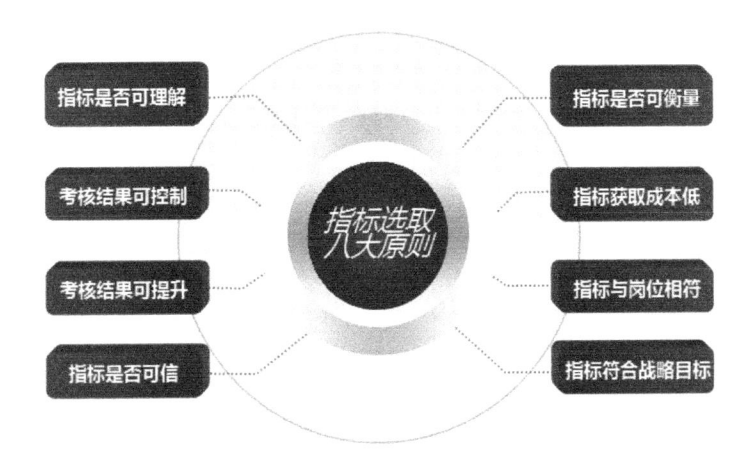

图 8-7　8 大原则图

（1）指标是否可理解：任何的绩效指标在选取与确定之前必然要与被考核者进行确认沟通，使双方都对所选指标的合理性、适用性达成共识。

（2）指标是否可衡量：所选取的绩效指标必然需要一个参考标准作为指标是否达成的依据。

（3）考核结果可控制：考核者对所选指标的考核结果应当有预见性，对考核结果的处理应当有多种应对方案作为结果评估的参考。

（4）指标获取成本低：任何考核指标的选取都应当符合公司/部门实际的业务需求，不采用超前或不必要的指标进行考核。

（5）考核结果可提升：考核者应当对考核指标的达成值进行提升空间的预留，从而使员工在获知考核结果后能看到自己未来的提升空间。

（6）指标与岗位相符：指标必须依照考核方案中对岗位职责、工作目标以及工作任务的描述进行选取与确定。

（7）指标是否可信：需要对考核对象明确说明考核指标的来源或计算公式，大部分被考核者认同才可选用。

（8）指标符合战略目标：考核指标的内容和达成值一定要符合企业制订的战略目标，所有的考核目标最终是为达成战略目标服务的。

8.6.3 考核表格的制作

整个绩效管理中最关键的步骤是考核表格的合理制作。考核者在制作一个符合公司战略目标的考核表时必须遵循 8.6.2 节所述的 8 大原则。

下面笔者会结合一些案例场景对考核表的制作进行指导。

案例对象：客服部门。

案例场景：需要对客服部门 5 位客服人员日常工作任务的达成进行考核。

1. 考核数据的选择

（1）平均响应的时间

选取这个数据指标的意义是能让管理者了解到客服人员日常工作中是否及时对客户的咨询进行回复响应。数据的获取有两种方法，第一种方法是通过 QA 质检的方法进行，先抽取每日 10~20 个客户咨询，统计每个客户咨询与对应客服回复之间的时间间隔（简称响应时间），再用下述公式进行计算：

$$\frac{所有客户的响应时间总和}{抽取客户的数量}=平均响应时间$$

第二种方法是通过各种软件的统计数据直接进行数据取值，此种方法要求员工能够接受软件的计算公式及统计原理。相对而言第二种方式较为准确。

（2）咨询转化率

咨询转化率是目前电子商务企业绩效考核中较为重视的一个考核点，它的目的在于考核客服人员对运营部门给予的流量是否进行高效的转化。我们通常会根据下列公式对其进行计算：

$$\frac{咨询且下单的客户数}{接待的总客户数} = 咨询转化率$$

（3）客单价

客单价也是传统行业绩效考核中经常会用到的一个绩效指标，它的应用目的在于让管理者能够了解到每个销售人员对客户的推荐能力如何，例如，有的销售员可以让初次购物的客户购买多种产品，那么他的客单价就高，常用的计算公式如下：

$$\frac{接待客户的付款金额}{接待客户总数} = 客单价$$

（4）销售额占比

最后我们会选取一个整体的绩效数据用以反映单个员工在团队中的贡献价值及能力。这个数据的计算公式如下：

$$\frac{个人回款销售额}{团队整体回款销售额} = 销售额占比$$

注意：在选取绩效数据的时候切记选取的数据中至少有一条是跟其他部门能产生关联作用的，例如，我们在为客服部门选取"咨询转化率"的同时可以为推广部门选取"UV 流量数量"及"UV 流量质量"这两个考核点，用于考核推广部门的绩效，因为管理者都知悉电子商务的业态中，销售额的产生很大程度是依托页面流量，如果客服部门承担销售额指标，那么，绩效目标的拆解需符合企业战略目标的需求，因此，客服要完成销售额必然需要推广部门进行流量的支撑。其他岗位的绩效考核也是如此，要找出岗位间的任务关联并挂钩。

2. 绩效表格第一部分

绩效表格第一部分如表 8-4 所示。

表 8-4　绩效表格第一部分

客服专员绩效考核		
		考核周期：
	本月工作重点	相关项目或任务
1	基准点：一个客户投诉 kpi*50%，两个投诉 kpi 为 0	零投诉
2	销售额/有效下单付款人	客单价
3	服务质量监测	QA 评分（聊天记录抽查）
4	对工作进度掌握	咨询转化率、平均响应时间
5	公司年度业绩指标完成	销售额占比

（1）首先要确定绩效考核周期，案例中是以月为考核周期。

（2）其次要根据绩效考核实施方案中的工作任务及目标进行规定，笔者选取了 5 个任务指标。第 1 个是投诉率，客服岗位的工作技能要求投诉率为 0，否则对绩效结果可能会有影响。第 2 个是客单价，笔者认为此项是客服的基本工作任务。第 3 个是服务质量，因为在电子商务行业，服务是非常重要的一个环节，因此是一个岗位的基础任务。此项考核的结果可在表格中进行，也可独立进行，在案例中不进行考核。第 4 个和第 5 个是客服岗位的基本工作任务，可以单独进行考核，也可放入绩效考核表中，此案例会对这两项工作任务的基本目标进行考核。

3．绩效表格第二部分

绩效表格的第二部分如表 8-5 所示。

表 8-5　绩效表格第二部分

项目	指标	选取原因	衡量标准		A/B/C/D 原理	权重	数据来源	调整条件	达成值
1	客单价	销售额/有效付款客户数	A	≥100	A=20	20%	管理系统	下单客户数须大于 200	A
			B	80≤？<100	B=15				
			C	60≤？<80	C=10				
			D	？<60	D=5				
2	咨询转化率	对工作能力的掌握	A	≥40%	A=20	20%	管理系统	下单客户数须大于 200	A
			B	30%≤？<40%	B=15				
			C	20%≤？<30%	C=10				
			D	0%≤？<20%	D=5				
3	销售额占比	个人月度业绩占比	A	≥20%	A=30	30%	管理系统	剔除病假内业绩影响	B
			B	15%≤？<20%	B=20				
			C	10%≤？<15%	C=10				
			D	0≤？<10%	0≤D<10				
4	平均响应时间	对工作效率的掌握	A	60 秒内响应	A=20	15%	管理系统	去掉自动回复	A
			B	70 秒内响应	B=15				
			C	超过 80 秒	0≤D<10				
				合计		85%	管理系统	KPI 值	75

（1）指标与选取原因

指标即考核者选取的绩效指标，而选取原因是为了对绩效指标进行解释定义或者是公式定义。目的是直观地告知被考核者为什么要选取这个指标，选取的原因是什么。

（2）衡量标准

此项的目的在于将绩效目标的达成情况进行结果预估，根据不同的达成情况获得对应的积分奖励，方便绩效结果统计的结算，而且能一定程度上对不同职级的同岗位人员进行考核结果控制。此项内容的制定要遵循数据的参考性原则，预估的结果应当符合客服部门过往绩效目标的达成值。除非在其绩效目标的达成有更多的后勤资源支撑的前提下，如流量引入本月翻番，那么此项内容可进行合理预估。

（3）原理

原理比较容易理解，是对应衡量标准的实际得分获得的具体分值，为最后的结果统计提供数据。

（4）权重

权重的取值是根据公司/部门的实际业务情况所定的。例如，某企业主营化妆品业务，那么它根据之前的数据得出的客单价相对其他三项数据而言更重要，已直接影响了战略目标的达成，它认为此项目标的权重占比应当为40%而不是20%，其他目标会进行相应调整。笔者推荐的绩效考核方法为"封顶考核法"，即绩效得分不会超过100分，此方法简单易懂，容易应用，并且可以在一定程度上对薪资幅度进行有效控制。

（5）数据来源及调整条件

数据来源这栏的目的在于让被考核者知悉绩效目标数据和计算公式中数据的来源，遵循8大原则中的"绩效指标可信"原则。调整条件这栏比较特殊，请先关注客单价这项指标，假设一个案例场景，两位客服人员，其中A客服的月销售额是1万元，接待客户数200人，实际的下单客户是100个，那么他的客单价为100元，正好是A这个层级，也就是20分；B客服的销售额同样也是1万元，接待客户数同样是200人，但是他实际下单的客户数是50个，客单价为200元，绩效得分也是20分；如果单看客单价，B客服人员相对而言较为优秀，但是结合整个团队的情况，考核者认为下单客户数是一项基本的工作任务，因此需要额外地在调整条件中标注：如下单客户数小于80人，则该项指标只能获得80%得分。因此B客服的最终绩效得分只有原先的80%。此项的目的是消除员工之间影响绩效指标得分的某些不合理因素，尽量做到公平公正的绩效考核。

4. 绩效表格第三部分

绩效表格第三部分如表 8-6 所示。

表 8-6　绩效表格第三部分

5	执行能力	任务响应的执行力度	A B C	取决于日常工作执行力度	A=5 2<B≤4 0≤C≤2	5%	主管评分		B
6	协作能力	团队协作分享，共同进步	A B C	取决于日常工作过程中在团队的协作能力高低	A=5 2<B≤4 0≤C≤2	5%	主管评分		B
7	提高性	改善上个月/季度考核中所存在的问题	A B C	大部分改进 改善部分 全部未改	A=5 2<B≤4 0≤C≤2	5%	主管评分		B
					合计	15%		能力评估分值	11
岗位绩效指标						85.00%	75		
能力评估分值						15.00%	11		
							总分：		86
被考核者签字									
考核者签字									

第三部分实际上是客观因素的考核，此案例只取了三个考核目标，一个是工作的执行能力，一个是团队的协作能力，最后一个是本月绩效考核结果对比上月的提高程度。所有合理的绩效考核表中的最后一项必然是提高性，目的是了解考核结果对比前几次考核是否有提升，便于考核者进行绩效面谈。

5. 绩效考核结果演示

绩效考核结果演示如表 8-7 所示。

表 8-7　考核结果的应用

客户姓名	底薪	销售额（元）	KPI 得分	销售额提成（1%）	奖金	餐补	总额
晓晴	1700	68257	85%	580	160	120	2560
庆宏	1700	62289	88%	548	180	120	2548
大傻	1800	112083	95%	1065	190	120	3175

续表

客户姓名	底薪	销售额（元）	KPI得分	销售额提成（1%）	奖金	餐补	总额
小胖	1800	92372	86%	794	170	120	2884
妞妞	1900	143100	95%	1359	200	120	3579
计算公式：底薪+业绩提成*KPI得分+奖金（奖金根据日常表现发放，封顶200）							

经过上述三个部分的制作过程拆解，相信对于绩效表格的制作已经有了一个系统的认识。在此笔者提供了一张推广岗位的绩效表格供读者复习研究，如表8-8所示，推广人员绩效考核表是目前电商平台中较为常见的，考核指标几乎都是重视流量的各个方面。

表8-8 推广专业绩效考核表

	推广专员绩效考核								
	本月工作重点				相关项目或任务				
1	每日流量的引入				流量至少为5000UV				
2	直通车单日点击率				整体点击至少4000次				
3	直通车费用控制				直通车费用控制在2000元以下				
4	热推商品的点击比率				至少占整体点击率的40%				

序号	考核指标	考核原因		衡量标准 Measurement	A/B/C/D/E原理	权重	A/B/C/D原理	数据来源	调整条件	KPI达成值
1	流量引入	为客服部门提供买家咨询量	A	达标	4000<A≤5000, 3000<B≤4000, 2000<C≤3000, 0<D≤2000	30%		量子统计	根据ABCD分最优者得最高分	
			B	好						
			C	较好						
			D	差						
2	单日点击率	要求流量大部分来源于直通车点击	A	优秀	4000<A, 3000<B≤4000, 2000<C≤3000, 0<D≤2000	20%		直通车后台	根据ABCD分最优者得最高分	
			B	良好						
			C	一般						
			D	差						
3	费用控制	节省推广费用	A	优秀	A≤2000, 2000<B≤3000, 3000<C≤4000, 5000<D	10%		直通车后台	根据ABCD分最优者得最高分	
			B	良好						
			C	一般						
			D	差						
4	热推商品的点击比率	客户满意度	A	优秀	40%<A, 30%<B≤40%, 20%<C≤30%, 10<D≤20%	25%		直通车后台	根据ABCD分最优者得最高分 小于10% 该项得分为0	
			B	良好						
			C	一般						
			D	差						
				合计		85%			KPI 整体达成	
6	执行能力	任务响应的执行力度		取决于日常工作执行力度	A=5, 2<B≤4, C≤2	5%		观察	主管评分	
7	考勤情况	日常考勤		根据人事部门的考勤记录	A=5, 2<B≤4, C≤2	5%		日常考勤记录	主管评分	
8	提高性	改善上个月/季度考核中所存在的问题		大部分改进 改善部分 全部未改	A=5, 2<B≤4, C≤2	5%		观察	主管评分	
				合计		15%			能力评估分值	

续表

岗位绩效指标		85.00%	
能力评估分值		15.00%	
		总分：	
被考核者签字		日期	
考核者签字		日期	

8.6.4 员工岗位发展

考核结果还有一种应用环境，叫做职级调整，也称员工的岗位晋升通道。岗位可根据绩效指标具体目标值的不同大致分成 4 个层级，分别是初级、中级、高级、管理层。每一个层级的调整，都有相应的绩效考核指标作为判断依据。如图 8-8 所示可做成阶梯式的成长关系。

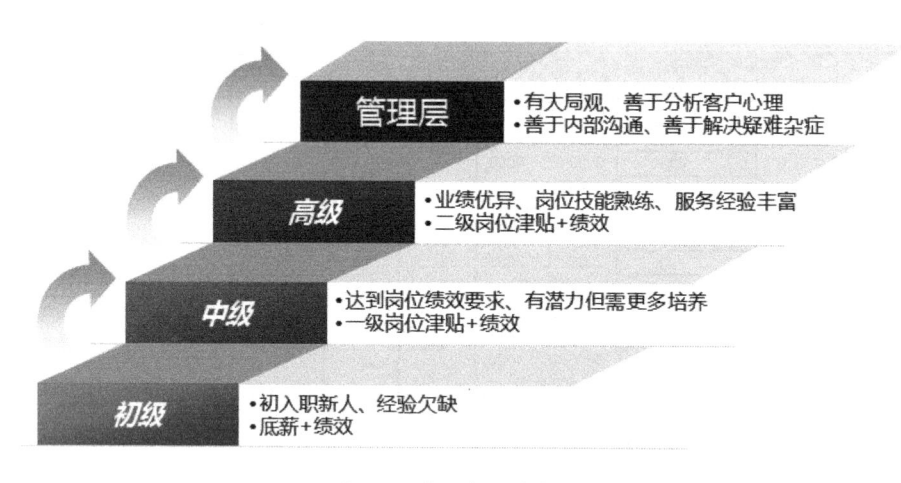

图 8-8　员工岗位晋升通道

8.7　绩效管理成功案例

8.7.1 案例解析

很多企业管理者在选择一种管理方法或者对现有管理方法深入挖掘的时候，通常担心是否会对目前已经成型的流程造成影响。这种担忧是必然的，但管理者应当正确意识到当要改变或加强管理方法时，往往是企业的管理流程已经出现了问题。因此我们应当关注的是如何将这些有帮助的管理方法与现有的情况进行有机结合。下文将用一个案例帮助大家找到绩效管理合理应用的切入点。

案例对象：以淘宝商城业务为主的某公司。

案例背景：管理者发现目前的绩效考核内容无法准确反映员工岗位工作任务的达成情况。

案例详细描述：客服部门的情况尤为严重，管理者发现整个客服部门的管理及考核都处于无序状态，员工不清楚自己的主要工作内容是什么，基层管理者不清楚如何进行有效的日常管理，部门的负责人对绩效目标无法达成的原因不了解，部门的人员流动率偏高。

笔者与其管理层沟通后获知其客服部门部分岗位的绩效考核方法如表 8-9、表 8-10 所示。

表 8-9　客服主管绩效考核指标量表

被考核人姓名			职位	客服主管	部门	客服部
考核人姓名			职位	运营总监	部门	

序号	KPI 指标	权重	绩效目标值	考核得分
1	客服工作计划完成率	20%	考核期内客服工作计划完成率在____%以上	
2	客服费用预算节省率	15%	考核期内客服费用预算节省率达____%	
3	客户意见反馈及时率	15%	考核期内对客户意见在标准时间内的反馈率达____%以上	
4	客户服务信息传递及时率	10%	考核期内在客户服务中发现重要问题或有价值信息的及时传递率达____%以上	
5	客服流程改进目标达成率	10%	考核期内客服流程改进目标达成率在____%以上	
6	客服标准有效执行率	10%	考核期内客服标准有效执行率达____%	
7	客户满意度	5%	考核期内客户对客服满意得分在____分以上	
8	部门协作满意度	5%	考核期内部门协作满意度在____分以上	
9	老客户流失数	5%	考核期内因客户服务原因造成大客户流失数量在____以下	
10	员工管理	5%	考核期内部门员工平均考核成绩在____分以上	

续表

本次考核总得分	
考核指标说明	1. 客服工作计划完成率 客服工作计划完成率= $\dfrac{客服工作计划实际完成量}{客服工作计划应完成量} \times 100\%$ 2. 客服费用预算节省率 客服费用预算节省率= $\dfrac{客服费用节省额}{客服费用预算总额} \times 100\%$
被考核人 签字：　　　日期：	考核人 签字：　　　日期：　　　复核人 签字：　　　日期：

表 8-10　客服部关键绩效考核指标

序号	KPI 指标	考核周期	指标定义/公式	资料来源
1	客户意见反馈及时率	月度	$\dfrac{在标准时间内反馈客户意见的次数}{总共需要反馈的次数} \times 100\%$	客服部
2	客户服务信息传递及时率	月度	$\dfrac{标准时间内传递信息次数}{需要向相关部门传递信息总次数} \times 100\%$	客服部
3	客户回访率	月度	$\dfrac{实际回访客户数}{计划回访客户数} \times 100\%$	客服部
4	客户投诉解决速度	月度	$\dfrac{月客户投诉解决总时间}{月解决投诉总数}$	客服部
5	客户投诉解决满意率	月度	$\dfrac{客户对解决结果满意的投诉数量}{总投诉数量} \times 100\%$	客服部
6	大客户流失数	月/季/年度	考核期内大客户流失数量	客服部
7	大客户回访次数	月/季/年度	考核期内大客户回访的总次数	客服部
8	客户满意度	月/季/年度	接受调研的客户对客服部工作满意度评分的算术平均值	客服部
9	部门协作满意度	月/季/年度	对各业务部门之间的协作、配合程度通过发放"部门满意度评分表"进行考核	客服部

细心的读者会发现表 8-9、表 8-10 中有很多考核点的设置可能会存在异议，例如，表 8-9 中客服费用预算节省率、老客户流失率、客户服务信息及时传达率等几项，表 8-10 中客户回访率、客户投诉解决速度、客户投诉解决满意率等几项指标。一般这些考核指标在传统行业的客服部门应用较广泛，在电子商务企业中这些指标并不适应其岗位需求，该公司客服部门的岗位分布如图 8-9 所示。

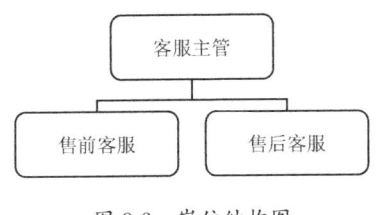

图 8-9 岗位结构图

从图 8-9 的结构分布上可以清晰地看出该公司对客服的岗位是根据工作内容进行了售前及售后的划分，但是其考核的表格却是通用的。因此两个岗位的员工会发现对自己的考核指标并不是自身应当执行或承担的工作任务。该公司在结合本节所讲的绩效管理方法之后首先进行了如下调整。

1. 确定客服部门的主要绩效目标

根据电子商务的特殊性，公司将客服部门的主要绩效目标制订为部门业务营收、服务质量，指标责任人为客服主管。

2. 岗位工作目标及任务确定

（1）售前岗位：及时响应客户咨询、使用规范话术、提高销售技巧、减少客户投诉为主要工作内容和任务。

（2）售后岗位：及时响应客户咨询、使用规范话术、减少退换货率、定期回访客户、提高客户满意度为主要工作内容和任务。

3. 主要绩效目标根据岗位任务和内容拆分

为了使绩效指标能够顺利达成，将指标拆分为数据考核部分的销售额、咨询转化率、客单价、平均响应时间、销售额占比、退换货率、客户投诉率及客户满意度；工作态度部分的日常考勤、QA 质检合格率、工作执行力、团队配合度、绩效提升度、商品知识考核合格率。

4. 结合岗位任务与绩效指标制作考核表

（1）售前客服的绩效考核表如表 8-11 所示，对销售任务有关的考核指标的权重都设置得相应较高，而客观评分部门占整体绩效权重的30%。

表 8-11 售前客服考核表

售前客服绩效考核

考核周期：

序号	本岗工作难点	相关项目或任务
1	基准点：一个客户投诉kpi*50% 两个投诉kpi为0	零投诉
2	销售额/有效下单付款人	客单价
3	买家评价	客户满意度
4	店铺对应态度评价	客户满意度
5	平均日响应时间	对工作进度的掌握

项目	岗位绩效指标	衡量原因	衡量标准 Measurement		A/B/C/D/E 原理	权重	A/B/C/D 原理	数据来源	调整条件	KPI达成值
1	客单价	销售额/有效下单付款人	A	？≥200	A=15,B=12,C=9,D=6,	15%		淘绩效	根据ABCD分最优者得最高分	
			B	150≤？<200						
			C	100≤？<150						
			D	？<150						
2	销售额	主要绩效指标	A	40W≤？<50W	20<A≤30,15<B≤20,10<C≤15,D=5	30%		淘绩效	根据ABCD分最优者得最高分	
			B	30W≤？<40W						
			C	20W≤？<30W						
			D	？<20W						
3	咨询转化率	对工作进度的掌握	A	35%≤？	A=15,B=12,C=9,D=6,	15%		淘绩效	根据ABCD分最优者得最高分	
			B	28%≤？<35%						
			C	20%≤？<28%						
			D	？<20%						
4	销售额占比	客户满意度	A	20%≤？	A=10,B=7,C=3,	10%		淘宝后台数据	根据ABCD分最优者得最高分	
			B	15%≤？<20%						
			C	？<10%						
5	平均响应时间	对工作进度的掌握	A	在60秒内响应	A=15,B=9,C=3,	15%		淘绩效	团队最优者得最高分	
			C	在70秒内响应						
			D	没有在规定时间80秒内响应						
6	客户满意度	服务态度考核	A	满意	A=15,B=8,C=0,	15%		QA质检	团队最优者得最高分	
			C	一般						
			D	差						
				合计		70%			KPI 整体达成	
7	执行能力	任务响应的执行力度	A B C	取决于日常工作执行力度	A=5,2<B≤4,C≤2	5%	观察		主管评分	
8	协作能力	团队协作分享，共同进步	A B C	取决于日常工作过程中在团队的协作能力高低	A=5,2<B≤4,C≤2	5%	观察		主管评分	
9	日常考勤	员工守则遵守情况	A B C	？<0次 / 0<？≤2 / 3<？	A=5,2<B≤4,C=0	5%	观察		主管评分	
10	知识考核合格率	每月进行模拟考试	A B C	85≤？ / 60分≤？≤85分 / ？<60分	A=5,2<B≤4,C≤2	5%	观察		主管评分	
11	提高性	改善上个月/季度考核中所存在的问题	A B C	大部分改进 / 改善部分 / 全部未改	A=10,5<B≤7,C≤4	10%	观察		主管评分	
				合计		30.0%			能力评估分值	
	岗位绩效指标							70.00%		
	能力评估分值							30.00%		
									总分：	

被考核者签字： 日期：
考核者签字： 日期：

（2）售后客服的绩效考核表如表 8-12 所示，对与服务相关的绩效指标同样设置较高，占整体绩效考核权重的80%。

表8-12　售后客服绩效考核表

售后客服绩效考核

考核周期：

	本月工作重点					相关项目或任务				
1	QA质检合格率					话术规范				
2	买家评价					客户满意度				
3	店铺对应态度评价					客户满意度				
4	平均日响应时间					对工作进度的掌握				

项目	岗位绩效考核	选取理由	衡量标准 Measurement		A/B/C/D/E原则	权重	A/B/C/D/E管理	数据来源	满足条件	KPI达成值
1	退换货率	售后处理能力	A	10%≥?	A=15, B=12, C=9, D=6,	15%		淘绩效	根据ABCD分最优者得最高分	
			B	10%≤?＜15%						
			C	15%≤?＜20%						
			D	?≥20%						
2	客户投诉数	对售后服务态度进行考评	A	3个≥?	20＜A≤30, 15＜B≤20, 10＜C≤15, D=5	30%		淘绩效	根据ABCD分最优者得最高分	
			B	3个≤?＜6个						
			C	6个≤?＜10个						
			D	?≥10个						
3	QA质检合格率	对客服的话术规范进行考核	A	90%≤?	A=20, B=15, C=10, D=5,	20%		淘绩效	根据ABCD分最优者得最高分	
			B	85%≤?＜90%						
			C	80%≤?＜85%						
			D	?＜80%						
4	销售额占比	客户满意度	A	20%≤?	A=10, B=7, C=3,	10%		淘宝后台数据	根据ABCD分最优者得最高分	
			B	15%≤?＜20%						
			C	?＜10%						
5	回访客户数	对工作进度的掌握	A	600≤?	A=20, B=15, C=10,	20%		淘绩效	团队最优者得最高分	
			C	300≤?＜600						
			D	?＜300						
6	客户满意度	服务态度考核	A	满意	A=15, B=8, C=0,	15%		QA质检	团队最优者得最高分	
			C	一般						
			D	差						
					合计	80%			KPI整体达成	
7	执行能力	任务响应的执行力度	A B C	取决于日常工作执行力度	A=5, 2＜B≤4, C≤2	5%	观察	主管评分		
8	协作能力	团队协作分享，共同进步	A B C	取决于日常工作过程中在团队的协作能力高低	A=5, 2＜B≤4, C≤2	5%	观察	主管评分		
9	日常考勤	员工守则遵守情况	A B C	＜0次 0≤?＜2 3＜?	A=5, 2＜B≤4, C=0	5%	观察	主管评分		
10	提高性	改善上个月/季度考核中所存在的问题	A B C	大部分改进 改善部分 全部未改	A=5, 3＜B≤4, C≤2	5%	观察	主管评分		
					合计	20.0%			能力评估达成	

岗位绩效指标				80.00%	
能力评估分值				20.00%	
				总分	

| 被考核者签字 | | 日期 | |
| 考核者签字 | | 日期 | |

案例结果：该公司对客服部门明确了客服各岗位的工作任务和工作内容，并应用了新的绩效考核表格后明显发现员工对自身的日常工作重心有了明确的认知。同时知悉了自身绩效目标的具体达成条件，并在日常工作中为绩效目标的达成而努力。客服主管也根据绩效表格中绩效目标的实际达成值情况分析员工出现的工作问题，并对问题的发生频率、影响范围做评估。在下一考核周期中，管理者能根据前一周期的绩效评估结果对相应的绩效目标进行调整或者对短板员工进行有针对性的辅导。

8.7.2 绩效考核指标的选择

在考核指标的选定中并不局限于 8.7.1 节案例中所应用到的考核点，一般考核中所用到的考核指标都会与岗位相对应，并且结合目前企业发展情况进行应用选择。一般情况下电商企业中比较重要的岗位有：客户服务、产品推广、仓管物流及美工设计。如客户服务中售前客服的岗位绩效考核指标会根据考核目的或企业内情不同而划分为如下 5 大类。

1. 金额类

（1）总订单金额

（2）未付款订单金额

（3）客户回款金额

（4）付款前关闭订单总金额

（5）退款关闭订单总金额

目的：销售额是售前客服人员在网店整体绩效架构中最基础、最重要的一个考核点，通过各种状态下的金额数据来评判客服在营收获取中的基础能力。

2. 订单数量类

（1）总订单数量

（2）未付款订单数量

（3）客户回款订单数量

（4）付款前关闭订单数量

（5）退款关闭订单数量

目的：在化妆品、鞋类等部分类目中，订单数或售出商品数也会对客服进行指标数设立并对应绩效。因此我们将金额与订单数量进行综合统计，通过多维度的数图分析后能更准确地了解客服能力值。

3. 岗位工作态度类

（1）平均响应时间

（2）客服旺旺响应率

（3）客服单位时间内同时接待数

（4）客户旺旺咨询次数

（5）客服旺旺回复次数

目的：在淘宝的特殊业态中，客服是通过旺旺工具与客户进行接触，因此旺旺的工作数据也成为客服日常绩效中的一个重要组成。如平均响应时间和响应率的组合考核可以让管理者了解客服的工作态度及工作效率。

4. 岗位工作能力类

（1）咨询转化率

（2）付款成功率

（3）回款成功率

（4）平均客单价

（5）客均订购商品数

目的：客服的工作效率更多体现在对流量的利用率上，也就是通常所说的有效流量转化，我们可以通过咨询转化率和客单价来考核一个客服的个人工作能力。

5. 员工客观考核部分

（1）岗位技能考试合格率

（2）日常考勤

（3）团队协作能力

（4）任务执行能力

企业或部门管理者可以根据当前的实际情况及管理需求，从上述近 20 个考核指标中选择并进行组合对客服岗位进行考核，其他岗位的绩效考核也是如此。

由于电子商务行业的特殊性，企业或店铺的规模、发展速度、管理需求等情况几乎都不相同，因此，其他岗位考核指标的选定和考核方法的确定都应从自身实际需求出发。在绩效管理中，只要运用了合适的方法，选取了合理的指标，那么企业的发展方向和员工的工作将会变得容易掌控。

8.8 小结

本章结合了目前电子商务行业的现状及实际需求，对绩效管理的概念、意义、流程及具体应用进行了系统化的阐述。通过理论与案例的结合，分别从绩效目标的制订、绩效目标数据的选取及考核方法选用方面将传统企业的绩效管理结构与新兴的电子商务企业的管理特殊性相结合。读者在学习本章的过程中应当随时结合企业自身的实际需求及存在的问题。在制作绩效考核表时应将目前已经成型的岗位职责和工作任务先进行考核，再根据后期的考核结果进行目标调整。

第 9 章

账务管理

企业作为一个独立的经济体系，最初流入的是现金，最终流出的也是现金。企业的各项工作都要服从于财务管理目标，不能各自为政，财务管理贯穿于企业经营的全过程。通过大量实践证明，财务管理得好，企业经济效益就高，反之，财务管理得差，企业经营效益就低。因此，为了使企业在竞争中生存并发展下去，加强企业管理以财务管理为中心的工作，是摆在每个企业面前的头等大事。

9.1 基本概念

（1）账期：指从生产商、批发商向零售商供货后，直至零售商付款的这段时间周期，可以设定为月结、60天结、每月30日结、下个月15日结等多种方式。

（2）预付账款：指企业按照购货合同规定预付给供应单位的款项，预付账款按实际付出的金额入账，如预付的材料、商品采购货款、必须预先发放的在以后收回的农副产品预购订金等。对购货企业来说，预付账款是一项流动资产。

（3）应付账款：因购买材料、商品或接受劳务供应等而发生的债务。这是买卖双方在购销活动中由于取得物资与支付贷款在时间上不一致而产生的负债。

（4）货到付款：货物入库后，产生应付账款或者采用现金、银行存款转账等。

（5）票到付款：以发票为基准，在发票收到后，按照发票金额产生应付账款。

（6）预收账款：预收账款科目核算企业按照合同规定或交易双方的约定，而向购买单位或接受劳务的单位在未发出商品或提供劳务时预收的款项。

（7）应收账款：企业因销售商品、材料、提供劳务等，应向购货单位收取的款项，以及代垫运杂费和承兑到期而未能收到款的商业承兑汇票。应收账款是伴随企业的销售行为发生而形成的一项债权。因此，应收账款的确认与收入的确认密切相关。通常在确认收入的同时，确认应收账款。

9.2 企业整体概述

如图9-1所示为企业各职能部门之间的关系结构图，从图中看出，整个环节以商品、库存为核心；财务管理是基于采购、销售、生产以及企业再生产过程中客观存在的财务活动和财务关系而产生的，是企业组织财务活动、处理与各方面财务关系的一项经济管理工作；通过对资金运动和价值形态的管理，像血液一样渗透贯通到企业的生产、经营等环节进行集中管理。监控每个职能部门的运作状况，在具体的事务中进行协助，保证公司处于良性运作。

图 9-1 企业整体结构图

9.3 电商企业模型

在目前的电商行业中，存在两种类型的企业，一种为原有的传统线下企业，转战电商；一种为传统的线上品牌。

9.3.1 传统企业转型电商

1. 企业特点

传统线下渠道经销商、分销商、零售商、门店、加盟店等，具有生产、开发产品的能力，与线上 B2C、C2C、B2B2C 同时存在。在权责上，电子商务作为一个运营部门独立管理，如以纯、美特斯邦威、万里马等，如图 9-2 所示模型。

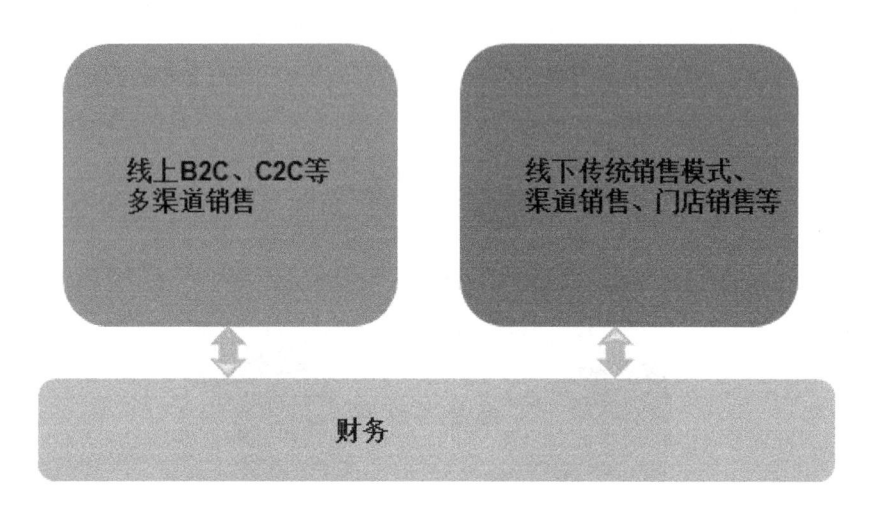

图 9-2　传统企业转型电商模型

2．财务管理的特点

对公司的销售业绩、费用、人工工资、业绩考核等分部门核算、集中管理模式。

9.3.2　纯电商企业

1．企业特点

这种企业的特殊代表就是淘品牌企业，公司业务主要是电商业务，业务相对简单化：采购、库存、线上销售的模式，如韩都衣舍、O.S.A、御泥坊，如图 9-3 所示。

2．账务管理的特点

对公司的销售业绩、费用、人工工资、业绩考核等进行管理。

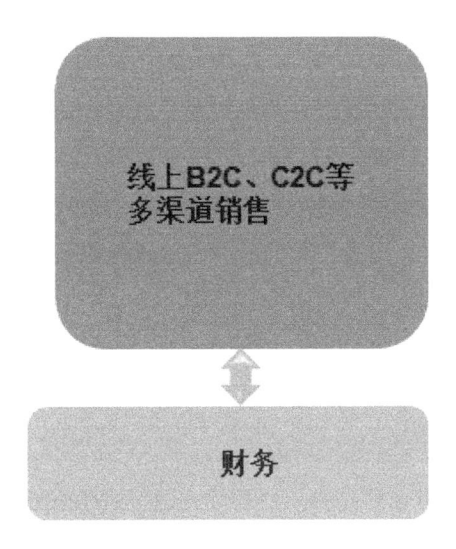

图 9-3　纯电商企业模型

9.4　财务人员组织结构

从公司财务人员的职能分工，大致分为如图 9-4 所示的 5 大部门。

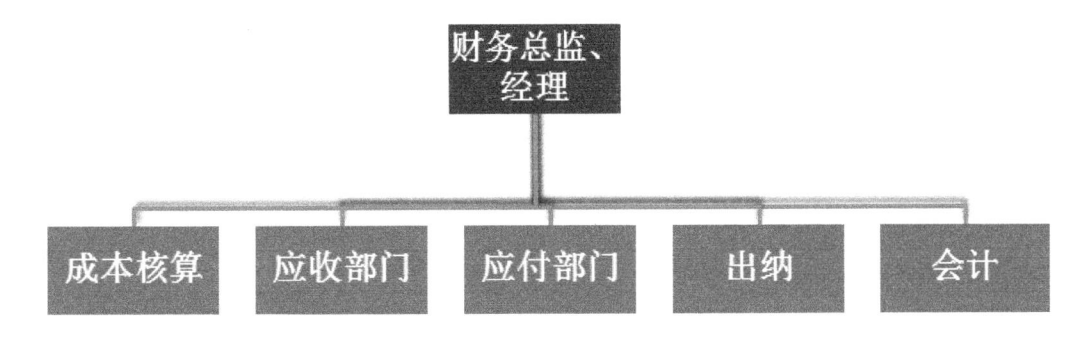

图 9-4　财务人员组织结构

（1）成本核算：该部门主要负责商品成本核算、各种费用的归集；此部门主要是针对生产型企业，在商贸型企业中基本不设置此部门。

（2）应收部门：该部门主要负责客户账期管理、价格管理、销售开票、催款等业务。

（3）应付部门：该部门主要负责供应商管理、账期管理、价格管理、采购发票、付款等业务。

（4）出纳：所有与资金相关联的业务都需要出纳进行管理，账户资金的收、支，负责公司的现金、银行账户日记账管理。

（5）会计：主要负责公司的账务处理，凭证记账、审核、过账、月末处理、各种财务报表以及税收处理等业务，以及对公司的财务状况进行分析，为公司后期发展策略提出建议。

在电商企业中，对于小的卖家，很多都没有财务人员，都是老板自己全权负责，公司账务比较混乱，或者有些就是一个人员，既负责现金账，又负责财务账，这些从公司的长期发展而言，都是不规范的，存在一定的风险，建议的配置人员为会计人员 1 名、出纳人员 1 名，也就是财、账分开管理，其中，会计人员负责账务处理以及产品成本管理，出纳人员负责现金日记账、银行存款日记账以及应收、应付管理。

9.5 业务、财务对账

电商企业或者部门的业务账务影响表如表 9-1 所示。

表 9-1 电商企业业务账务影响表

业务			账务影响
采购	采购订单（预付）		形成预付款
	采购入库（现结）		现金支出、库存增加
	采购入库（账期）		形成应付账款、库存增加
销售	线下销售订单（预收）		形成预收款
	线下销售出库单（现结）		库存减少、现金增加
	线下销售出库单（账期）		库存减少、应收账款增加
	淘宝下单	未付款	
		已付款	
		已发货	库存减少
		物流公司	形成应付账款
		交易成功	应收账款减少、支付宝账户增加
		退款	支付宝账户减少
		退货、退款	库存增加、支付宝账户减少
	返点		支付宝账户减少

续表

业　　务		账务影响
运营	首页广告、钻展、直通车等	现金减少、运营费用增加
日常运作	员工工资	人工费用增加
	办公费用	管理费用增加

对于采购、销售业务部分的账务影响，在后续章节中会进行阐述。

9.5.1 对账概述

对账首要关注的因素、资金、资金的流向状况，如图 9-5 所示

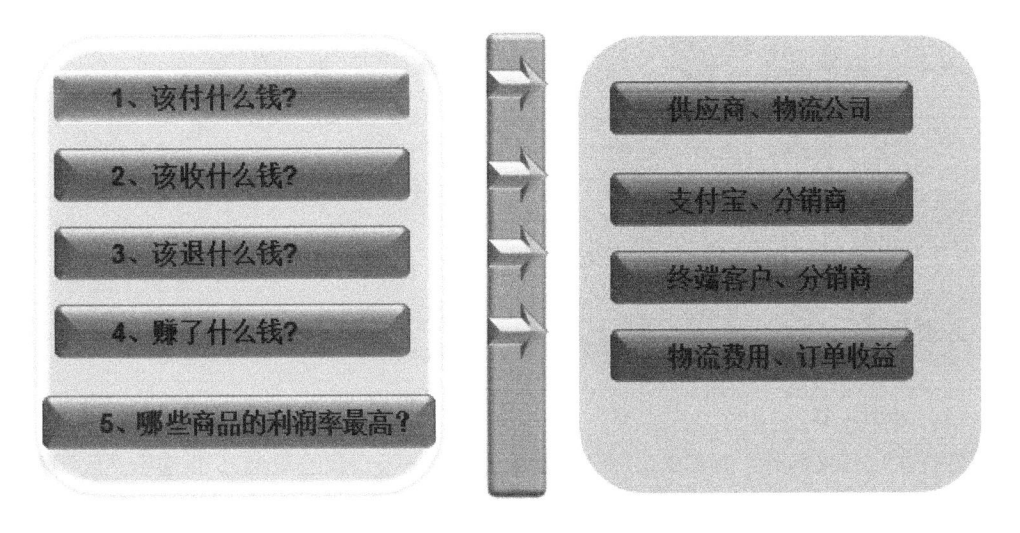

图 9-5　对账关注业务图

图 9-5 中反映需要关注的因素有：哪些钱收取、哪些钱支付；对应的对象有：供应商、物流公司、支付宝、分销商、终端客户、订单收益、物流费用收益等。下面就针对各个环节进行分析。

9.5.2 供应商对账

如图 9-6 所示为一个简单的采购模型，在商品采购入库后，影响的因素有：商品库存增

加、应付账款增加，同时采购人员在采购商品时，需要确认采购账期以及付款方式，财务人员按照付款方式以及对应账期进行支付款项等。

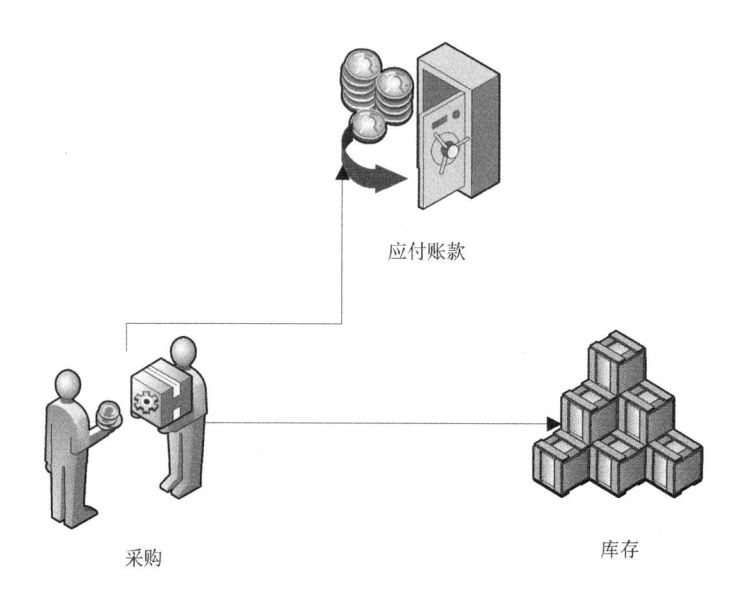

图 9-6　采购流程图

1. 采购业务

（1）采购订单

在向供应商采购时，需要支付部分预付款（一般小于全款的 40%），供应商在收到预付款后，进行后续发货业务。

（2）采购入库

货物送达后，在仓库部门签字确认，商品入库，放置对应货架或者货位，同时，产生应付账款，对于应付账款的产生，在账务核算时存在以下状况。

- 现结：采用现金结账的方式，直接付货款给供应商，账款结清。
- 银行转账：采用银行转账、支票等方式，付货款给供应商，账款结清。
- 票到账款产生：以发票为基准，在收到发票后，形成应付账款，在没有收到发票时，先暂估入库，形成应付账款暂估，在收到发票后进行冲回，冲回的模式有单到红冲、单到补差、月初回冲 3 种方式。

- 账期结账：在采购入库后，按照采购合同，形成应付账款，在到达账期后进行付款。
- 分期付款：对于大批量采购或者金额比较大的企业会采用分期付款的方式进行付款，分多少期、何时付款按照合同而定，对应产生账款。

案例：2011年10月17日，建华产业有限公司向两岸科技有限公司采购30台电脑，总费用为60000元，建华产业有限公司同两岸科技有限公司协商需要预先支付10000元作为定金；后续的款项在货物到达20天后支付，建华产业有限公司于2011年10月30日收到电脑。以上业务，对于账务的影响为：2011年10月17日，支付10000元的预付账款；2011年10月30日，产生一笔50000元的应付账款，账期为20天（2011年11月19日），这个案例就属于账期结账核算模式。

2．账务对账、付款

鉴于和供应商的长期合作，并且保证公司资金的良性运转，对供应商的账款进行跟踪，需要付款的业务及时进行付款，此过程分为两个部分：对账和付款。

（1）对账

对账的关键点：某个阶段内有多少款需要支付、何时支付、预付金额等，在和供应商对账过程中主要通过供应商明细对账单（供应商应付明细以及付款明细记录）、供应商汇总对账单（供应商汇总应付状况）、账龄分析（对供应商账款按照账期分析）进行对账。举例如表9-2、表9-3、表9-4所示，仅供参考。

如表9-2所示为供应商明细对账单，可以清楚地了解A单位的应付账款明细，当月发生了4笔业务，其中冲销了1000元，总的未付金额为3200元，预付款为900元。

表9-2 供应商明细对账单

往来单位	单据日期	单据类型	期初		本期			期末	
			预付金额	未付金额	应付金额	预付金额	冲销金额	未付金额	预付金额
A单位	期初		100	200					
	10-01	采购入库			1000		200		
	10-02	费用支出			2000				
	10-03	采购入库			1000	800			
	10-04	预付款				800			
小计								3200	900

如表 9-3 所示清晰地反映出目前欠 5 个供应商账款,其中截至本月 1 日总的欠款为 102200 元,在本月发生 109267 元,在本月付款总额为 119300 元,本月底的未付金额为 92167 元,预付金额为 1200 元。

表 9-3 供应商汇总对账单

往来单位	期 初		本 期			期 末	
	预付金额	未付金额	应付金额	预付金额	冲销金额	未付金额	预付金额
富润科技	100	200	200	100	300	100	200
淘科技		30000	34500		40000	24500	
天禧公司	600	50000	34567		60000	24567	600
两岸锁业		10000	10000		9000	11000	
百瑞科技	400	12000	30000		10000	32000	400
小计	1100	102200	109267	100	119300	92167	1200

如表 9-4 所示是账龄分析,是保证企业按时付款的重要分析工具,表 9-4 分析得出,依照 2011 年 10 月 17 日为分析基准点,在 10 天内需要支付的账款总额为 17000 元,其中,需要支付富润科技 10000 元;在一个月后支付的金额为 60000 元,其中,富润科技为 10000 元,通过此报表,实时分析公司的资金流状况,对预期需要支付的账款一目了然。

表 9-4 账龄分析

基准日:2011-10-17

往来单位	应付账款	10月17日到10月26日	10月27日到11月5日	11月5日到11月14日	未过期
富润科技	40000	10000	20000		10000
天禧公司	65000	5000	20000		40000
百瑞公司	32000	2000	10000	10000	10000
合 计	137000	17000	70000	10000	60000

(2)付款

到达账期后,对供应商付款,付款的方式分为:现金支付、银行转账、票据支付 3 种方式,付款后,现金账户减少,应付账款减少。

9.5.3 客户对账

在实际的销售环节中,按照企业销售类型的不同,以及销售对象不同,将电商企业销售分为 3 种销售方式：传统线下销售、分销、B2B2C 销售，如图 9-7 所示。针对每种类型销售，对应对账方式不同。

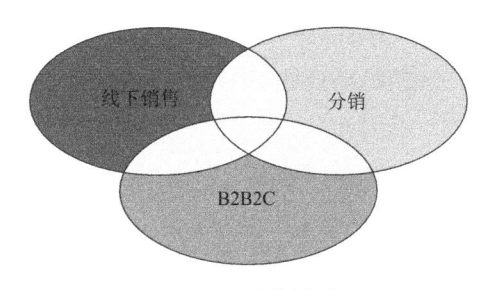

图 9-7 销售模型

1. 销售业务

（1）销售订单

客户下达销售订单时，根据客户的类型、订购产品类型、金额大小等，需要收取一定的预收款，作为本次交易的预收账款，将公司风险降到最低，一般建议收取货款的 40%。

（2）销售出库

货物送达客户仓库，并且客户签收后，货品所有权转移，形成销售收入，针对销售客户不同，账款的结算方式不同，依照销售合同为基准，从公司的资金流考虑，现收模式快速的使资金回笼。

- 门店客户、零售客户

采用现金交易的模式，直接进行收款业务处理，如超市、店铺等。

- 非零售客户

有多种结算模式：现金结账、银行转账、票据支付等，也可以按照约定账期进行结账，计入应收账款，后续进行催款业务处理。对于企业级的客户，需要进行开票业务，在发票开出后，确认销售收入，也就是应收账款，在没有开票时，不能确认应收账款。例如，2011 年 10 月 17 日建华产业有限公司向两岸科技有限公司销售价值 50000 元的羽绒服，建华产业有限公司在 2011 年 10 月 18 日开出发票，其中结账日期为 10 天。对于以上业务，账务影响为：2011 年 10 月 18 日，形成应收账款 50000 元，结账日期为 2011 年 10 月 28 日，也就是这笔 50000 元的账款，在 2010 年 10 月 28 日才可能转化为公司现金，并且存在转化为坏账的可能。

- 传统分销

分销商是指那些专门从事将商品从生产者转移到消费者的活动的机构和人员，分销商与制造商之间的关系是买者和卖者的关系，分销商是完全独立的商人。在一定周期内，按照分销商的实际销售数量、分销商结算策略进行结算，对于结算金额形成应收账款。

- B2B2C 销售

如图 9-8 所示为一个简单的网上销售流程，买家下达订单，付款完成，卖家发送货物，形成应收账款，买家确认收货，订单状态改变为交易成功，账款转化为支付宝账户余额。

当买家收到货物后，由于质量、款式等各方面的原因，买家申请了退货退款业务，卖家收到货物，并且确认退款业务后，则原有应收账款被红冲，卖家支付宝账户余额不会增加。例如，咪咪猫买家 2011 年 10 月 17 日在以纯官方旗舰店购买了一款价值 100 元，黑色 XL 码以纯男装卫衣，当日进行了付款，以纯官方旗舰店在 2011 年 10 月 20 日进行了发货，咪咪猫在 2011 年 10 月 22 日进行了收货确认。对于以上业务的账务影响：2011 年 10 月 20 日产生了一笔 100 元的应收账款；2011 年 10 月 22 日，应收账款减少 100 元，以纯官方旗舰店支付宝账户余额增加 100 元。

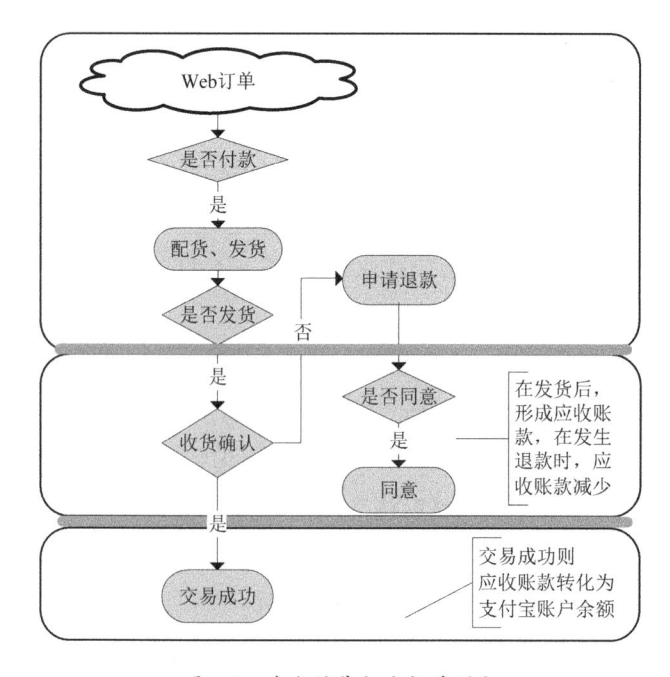

图 9-8 线上销售与账款关联点

- 淘宝分销

淘宝分销平台是由淘宝提供，用于帮助供应商搭建、管理及运作其网络销售渠道、帮助分销商获取货源渠道的平台。分销商是指通过分销平台签约，且拥有网络店铺或电子商务网站，利用淘宝分销平台，获得货源的销售者。买家、分销商、供应商之间的关系如图9-9所示。

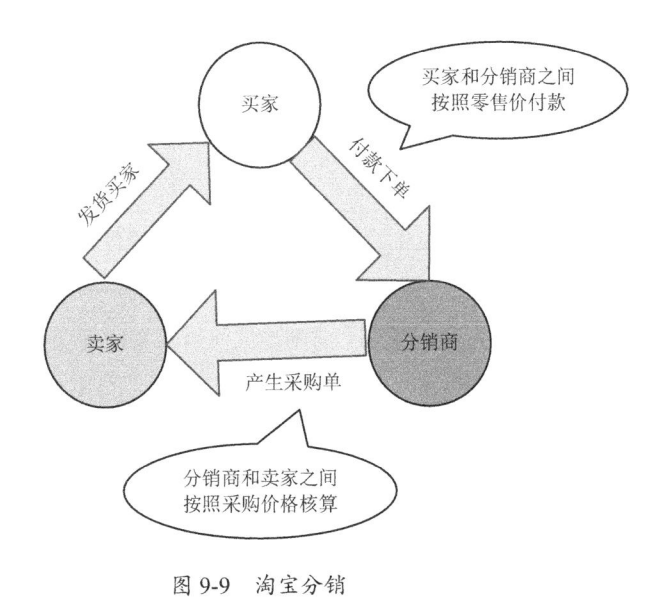

图 9-9 淘宝分销

账务核算方面，买家和分销商之间按照销售价格进行核算，分销商和卖家之间按照采购价格进行核算。

2. 账务对账、收款

账务人员需要保证公司资金的良性运转，对客户的账款进行跟踪，主要是针对应收账款，在这个过程中，分为两个部分：对账和付款。

（1）对账

对账的关键点：某个阶段内有多少款需要收款、何时收款、预收金额有多少等。在和客户对账过程中主要通过客户明细对账单（客户应收明细以及收款明细记录）、客户汇总对账单（客户汇总应收状况）、账龄分析（对客户账款按照账期分析）进行对账。举例如表9-5、

表 9-6、表 9-7 所示，仅供参考。

如表 9-5 所示为客户明细对账单，可以清楚地了解 A 单位的应收账款明细，当月发生了 4 笔业务，其中冲销了 1000 元，A 单位总的未收金额为 3200 元，预收款为 900 元。

表9-5　客户明细对账单

往来单位	单据日期	单据类型	期　初		本　期			期　末	
			预收金额	未收金额	应收金额	预收金额	冲销金额	未收金额	预收金额
A 单位	期初		100	200					
	10-01	销售出库			1000	200			
	10-02	销售出库			2000				
	10-03	销售出库			1000		800		
	10-04	销售出库				800			
小计								3200	900

如表 9-6 所示为客户汇总对账单，清晰地反映出需要向 5 个客户收取账款，其中截至本月 1 日总的应收款为 102200 元，在本月发生 109267 元，在本月收款总额为 119300 元，本月底的未收金额为 92167 元，预收金额为 1200 元。

表9-6　客户汇总对账单

往来单位	期　初		本　期			期　末	
	预收金额	未收金额	应收金额	预收金额	冲销金额	未收金额	预收金额
建华产业	100	200	200	100	300	100	200
淘科技		30000	34500		40000	24500	
天禧公司	600	50000	34567		60000	24567	600
两岸锁业		10000	10000		9000	11000	
百瑞科技	400	12000	30000		10000	32000	400
小计	1100	102200	109267	100	119300	92167	1200

如表 9-7 所示为账龄分析表，是保证企业按时收款的重要分析工具，保证资金及时回笼，减少应收款周转天数，通过表 9-7 分析，依照 2011 年 10 月 17 日为分析基准点，在 10 天内需要收取的账款总额为 17000 元，其中，富润科技需要收取 10000 元；在一个月后收取的金额为 60000 元，其中，富润科技为 10000 元，通过此报表，实时分析公司的资金流状况，对预期需要收取账款一目了然。

表 9-7 账龄分析表

基准日：2011-10-17

往来单位	应收账款	10月17日到10月26日	10月27日到11月5日	11月5日到11月14日	未过期
建华产业	40000	10000	20000		10000
天禧公司	65000	5000	20000		40000
百瑞公司	32000	2000	10000	10000	10000
合　　计	137000	17000	70000	10000	60000

（2）收款

到达账期后，对客户进行收款，收款的方式分为：现金收款、银行转账、票据 3 种方式。注意：对于网上交易，针对支付宝部分的对账，在后续进行讲解。

9.5.4　运营费用

企业运营费用的投入多样化，投入费用的目的是为公司引来近期或者远期的收入，对于这些费用的投入，公司应当是有预算、有分析地投入，不能盲目投入，若控制不当，公司的费用可是非常大的一笔数字。线下的推广方式有：电视广告、明细代言、户外广告、短信平台等，线上的推广方式有：直通车、钻展、收费广告位、淘宝客等。这些费用如何进行管控呢，首先将费用按照类型进行分类，若需要对费用的投入产出比进行分析，则需要对费用进行项目管理，例如，投入直通车的费用为10000元，产生的销售额为150000元，毛利为40000元，则投入产出比为10000：40000，即1：4，需要针对直通车设置一个费用项目进行核算，便于后续核算。

实际的业务操作流程如图 9-10 所示。

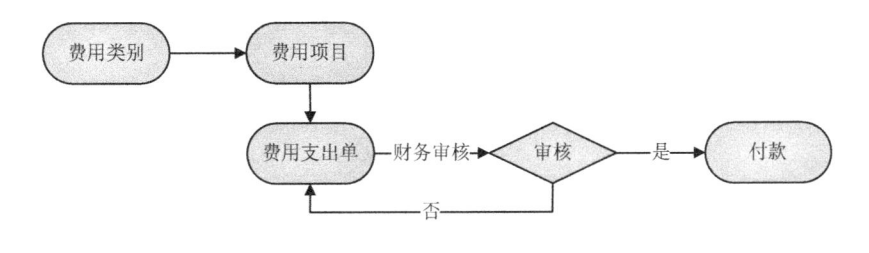

图 9-10　费用处理流程图

图 9-10 中通过流程图的方式，反映费用信息化处理的一个过程：首先，设定费用类别，

对费用进行分门别类；其次，设置相对应的费用项目，并且归属对应费用类别；然后，需要进行推广时填写费用支出单，并且注明用途；最后，财务人员对其费用进行审核，审核无误后，进行支付业务处理。

9.5.5 物流费用对账

每天堆积如山的包裹，通过快速送达买家，这个过程中快递人员付出了艰辛的劳动，同样，物流成本随之产生，随着日单量逐步上升，物流成本同样在上升，对于大件的商品，物流费用是一项非常大的支出，曾经走访过一个小家电企业，年产值为 7000 万元，每个月大概耗用的物流成本为 40 万元；一个童装小卖家，年产值 400 万元，每月耗用的物流成本为 2 万元。物流成本基本上占到了销售额的 0.5%，这部分成本能否降低？目前的对账方式为财务人员使用物流底单与快递公司月底对账单逐张进行对比，人工发现差异，针对这种处理方式，不知道是否正确，对于每个月上万元的订单，一张一张对比，工作强度非常大，很难发现问题，并且对比完的数据也不知道是否准确，只能保证大概准确。

针对以上分析，对于物流对账这部分，存在对账过程复杂和数据准确性难以把握的问题，对于这两方面的问题，给出的解决方案如下。

（1）物流费用准确性

物流费用趋于准确，需要进行信息化管理，建议采用电子秤的方式，在发货的时候，进行称重，让信息化系统结合物流公司资费，计算出对应物流费用，如图 9-11 所示为在发货时系统采用电子秤，将包裹的质量自动获取到系统中，并且计算出对应的物流成本。

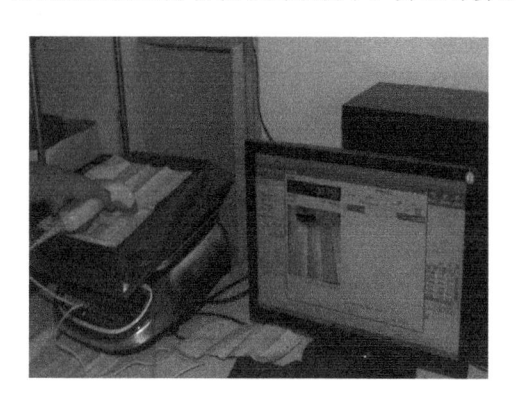

图 9-11 电子秤称重并录入系统

(2) 物流费用对账、付款

在每个月的月底，物流公司会将本月的物流发送明细形成一份月结单，直接通过系统中的数据进行对账，差异部分调整费用。数据快速对账，对差异大的部分分析原因，逐步减少费用成本。费用核对完毕，对物流公司费用进行支付。

通过对 30 多家大小卖家的测试验证，以上两种方法同时使用，整个物流成本费用可以降低 2%~8%。

9.5.6 存货核算

1. 定义

存货是指企业在生产经营过程中为销售或耗用而储存的各种资产，包括商品、产成品、半成品、在产品以及各种模型材料、燃料、包装物、低值易耗品等。存货是保证企业生产经营过程顺利进行的必要条件。为了保障生产经营过程连续不断地进行，企业要不断地购入、耗用或销售存货。存货是企业的一项重要的流动资产，其价值在企业流动资产中占有很大的比重。

2. 业务处理

商品的出入库成本核算分为实际价核算和计划价核算，在实际价核算中又分为先进先出、后进先出、移动平均、全月平均、个别计价 5 种方式。进行存货计价时，计价方法是按某个仓库设置的，每个仓库只能设置一种核算方法。

下面简单介绍全月平均法、移动平均法、先进先出法这 3 种核算方法。

（1）全月平均法

在这种情况下，出库单的记账在系统中不受限制，记账后不体现存货的出库成本，必须经过期末处理以后才能得到存货的出库成本，具体的计算方法如下：

$$存货的加权平均单位成本 = \frac{月初结存货成本 + 本月购入存货成本}{月初结存货数量 + 本月购入存货数量}$$

$$月末库存存货成本 = 月末库存存货数量 \times 存货加权平均单位成本$$

$$本期发出存货的成本 = 本期发出存货的数量 \times 存货加权平均单位成本$$

范例如表 9-8 所示。

表 9-8　月加权计算

时间	入库 数量	入库 金额	出库 数量	出库 金额	成本	毛利
2011-10-01	2	24				
2011-10-02	6	36				
2011-10-03			2	40	14	26
2011-10-04	4	24				
2011-10-05			6	120	42	78
合计	12	84	8	160	56	104

表 9-8 中灰色数据为计算出的成本以及对应毛利，如何计算呢，从表 9-8 可以看出期初数量为 0，月加权单位成本= (24+36+24) ÷ (2+6+4) = 84 ÷ 12 = 7，则 2011 年 10 月 3 日的成本为 2×7=14，毛利为 40-14=26。

（2）移动平均法

移动平均法又称日加权法，是指以当日全部进货数量加上期初存货数量作为权数，去除当日全部进货成本加上期初存货成本，计算出存货的加权平均单位成本，以此为基础计算当日发出存货的成本和期末存货的成本的一种方法。

$$存货的加权平均单位成本 = \frac{期初结存货成本 + 本日购入存货成本}{期初结存货数量 + 本日购入存货数量}$$

日末库存存货成本 = 日末库存存货数量 × 存货加权平均单位成本

本日发出存货的成本 = 本期日存货的数量 × 存货加权平均单位成本

范例如表 9-9 所示。

表 9-9　移动平均法

时间	入库 数量	入库 金额	出库 数量	出库 金额	成本	毛利
2011-10-01	2	24				
2011-10-02	6	36				
2011-10-03			2	40	10	30
2011-10-04	4	24				
2011-10-05			6	120	46.4	73.6
合计	12	84	8	160	56.4	103.6

表 9-9 中灰色数据部分为计算出的利润和成本。

（3）先进先出法

先进先出法是将先采购回来的产品先进行销售。

范例如表 9-10 所示。

表 9-10 先进先出法

时间	入库 数量	入库 金额	出库 数量	出库 金额	成本	毛利
2011-10-01	2	24				
2011-10-02	6	36				
2011-10-03			2	40	24	16
2011-10-04	4	24				
2011-10-05			6	120	36	84
合计	12	84	8	160	60	100

表 9-10 中灰色数据部分为计算出的利润和成本。

注意：卖家需要结合自己企业的实际情况决定采用哪种成本计算方法，先进先出法是计算最准确的方法，但是对企业的要求比较严格，一般建议企业采用移动平均法。

9.5.7 货品库存

库存是仓库中实际储存的货物，一般的卖家库存管理中普遍存在库存量过高的问题，库存可以转化为现金，也就是资产，若库存积压，变成积压品、滞销品，则会占用资金，变成了负债，库存如何管理，是一个值得思考的问题。需要从采购管理、销售管理、库存管理等多个方面进行管理，让库存周转加快，使企业的资金占用趋于最小化。

仓库需要每月能够提供库存进出明细以及统计表，统计表格式如表 9-11 所示。

表 9-11 库存台账

货品	期初 数量	期初 单价	期初 成本	入库 数量	入库 单价	入库 金额	出库 数量	出库 单价	出库 成本	结存 数量	结存 单价	结存 成本
A01	20	2	40	12	3	36	6	5	30	26	1.76	46
A02	12	1	12	10	2	20	2	1	2	20	1.5	30
A03				15	2	30				15	2	30

续表

货品	期初			入库			出库			结存		
	数量	单价	成本	数量	单价	金额	数量	单价	成本	数量	单价	成本
A04	24	2	48				12	2	24	12	2	24
A05				16	2	32				16	2	32
合计	56		100	53		118	20		56	89		162

表 9-11 清晰地反映出每个货品的期初库存量、本期入库数量、本期发出数量以及本期结存数量。

9.5.8 支付宝对账

支付宝作为第三方支付交易保证系统，让买家和卖家产生信任，作为一个支付的平台，对于电商企业，支付宝账户就等同于公司的银行账户，对于此账户可以进行转账、付款、取现等。下面讲解如何对支付宝账户进行管理，并且清晰地了解支付的状况。

1. 支付宝业务

先来分析一下，通过支付宝进行往来的业务有哪些：

- 买家收到货物后，进行收货确认，支付宝账户增加；
- 分销商销售，交易成功；
- 支付宝账户取现；
- 银行转账，通过其他账户转入到支付宝账户；
- 支付宝账户之间的转账处理，账户转入；
- 支付各种款项，如直通车费用、钻展费用、淘宝客佣金等费用；
- 淘宝积分兑换，返点费用；
- ……

2. 业务处理

对于买家收到货物，收货确认，交易成功业务以及分销商销售，除交易成功业务不需要软件处理外，其他的需要进行明细账登打，并且经过财务人员审核，审核完毕后，再进行实际的转账或者支付操作。例如，需要从支付宝账户取现 10000 元，首先需要对此明细进行记录，经过财务人员审核完毕后，再操作实际的支付宝账户业务，操作方式如图 9-12 所示。

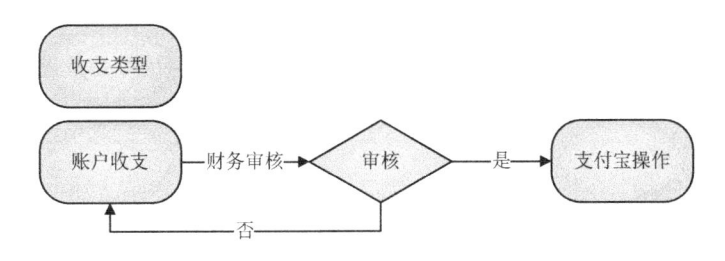

图 9-12　支付宝账户变动处理流程

也就是对所有的支付宝账户往来进行记账，在财务人员审核后，再进行支付宝账户操作，一方面，对账户严格进行控制，另一方面，对每一笔账户的改变都清清楚楚。

3．对账

整体的操作流程如图 9-13 所示。

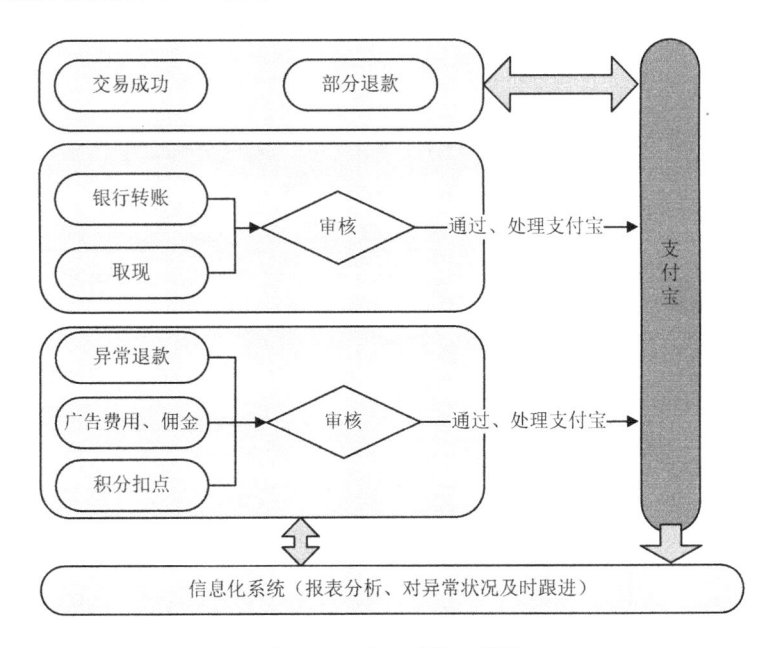

图 9-13　整体对账流程图

9.5.9 报表

利润、销售额、哪个产品畅销等是财务最关注的问题，也是对业务进行管控的几个核心点，需要清楚地了解公司的当前销售状况，监控每天的销售额，实时进行控制。

1. 销售毛利润分析

首先，对一些主要名词进行讲解。

毛利润：是指销售收入减去销售成本的差额，即营业利润或主营业务利润。

净利润：是指毛利润减去当期税除以费用的差额，即在毛利润的基础上扣除相应的经营费用、管理费用、财务费用、所得税，加上其他收支净额和营业外收支净额之后所剩余的利润，是纯利润。

销售收入：是指销售价格乘以销售数量。

销售成本：是指已销售产品的生产成本或已提供劳务的劳务成本以及其他销售业务的成本，分为产品成本和物流成本两个方面。

如图 9-14 所示为销售毛利分析。

货品名称	成交金额	成交笔数	成交人数	成交件数	成本	毛利
傲凡黑色L码男士卫衣	47,796	253	245	397	23,000	24,796	--
傲凡白色L码男士卫衣	49,305	251	237	413	34,568	14,737	--
傲凡墨绿L码男士卫衣	59,037	272	243	491	34,567	24,470	--
傲凡黑色M码男士卫衣	35,759	201	182	314	23,456	12,303	--
傲凡黑色牛仔裤	34,972	189	169	302	23,456	11,516	--
傲凡帆布牛仔裤	41,647	214	207	386	12,345	29,302	--
傲凡黑色L码女士衬衫	75,713	392	376	647	2,344	73,369	--
傲凡黑色S码女士衬衫	70,102	343	332	622	23,444	46,658	--
傲凡黑色M码女士衬衫	56,754	341	309	563	3,334	53,420	--
傲凡欧式风格女士风衣	54,488	275	272	470	23,444	31,044	--
傲凡黑色36码帆布鞋	149,672	877	864	1,754	134,444	15,228	--
傲凡墨绿37码帆布鞋	99,861	512	481	905	87,543	12,318	--
傲凡各个优	78,588	422	419	753	65,432	13,156	--
傲凡花色衬衫	77,087	415	390	706	23,444	53,643	--
总计：	930,782	4,957	4,726	8,323	514,821	415,961	

图 9-14 销售毛利分析

如图 9-15 至图 9-17 所示分别反映了产品的销售状况以及毛利状况，从图中的折线显示出产品的成交金额与销售毛利不成正比。财务通过这些数据，主要反馈销售金额、销售毛利，帮助财务进行分析。

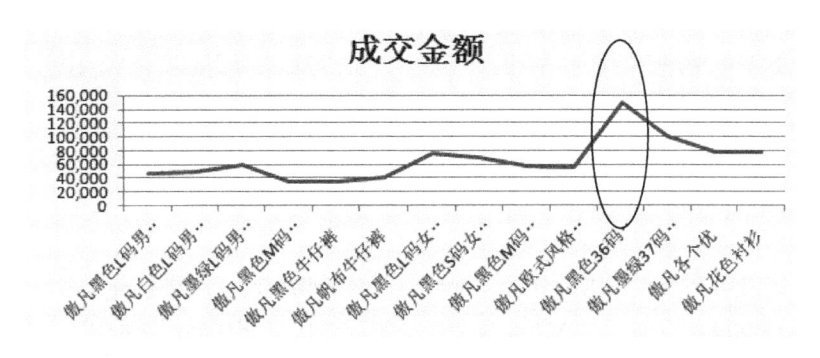

图 9-15　成交金额趋势分析图

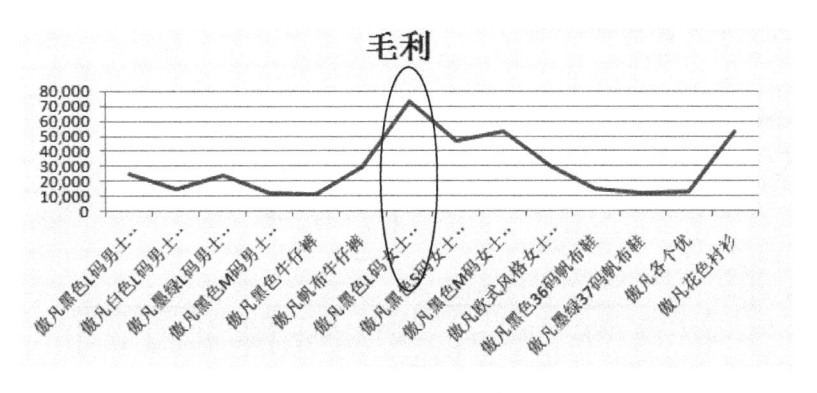

图 9-16　毛利趋势分析图

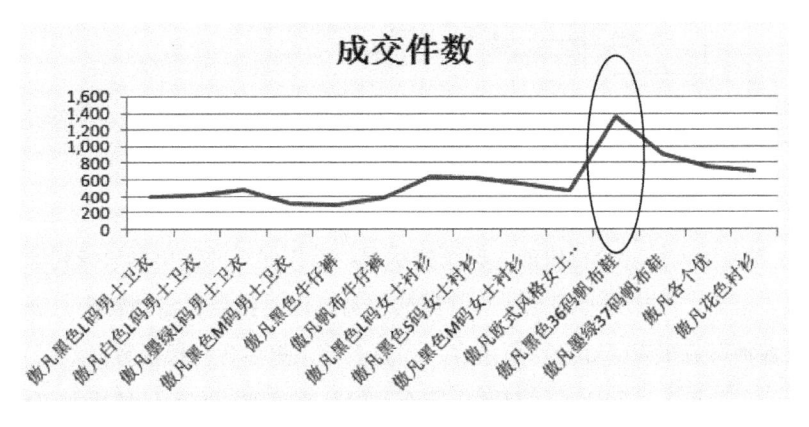

图 9-17　成交件数分析图

2. 销售报表

用户还需要对销售日报、销售周报、销售状况分析表等进行分析，结构类似销售毛利分析表，此处不再赘述。

9.6 总账

总账系统是对整个账务进行分析、管理，对公司的经营状况进行分析的部门，对企业的整个经营状况进行分析、对公司的决策提供数据支持，并且能在此过程中起到监督、控制的作用。

账务的处理流程如图 9-18 所示。

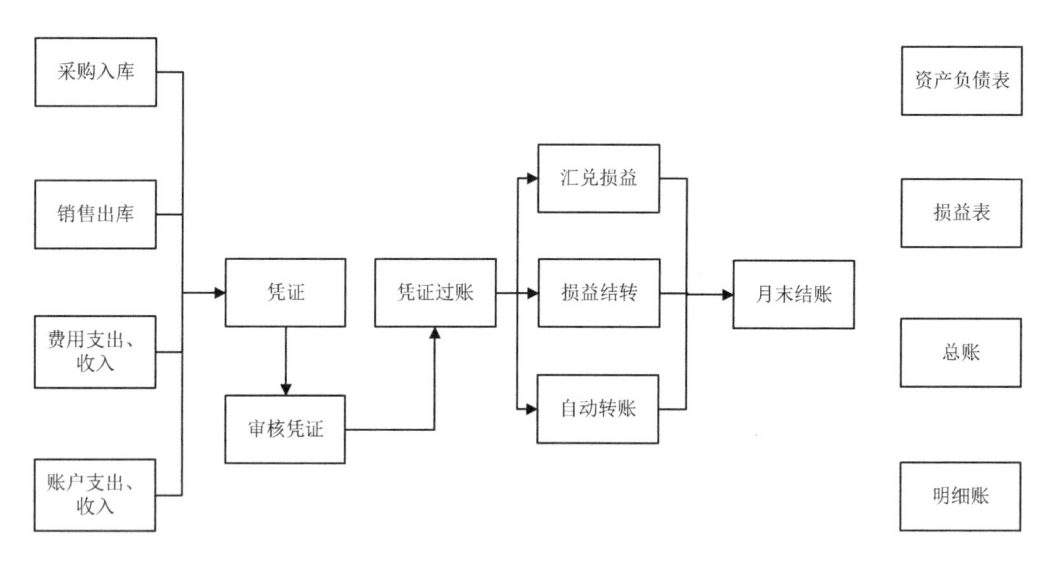

图 9-18 会计日常工作流程

图 9-18 为会计人员一个月中的大概工作状况，首先通过业务单据形成凭证，然后对凭证进行审核、过账、月末进行月末处理（结转损益、汇兑损益、自动转账）等，在月末结账后，形成各种财务报表，如资产负债表、损益表等，提供各种报税数据。

具体的业务过程不进行讲解，目前电商企业对总账这部分有两种解决方案：

方案一，采用现有的电商软件与财务软件（如用友、金蝶）进行接口处理；

方案二，选用信息化、一体化的解决方案。

建议采用方案二，方案二在整个企业的数据之间采用一体化的业务模式，财务从真正意义上实现事前预测、事中控制、事后分析，为企业后续市场策略提供指导和建议。

9.7 客户案例

佛山市小冰火人网络科技有限公司坐落在中国家电王国的中心地带——广东佛山。于2006年初在淘宝网上开设"小冰火人"个人网店，2008年开始与企业合作进入淘宝商城，协助顺德多家企业（东菱、小熊、贝尔莱德、长帝）建立淘宝网的电子商务渠道。小熊的品牌在2009年成功获得淘宝网家电类"淘品牌"，贝尔莱德品牌在2010年获得淘宝商城颁发的"最具成长性家电品牌"。2010年网络代理运营总销量超过5000万元，2011年网络代理总销量预计实现2亿元。

企业的销售业绩在逐步扩展，人员在迅速增长，成本也在飞速地增长，财务人员目前达到13人，每天都忙于各种对账工作，与供应商对账、与支付宝对账、与物流公司对账等，所有的信息都是滞后的，无法监控业务过程，电商业务管理采用了一套信息系统、财务部分采用了另一套信息系统，两套信息系统没有数据关联，形成了信息孤岛，财务根本无法实现事前预测、事中监控和事后分析。

为了保证公司正常的良性运作，保证各个部门之间都能信息共享，财务监控采购业务、库存、销售、各项费用支出等，业务数据和财务数据打通，实现整个信息集成和共享，使财务能够及时分析公司的业务、资金状况，为企业后续的发展和制定策略做出指导。在此信息的指导下，小冰火人对自己的信息化系统进行全面升级，将财务系统和业务系统数据全面打通，形成一套整合的信息系统。

小冰火人信息化管理流程如图9-19所示。

由图9-19可以看出，在整个系统中财务人员主要的任务是：审批、监控整个过程，各种业务主动形成，信息集中流向财务，真正实现财务人员事中监控。

- 使用后的效果反馈：

- 财务人员从13人缩减到9人；

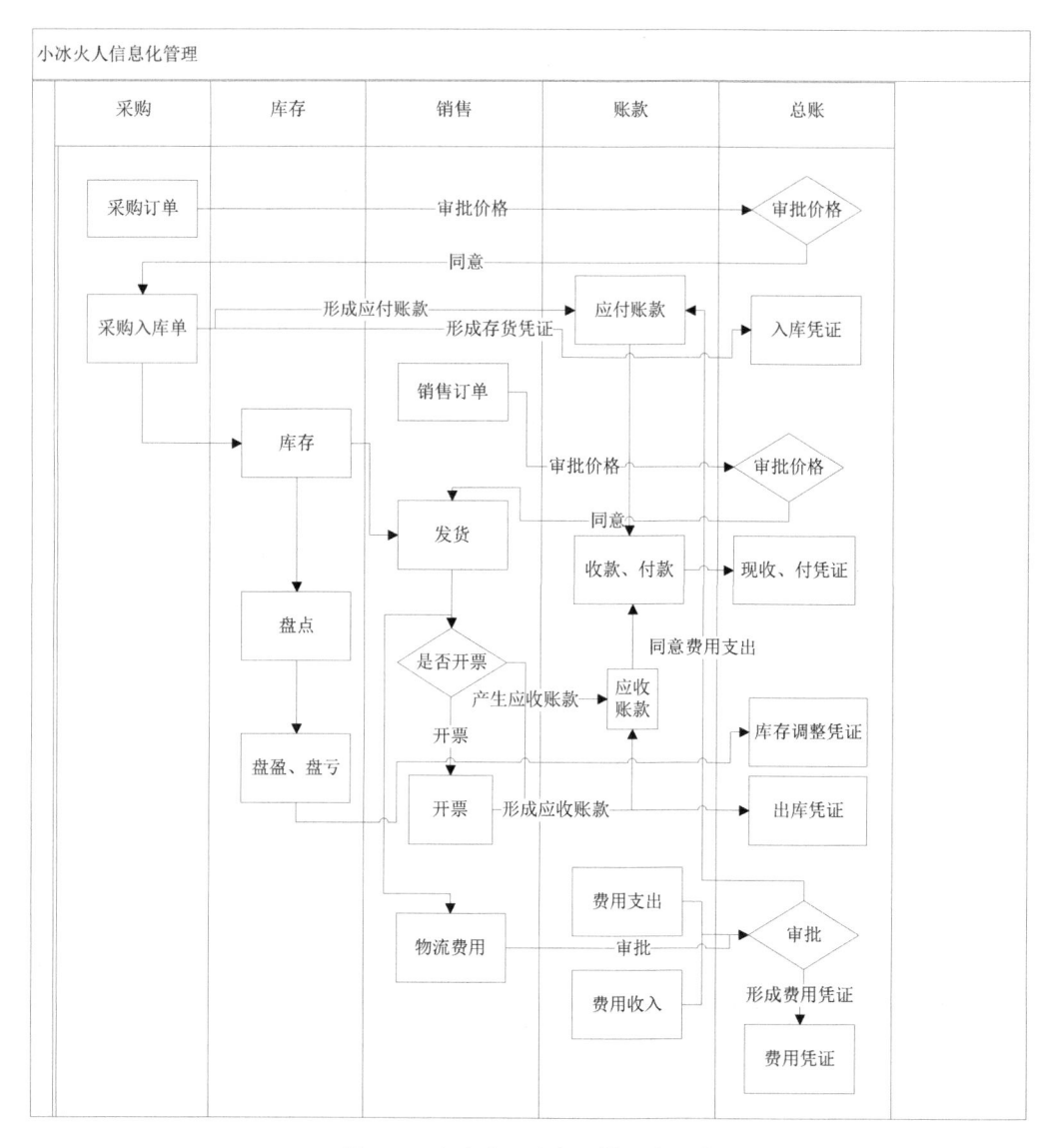

图 9-19　小冰火人信息化管理流程图

- 物流费用从平均每月 70 万元，缩减到 60 万元；
- 企业资金流透明化，提供各种数据化分析报告，为公司重大决策提供数据支撑；
- 企业利润清晰化，费用支出明细化；
- ……

附录 A
电商流程化管理实例 1

为了便于读者对流程化管理有一个系统全面且深入浅出的认识，本书附录提供两个电商企业流程化管理的实操案例，从该案例中可以了解到电商的流程化管理从无到有、从简到细、从繁到优的进程，同时，也可以体会到流程化管理在其初涉电商领域到成长为大卖家的历程中所起到的重要作用并从中获得一些启发。本案例重点介绍该电商企业发展道路上不同时期"仓储管理"、"订单管理"、"交易管理"、"客户管理"等流程的发展和细化。

一、背景简介

本文案例中的电商企业为华南某知名休闲品牌，文中简称为"YS"。

"YS"始创于 1997 年，源于中国时装之都——虎门，是集研发、设计、生产、销售于一体的大型服饰企业。曾荣获"中国驰名商标"、"中国名牌"荣誉称号，是深受 18~35 岁年龄段人士喜爱的知名休闲品牌。目前在全国各地有 4000 多家专卖店，业务拓展到东南亚等地区。

近几年来，电子商务如火如荼，传统企业纷纷"上线"抢摊，拓宽销售渠道，分食电商这块大蛋糕。为顺应时代的发展，YS 也开辟了电子商务中心，专门负责线上渠道市场。2009 年 3 月底，YS 在淘宝开设了第一家集市店，同期筹建独立官方商城，跨出了探索电子商务之路的第一步，2009 年 8 月底入驻淘宝商城，电商之路迈开了坚实的一大步。YS 作为典型的传统企业，从成立至今一直致力于线下渠道的发展，电商行业对于这家传统老牌企业来说完全是一个陌生的领域。正是在这种空杯心态的指引下，YS 慢慢走出了一条针对电商管理的流程化管理之路。

二、YS 流程化管理的 4 个阶段

从 2009 年至今，YS 进入电商领域 2 年多，订单量从日均 5 单到日均千单，团队人数从 3 人到 100 多人，网仓从 100 平方米到 7000 平方米，商品结构从月均更新 50 款到月均更新 500 款，运营策划从一知半解到成熟巧妙……这些从无到有，从有到精的过程，都离不开流程化管理在其中起到的重要作用，而这些流程也是随着时间的推移、企业的发展，一步一步建立并在实际操作中逐渐完善起来的。纵观 YS 电商发展史，根据流程化管理在其中的运用，从创店之初至今大致可以分为拓荒期、初探期、革新期、定型期 4 个阶段。下

面将各个阶段涉及的主要流程和大家逐一分享。

1. 拓荒期

时间：2009年3月至2009年4月
关键信息：入门、手写单
状态：简单、茫然
涉及流程：采购管理、仓储管理、订单管理

（1）采购管理

由于YS作为传统品牌，不同于纯电商企业的特殊性，在采购方面表现得尤为明显。货品供应基本上是确定且稳定的，仅需从现有货品中选取部分款式数量划归电子商务中心，如图A-1所示，经过抽款、回货、清点、入库（网仓）等简易流程即可。

抽款 ➡ 回货 ➡ 清点 ➡ 入库

图A-1　拓荒期采购管理流程

（2）仓储管理

拓荒期的YS，刚刚进驻淘宝，处于基本入门阶段，由于销售形势不同于线下渠道，在仓储管理上也无法复制传统经验，茫然状态下，再加上当时的商品款式数量十分少，商品回货之后按款装箱集中堆放于仓库，如有售出，从中拣货打包即可。本时期的仓储管理如图A-2所示，基本处于原始阶段，从入库到出库完全没有进一步的细化流程，这对于店铺前端的一系列工作，诸如商品拍摄、测量尺码、美工作图、内页制作、上架销售等都带来一定的问题，突出体现在库存更新的环节，人工手动添加库存的做法无法对在售商品的库存进行数量的把控，容易造成超卖缺货等情况，在运营上，由于库存的限制也不敢有大的动作。为了解决这些问题，在网仓仓储管理方面YS开始了探索之路。

（3）订单管理

如图A-3所示，拓荒期的YS在订单处理上仍处于原始手写阶段，当时的日均订单量30~50单左右，总体来说工作量不算大，1~2个人就可以应付，不过十分烦琐。

入库 → 销售 → 出库

图 A-2　拓荒期仓储管理流程

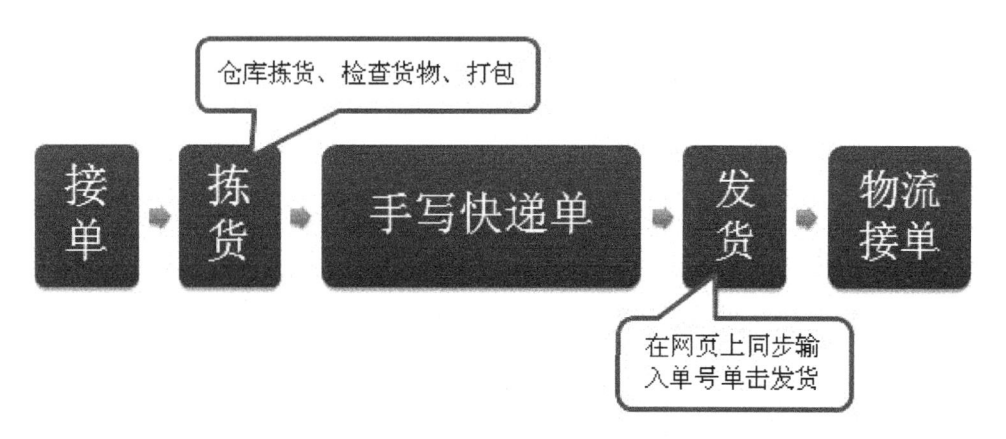

接单 → 拣货（仓库拣货、检查货物、打包）→ 手写快递单 → 发货（在网页上同步输入单号单击发货）→ 物流接单

图 A-3　拓荒期订单管理流程

手写订单这种十分原始的操作方式，在开店初期或对于小卖家、兼职卖家来说尚且可行，但是对于商家的发展是极为不利的，带来的不良影响也是显而易见的。首先，耗时长，从查看订单信息再到如图 A-4 所示一个字一个字地填写快递单，这是一个多么耗费心力和时间的活儿啊；其次，人力多，日均 30～50 单，在确保及时发货的大前提下，需要配备 1～2 个人，当日均订单增加到 80～150 单的时候，原有的 1～2 个人的配置已经远远无法满足日常需要，这时候就需要增加到 3～5 人，以此类推，随着网店规模的增大，在处理订单的这个环节需要的人员就会越来越多，从而增加了人力成本；再次，易出错，人工手写快递单再怎么认真细致，总难免出现这样那样的差错，也许地址填错了，也许电话号码少了一位，也许把 A 客户和 B 客户的姓名对调了，这么多的"也许"带来的问题是多方面的，但最终结果都将阻碍店铺的壮大。店铺规模的日益扩大，订单量的不断增多，这种人工不可控的手写单操作已经越来越无法满足现实所需，这时候对于非人工化操作的需求就越来越迫切，随着一些硬件软件的投入使用，越来越多的操作环节需要流程来规范化管理，而找到一个科学的标准，并适合 YS 电商的流程就摆上了议事日程。

图 A-4　人工写单吃力不讨好

2. 初探期

时间：2009 年 5 月至 2009 年 11 月

关键信息：阿里软件网店版、淘宝助理、打单

状态：探索、成长

涉及流程：仓储管理、订单管理、客服管理

（1）仓储管理

开店 1 个月之后，基于 YS 在线下的品牌影响力，在没有任何推广的情况下，人气渐渐旺起来，UV、PV 持续上升，从原来的 100 升到 1000 甚至上万，订单量也不断攀升。调入网仓的商品也随着订单量的增大在款式和数量上逐渐多起来，较之开店的第 1 个月增加了 3~50 倍，商品集中存放显然已经无法满足现状。这个时期，在仓储管理上，仅是借助了如图 A-5 所示的阿里软件网店版的进销存管理功能进行简单的库存管理，但是值得一提的是，网仓管理的思路渐渐清晰起来，如图 A-6 所示，必须"物以类聚"，分男女、上下装大类，具体到款色码进行管理。不过由于该阶段还没有系统的引入，虽然有思路，但在实际操作上仍是人工手工操作，只能进行简单的划区存放，然后在存放区贴上对应的款色码明细表。

图 A-5　阿里软件网店版

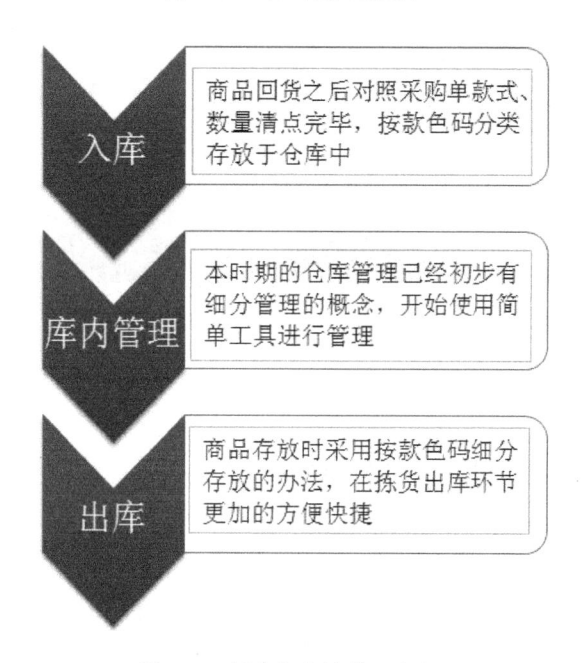

入库：商品回货之后对照采购单款式、数量清点完毕，按款色码分类存放于仓库中

库内管理：本时期的仓库管理已经初步有细分管理的概念，开始使用简单工具进行管理

出库：商品存放时采用按款色码细分存放的办法，在拣货出库环节更加的方便快捷

图 A-6　探索期仓储管理流程

（2）订单管理

随着订单量的增多，在硬件和软件上也相继加大了投入，采购了针式打印机，利用如图 A-7 所示的"淘宝助理"附带的交易管理功能打印快递单，速度比手写快了很多倍。

如图 A-8 所示，本阶段的订单处理已经摆脱了手写单的痛苦，正在逐步走向系统化、自动化。不过这种没有细分的订单流程在实施过程中很容易遇到各种各样的问题，这些问题累积得越多，其弊端也越明显，对于流程的进一步细化越显重要。

（3）客服管理

网店运营之初配备了 1 名客服，售前售后一把抓，基本上没有流程管理的概念。随着店铺规模的增大，客服增加到 3～7 人，在初探期阶段，客服团队基本稳定为 6 人，如图

A-9 所示，分售前、售后客服，售前客服主要负责回复咨询、推荐销售，将属于售后处理的咨询流转至当班售后客服，同时收集来自客户、商品、页面等信息并定时反馈；售后客服主要负责回复售后咨询，跟进处理投诉，处理诸如订单发货情况、物流信息查询等售中业务咨询，同时收集来自客户、商品、页面等信息并定时反馈。

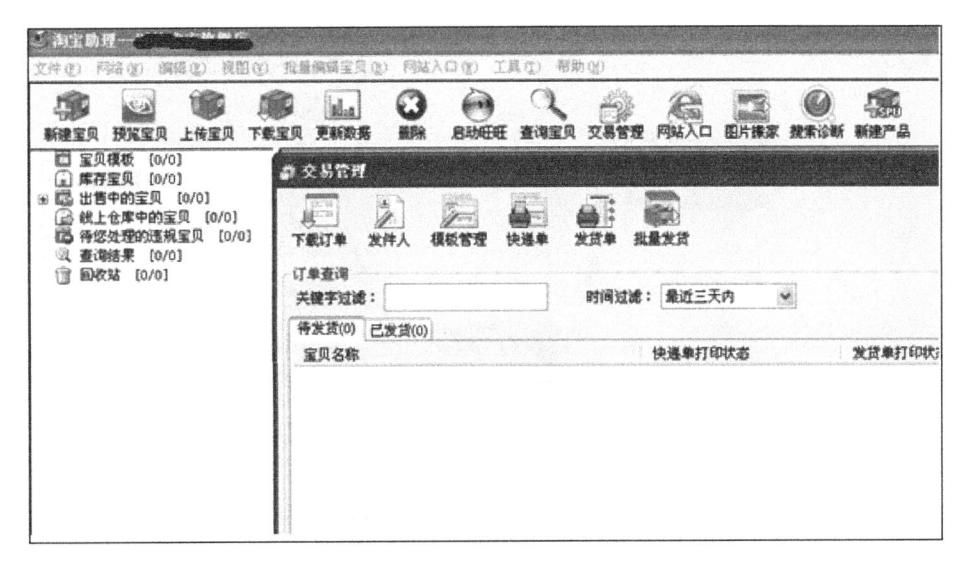

图 A-7 淘宝助理交易管理功能

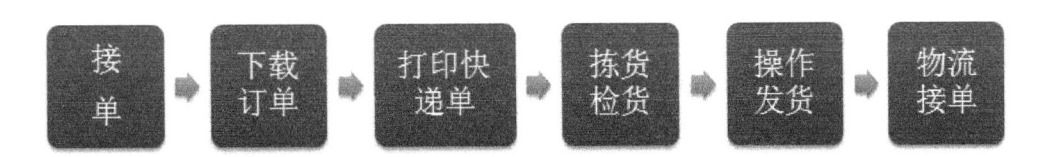

图 A-8 初探期的订单管理流程

案例：2009 年 11 月 11 日，淘宝商城迎来激动人心的双十一光棍节。作为电商新人，YS 抱着试一试的心态参加了这次大促销。当天凌晨到早上 9:00 这段时间，流量和平时差不多，失望的情绪弥漫开来，一直处于紧张和兴奋迎战状态的客服松懈下来……从上午 10:00 开始，流量开始飙升，如图 A-10 所示，客服接待咨询人数最高达 588 人，打开淘宝后台刷新订单，大惊失色，订单量爆了，打印机已经开始超负荷工作。晚上 20:00，整个店铺的商品几乎被拍空，紧急增加了数量重新上架，不超过 5 分钟又被拍完下架了，买家已经近似疯狂。面对雪片式的订单，零起步没有任何经验的年轻 YS 电商人可谓是又惊又喜。

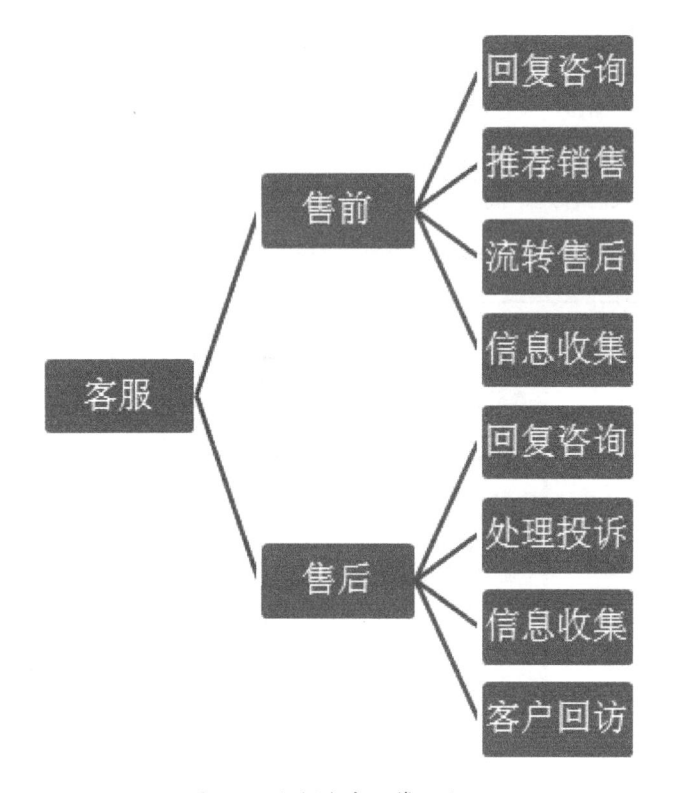

图 A-9　初探期客服管理流程

图 A-10　疯狂的双十一，打包的人员已经被淹没在包山中

双十一结束了，但是苦恼和困难却远远没有结束，库存乱了，订单爆了，货物发不完，电话叫不停，旺旺叮咚响，投诉接连不断，店铺被强制关闭……历经磨难 2 个月，在淘宝的帮助、自身的努力以及买家的理解下，终于恢复了正常。经历这次浩劫，显而易见，这个阶段的流程，不管是仓储管理还是订单处理存在很大的问题，远远无法满足现行需求，更无法应对大活动的爆单。因此，不得不反思：到底在哪一个环节上出错，有没有更好的方法进行库存以及订单管理，怎样才能确保不缺货、不超卖，怎样的流程才更加适合日新月异的电商时代？

3. 革新期

经历了双十一的痛苦之后，对系统的渴求，对流程化管理的迫切需要，无论是在仓储管理还是在订单管理上都显得尤为重要。双十一之后，痛定思痛，公司决定引入系统，在仓储、订单等环节实施标准的流程化管理。从系统的开始使用到基本完善大致可以分为三个阶段，每一个阶段的更新基本上是在现有的系统功能上进行改进完善，并在流程上进一步的解细化。

时间：2009 年 12 月至 2010 年 12 月

关键信息：系统、仓库区位、分仓 SKU 条码、PDA、扫描枪、流水作业、汇总拣货、问题单

状态：变革、细化、成熟、高效

涉及流程：仓储管理、商品制作管理、订单管理

（1）仓储管理

如图 A-11 所示，基于系统的成功研发并投入使用，本阶段的仓储管理已经有了一套完整的流程，并且在仓库设置上进行了相应的细分。

在入库操作中，使用如图 A-12 所示的 PDA 和如图 A-13 所示扫描枪，将包括库位、SKU、价格、数量等商品信息录入系统，此时库存更新以及订库存定位也因此实现了系统自动化，解决了第一个双十一之前的库存无法实时更新的老大难问题，同时还解决了订单发货环节拣货满仓库跑的问题，从而提高了发货速度，对于店铺动态评分的提升起到了一定的作用。

商品入库环节分区位存放具有非同一般的现实意义，这对于减少超卖缺货、优化拣货路径、提高发货速度都起到了至关重要的作用。如图 A-14 所示的"大仓"也就是传统意义

上的储备仓，用于存放大量的商品。如图 A-15 所示的"架仓"，也就是销售仓，对应商品在对应平台上的在售数量。本阶段在仓库区位上还划出了一个"小仓"，用于存放散货商品。

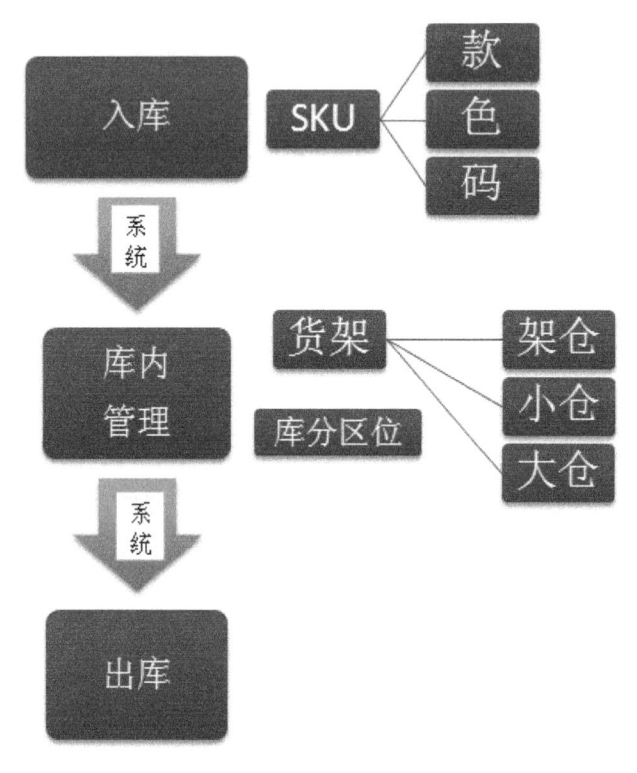

图 A-11　革新期仓储管理流程

图 A-12　PDA

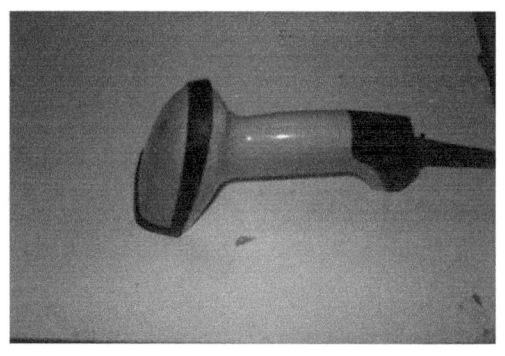

图 A-13　扫描枪

图 A-14　大仓

图 A-15　架仓

（2）商品制作管理

在店铺运营初期，商品从回货到上架销售是一个较为粗化且耗时长的过程。随着店铺的日渐壮大、商品款式的增多、品牌竞争的白热化，对店铺装修、商品页面制作的要求也越来越高，那么在商品制作上增加一个流程化的管理是十分必要且急迫的。经过一段时间的摸索，商品制作管理流程基本成型，商品从回货到进入拍摄制作再到上架销售经过的流程如图 A-16 所示。

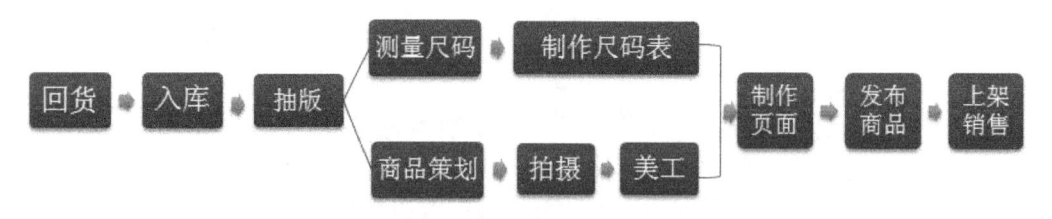

图 A-16　革新期商品制作管理流程

(3) 订单管理

引入系统的好处不仅体现在仓储管理上,在订单管理上也带来了质的飞跃。API 接口打通之后,实现了同步下载订单到系统,通过库存定位又实现了汇总拣货。订单操作的分解细化使得订单管理的流程越来越清晰,如图 A-17 所示,本阶段订单管理的标准化流程已经基本成型。

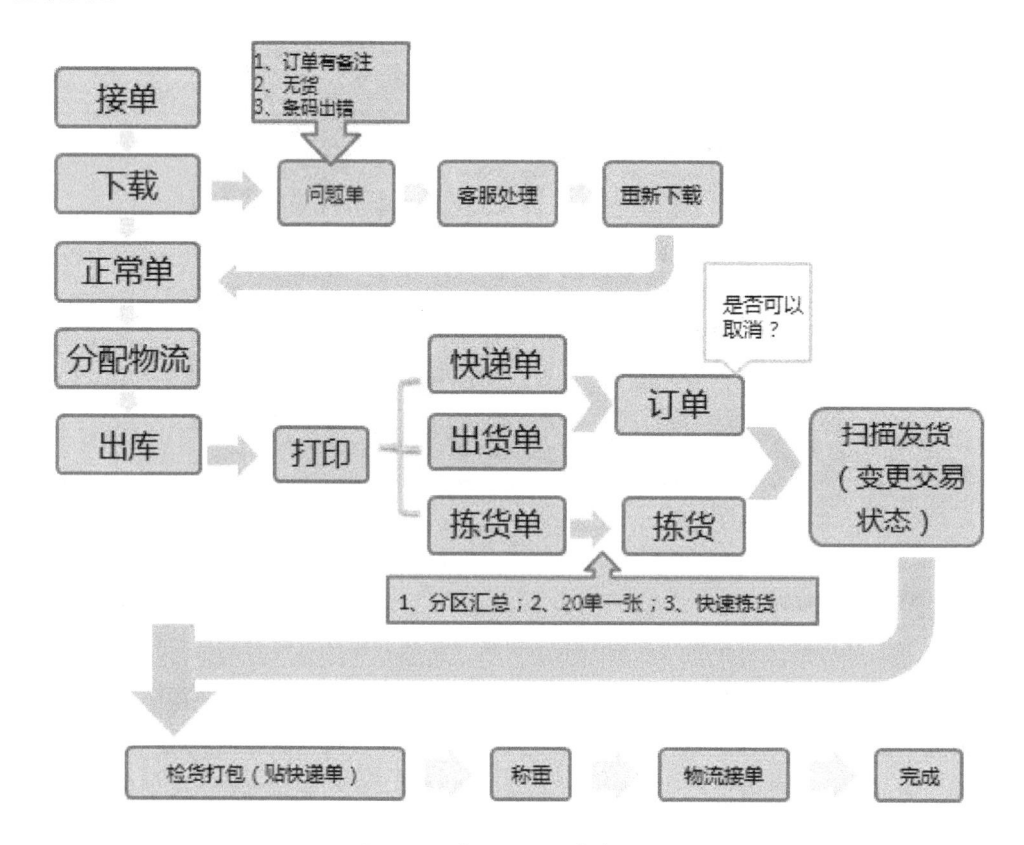

图 A-17　革新期的订单管理流程

本阶段订单管理流程中增加的"问题单"环节特别值得一提，具体来讲，在下载订单过程中分正常单和问题单，正常单按照流程进入下一个流程直至完成，而问题单则进行截留，流入客服处理的环节，处理完毕之后再操作重新下载，按照正常单的流程走下去直至完成。"问题单"流程的设置，首先，大大降低误发、错发的占比率，从而提升了客户满意度；其次，对库存和商品上架环节起到一种"监察"的作用，及时发现即时解决，杜绝由小问题带来的大隐患。

本阶段的流程相对而言已经十分成熟，系统全面的同时细化到位。如图 A-18 所示，在订单的操作上，按照流程一步一步操作，已经形成了一条流水线式的作业模式，通过分工协作的有效配合，发货速度大幅提升。2011 年 9 月 3 日至 4 日，聚划算周末品牌团活动，共产生了 2 万元左右的订单，如图 A-19 所示仅用了 2 天时间就全部发货完毕。这不得不归功于流程化管理，如果没有如此科学规范的标准化流程，很难想象，2 万元的订单需要多少天才能发完。

图 A-18　革新期第三阶段的订单发货流水化作业

图 A-19　YS 周末品牌团发货纪实帖，获得帮派掌柜推荐位推荐

4．定型期

  流程化管理在仓储模块和订单处理上的成功应用，为其他模块提供了一定的可借鉴经验。在现阶段，将所有职能工作划分模块，复制流程化管理模式到每一个模块里，并找到每一个模块的串联点，从而实现整个企业的流程化管理。如图 A-20 所示，目前 YS 整个电商中心可以划分为 4 大模块：仓储、客服、运营、制作，而前面讲到的已探索出来仓储管理流程和订单管理流程主要落在仓储这个模块上，模块内的流程和模块外的流程通过一定接口的形式就可以很好地对接串联，从而确保了整个公司内部运作的良性循环。总而言之，无论公司划分为几个模块进行流程的细化管理，本质上都是围绕货品和客户展开的，简单地说，可以理解为有什么样的货品，就有什么样的客户，怎样把货品卖给这些客户，为了达成卖和卖得更多更好的目的，而进行的种种工作，而这些工作在实际操作中又可以通过一系列流程来实现，将这些流程有效地串联管理起来，从而形成了企业的流程化管理。

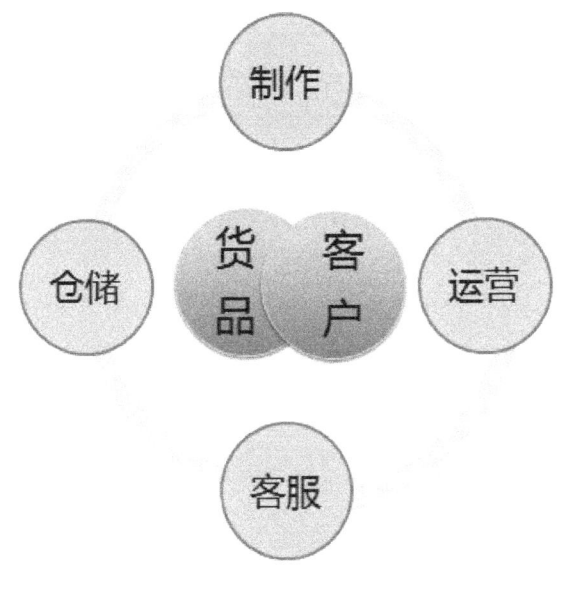

图 A-20　模块化管理

三、总结

俗话说得好，千人千面，相对电商而言，也是一样的，在这个行业中也是百花齐放、百家争鸣，家家有本不一样的经。怎样才能建立一整套适合自己的流程呢？而不同阶段、不同类型、不同规模的商家又需要从哪些方面入手？从 YS 的经验出发，不外乎以下几个方面：商家规模、仓储设置、货品结构、部门设置、人员调配、硬件软件，只要把握好全局，抓住点面，建立一套适合自己的流程其实不难，难的是怎样在流程的指导下管理好各个环节的操作。有了流程化的管理，对电商而言，绝不仅仅是在实际操作中多了些条条框框而已，更多的是对于运营起到了一种良性循环的作用，从而在这个领域走得更好，走得长远。

附录 B

电商流程化管理实例 2

随着电子商务的不断发展和衍变，流程化管理在整个运营流程中起着至关重要的作用，从店铺运营初期到发展成熟阶段，管理系统的不断优化不仅能带动订单处理、商品管理、数据分析、CRM 管理、仓储管理的综合优化，还能加强客服、订单、发货等各个岗位环节的流程化交流和沟通，进而综合提高店铺的整体运营效率，实现项目真正意义上的成功。

某线下知名食品品牌项目，最初使用流程化管理的目的只是解决订单处理的问题，但随着店铺的不断发展，运营中的每个阶段都陆续出现了不同问题，这些问题的出现沿用传统工作模式处理，不仅浪费了过多的时间、人力、资金成本，而且也影响了整个项目的运营效率，通过简单流程化管理的应用，利用管理平台不同功能模块的作用，对运营中遇到的问题进行了有针对性地解决，不仅实现了整个运营效率的提升，而且也对运营中的流程得以优化和规范，从而贯穿了整个项目的运营。流程化管理内部平台订单处理流程，如图 B-1 所示。

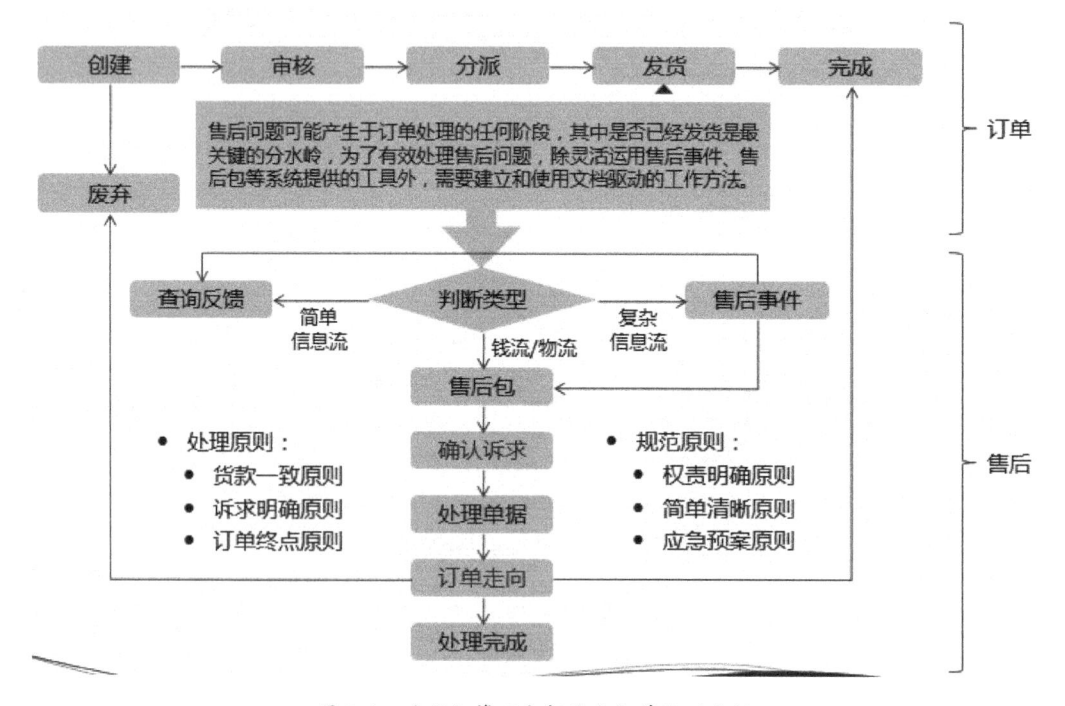

图 B-1　流程化管理内部平台订单处理流程

下面以详细的案例介绍来说明流程化管理在整个项目运营中的每一环节都起到了哪些

关键性的作用，如图 B-2 所示。

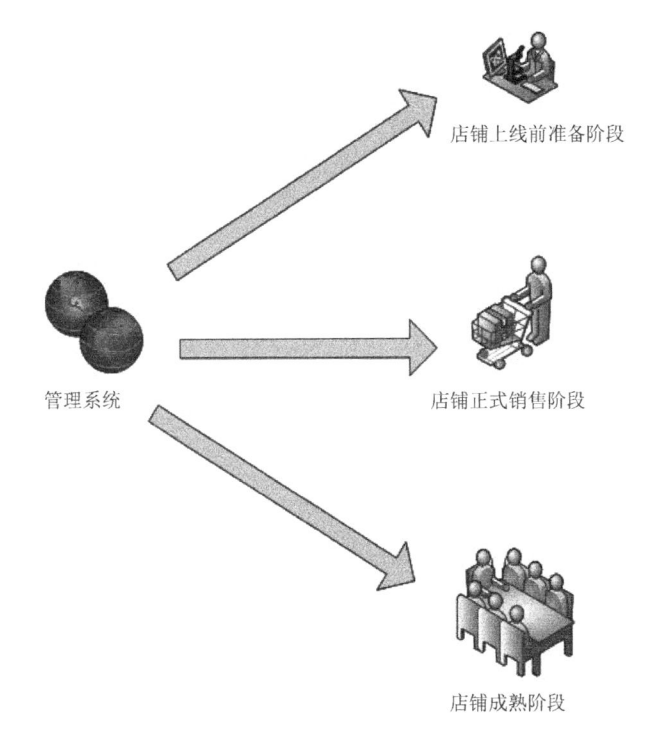

图 B-2　管理系统在店铺运营各阶段的应用

一、店铺各运营环节流程化管理应用介绍

1. 店铺上线准备阶段

在这一阶段最关键的工作内容在于产品的发布，按照传统工作模式来说，发布产品的整个过程基本为人工操作，所有工作量都需以人工核算，由于平台发布产品比较复杂，新产品发布不仅需要建立模板，还需要对产品的所有属性在发布过程中逐一填写，包括添加图片、替换宝贝描述模板等一系列复杂的操作，在产品发布之前还需要对产品属性信息、图片等做好分类汇总，方便产品发布人员在发布过程中使用。以平均每人每小时发布一款产品需用时 5 分钟计算，就发布产品一项工作来说，一个人每天工作时间为 8 小时计算，全天不间断工作也只能发布最多 100 款宝贝。

传统工作模式存在三个很明显的问题：一是无法通过信息化建立数据库，只能通过Excel表的形式进行存档；二是发布过程中工作量过大，浪费人工；三是造成重复工作，在发布产品之前需要对产品信息进行逐一整理汇总，还要在产品发布过程中将所有信息再次进行填写。

某些产品发布工具可以解决降低工作量、操作产品上下架的问题，但是却不能做到建立产品数据库，产品数据也不能做到实时更新。

管理平台的关键作用在于对商品的管理，此食品项目产品的特点是：产品线本身比较长，品类多；产品属性比较复杂，要涉及配料、规格、生产日期、保质期、贮存条件、产地等多个属性信息；产品上新快等。

针对产品以上的这些特点，综合店铺上线准备阶段产品发布的问题，流程化管理起到了三个很明显的作用。

第一，建立产品数据库，涵盖整个项目所有产品的详细数据信息，包括产品图片等，不仅方便产品经理对产品的规划和管理，还能方便未来客服人员在为客户提供咨询的过程中，随时快速查询商品信息，如果项目发展到分销阶段，也可以随时将数据导出提供给分销商。

第二，宝贝发布和上新，通过内部平台已实现的与淘宝对接功能，平台发布宝贝和上新直接通过内部平台操作完成，大大减少了直接在平台发布产品的时间，同时还能保证信息的准确性，再有就是也为产品经理后期对宝贝页面产品信息的完善和修改提供了便利。

第三，与平台数据的交互和匹配，每个商品都有唯一的商品编码，其目的是保证后期订单处理，货品出入库等的准确操作，商品管理中的条码管理实时与后台宝贝编码匹配和校验，避免因条码错误出现后期发错货等售后问题。

通过流程化管理的应用，在产品发布阶段至少可以减少传统模式一半以上的工作量，就单纯发布宝贝一项，内部平台就可以做到自动根据已建立的数据库信息自动匹配并发布，无须二次操作，大大节省了人工时间，另一方面就是在店铺上线前期，产品的所有数据有了一个整体的汇总和整理，为后期的运营提供了强大的支持作用。

2．店铺正式上线阶段

项目转入了正式销售环节，小批量的订单陆续生成，一系列问题也随之出现，如订单环节涉及的处理时效以及处理的准确性；客服人员、订单处理人员、库房发货人员、财务人员等各个环节信息的沟通；售后问题的处理；流程的规范和设计等，在这一阶段是整个店铺运营最为复杂、最能考核一个店铺运营能力的时期，需要强大的流程化管理提供支持。

流程化管理在店铺上线阶段对各环节的作用主要体现在以下几个方面。

（1）自动化的订单处理

传统工作模式的订单处理均为人工操作，信息核对、快递分派等耗费时间比较多，在初期小批量订单阶段，这样的工作模式还可以勉强应对每天的订单处理，但是随着店铺流量的增加，订单量也随之增大，需要付诸的人力和时间成本也随之增加。

店铺第一次参加聚划算活动，食品类本身就属于快消品，并且有品牌口碑的基础，而且促销力度比较大，预计活动当天的订单可达到 5000 单以上，如果按传统工作模式计算，包括信息核对、快递分派，每个人每天最多能处理的订单量为 500 单，这样计算来看，当天仅审单的操作就需要投入 10 个人的人力，并且在处理订单过程中，无法考虑同一收货地址不同订单合并以及同一订单不同收货地址的问题。

针对以上问题，最明显的就是需要通过信息化来提升人工操作的效率，以保证发货的时效性，因此就要求通过管理平台提供足够的支持。通过订单处理功能的应用，订单处理这个具有庞大工作量的环节得以优化，所有订单的处理由人工操作改为信息化自动处理，管理系统通过与平台数据的对接和交互，实时将订单信息从平台抓取到系统，再转由平台进行自动化的处理，这样就大大节省了人工和时间成本，但管理平台支持的前提条件也需要首先解决一些流程中的细节问题。

例如，订单处理环节要涉及对每个订单的审核操作，订单情况各有不一，有留言备注的订单和没有留言备注的订单都要进行逐一的审核，最烦琐的是还要涉及快递的分派，在订单处理环节中浪费了大量的时间和人力成本，由于订单处理过慢还影响了后续流程的操作；买家购买习惯的问题也在快递成本和售后问题上增加了隐患的发生，例如，同一买家购买多款商品需发到同一收货地址，但并未使用购物车，再有就是同一买家购买多款商品需发货到不同收货地址，却使用购物车进行统一购买；为了配合聚划算活动，赢得更好的活动效果提升客单价，店铺在活动策划中配合了"满就送"和"买就送"的活动等。

针对买家留言和卖家备注的问题，管理平台对功能性和流程加以优化，为节省订单处理环节的时间和人力成本，一些原来由人工处理的部分通过系统自动化代替，例如，最开始每个订单都要人工进行逐一审核，花费了大量的操作时间，通过系统进行优化后，所有不包含留言备注的订单平台自动进行审核处理，只将包含留言备注的订单交由人工处理。

针对最为烦琐的快递分派问题，订单审核过程中，审单员只能对部分地区进行快捷分派，比如部分县级以上快递公司明确表示支持派送的地区，对一些不常见或县级以下地区，则需要反复到快递公司网站查询之后才能进行后续审核处理，这一问题也通过平台优化之后得以解决，应用管理平台随时获取淘宝快递信息功能，快递分派也通过管理平台的自动化实现，这一应用得到优化后，只有少量地址模糊的订单需要人工进行审核处理，不仅提升了订单处理速度，同时也使准确度提升到99%以上。

针对同一收货地址不同订单合并以及同一订单不同收货地址的问题，由于聚划算活动中，是针对单品进行限时限量促销，活动商品不允许添加到购物车，所以买家无法将活动商品与其他商品同时购买，只能分别下订单操作，对这一情况，通过在管理平台中进行订单合并条件的设置，如"同一收货地址"自动合并，并依据订单处理时间以及买家间隔下单时间综合考虑，将订单自动合并时间进行间隔设置，不仅能保证大多数订单的自动合并处理，还能保证整个订单流程的有序进行，针对同一订单不同收货地址的问题，就结合到管理平台将订单自动分类的作用，将有留言备注的订单自动分派到待审核人工处理模块，由人工根据买家留言或卖家备注的信息将订单根据不同收货地址进行拆分处理，之后再按照正常订单进行审核操作。这一功能的优化避免了多个包裹发货造成的快递成本过高的问题，也避免了未及时拆分订单发错货造成的售后问题。

对于活动中配合的"满就送"和"买就送"活动，促销活动附带的赠品无法做到在参加活动的商品订单中自动添加，从客户体验角度考虑，也不能让客户在满足活动条件的情况下补拍赠品的订单，这种情况下，就容易出现赠品漏发或者错发的情况，特别是"满就送"这种活动形式，没办法通过人工进行随时的汇总和整理，针对这个问题，流程化管理也提出了相应的解决方案，将平台的促销管理功能应用到系统内部，对平台不能实现自动添加赠品的功能进行了有针对性的互补，例如，针对"满就送"的活动，在管理平台模块进行了相应的设置，如"满99元送××"，管理平台可以自动根据预设的数据进行实时监控，凡是满足条件的订单，管理平台则可在原订单中自动添加赠品，针对"买就送"的活动，也是相同的逻辑思路，在管理平台促销模块设置"买××送××"，管理平台自动根据预设数据，在满足条件的订单中添加相应活动所匹配的赠品。

通过流程化管理的支持，整个订单处理的效率大大提升，管理平台可以自动处理的订单量占了总量的90%，只有少数订单需人工进行审核操作，这样计算下来，管理平台每小时可以处理的订单量基本可以达到1000单以上，聚划算活动当天在订单审核的岗位投入1～

2个人就足够了，节省了大量的人工成本，在保证订单信息准确性的同时也降低了相应的资金成本以及售后压力。

自动化的订单处理流程如图B-3所示。

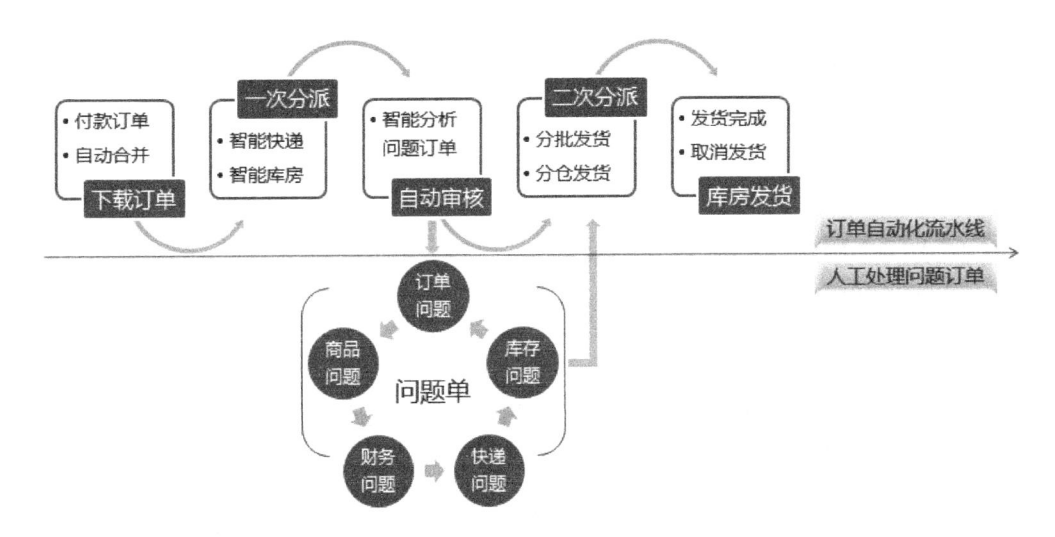

图 B-3 自动化的订单处理流程

（2）售后处理也能自动化

活动结束后的3～5天，基本为售后问题的固定反馈时间点，按正常发货时间计算，这个时间点为买家已收到货或即将收到货的时间点，因此，如果有售后问题发生，基本可以认定为在这个时间进行反馈。

食品类很少出现买家收到后不喜欢的情况，因此，活动结束后反映出了类似的几个售后问题，例如，快递派送时间过长包裹还未派送到买家手里，客户由于等待时间过长，反复询问客服快递情况；快递运输或包装的问题造成买家收到货或未收到货时包裹已破损；派送过程中由于买家的问题要求修改收货信息；包裹发出前或者发出后由于买家问题或者卖家原因造成的未收货前的退款申请等。

订单量与售后问题永远都是成正比增长的，同时也给客服和订单人员带来困扰，客服人员是时刻处于第一线的，不仅要随时为客户提供咨询，促成订单生成，还要肩负售后问题收集的责任，因此，随着售后问题的反馈，客服人员的工作量也随之增加；售后问题涉及的单据比较多，如退款单、退货单、补款单等，都需要人工记录，大量耗费了时间和人力成本；客户申请的退款不能得到及时控制，很多客户在提出退款申请时提前告知客服，但有的客户却未做出任何告知就自动申请退款，这样的情况无法做到及时监控，所以就出现了一些订单在等待卖家发货状态时买家提出退款申请，但库房却不能随时了解订单状态，继续将包裹发出的情况，最终造成财物两失；售后问题处理不及时，客户反复催促，由于客服在接受售后问题时，没有相应的反馈平台传达给订单组人员，只能通过内部的沟通工具进行逐条传达，有时就会出现反馈不及时的情况，再有就是这样很容易出现信息失真和订单组人员漏登记的情况，一系列的问题造成售后问题不能及时有效的处理，内部工作沟通混乱，客户反复催促，不仅影响了客户的满意度，还给客服人员造成了一定的压力。

针对售后处理中一系列的复杂问题，流程化管理理念也提出了相应的应对方案，不仅对内部的工作流程进行了清晰的梳理，而且相应提升了各部门相互配合的工作效率，特别是每个环节时间点的控制，也是从客户满意度角度出发提出了有针对性的建议和意见，这些作用的实现主要依靠售后事件和售后包两个功能理念的提出。

售后自动化的处理流程如图 B-4 所示。

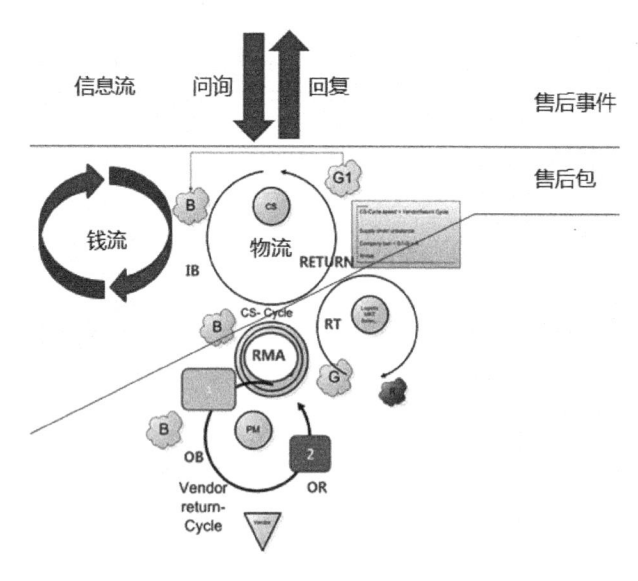

图 B-4　自动化的售后处理流程

首先，流程化管理为店铺运营所有涉及的人员提供了内部信息沟通的平台，最初客服人员和订单组人员相互沟通反馈的数据信息只能最终汇总到 Excel 表中，但是不能做到及时的更新和维护，不能做到随时对售后问题处理状态的实时查询，客服人员和订单组人员需要经过反复的沟通确认，致使沟通成本过高。

通过流程化梳理之后，将之前传统的 Excel 表转换到内部系统，通过信息化记录和传输来实现，即售后事件。所有客服人员每次在接收到客户的售后反馈之后，就直接在售后模块创建售后事件，并且可以指派给相应的订单组人员，交由内部处理，订单组人员根据处理进度不断更新售后事件的状态，客服人员就再也不用反复确认进度，直接可以在管理平台中进行相应的售后事件查询，随时将最新的处理情况反馈给客户，另外，通过这一平台的支持，也起到了各部门间相互监督的作用，例如，客服人员对客户的承诺是 24 小时内处理，则客服人员就可以明确要求订单组人员在承诺的时间点前务必保证售后问题的解决。

售后事件是处理售后信息流的载体，是连接销售客服与售后客服的桥梁。售后事件不仅能够记录订单相关的所有售后服务的内容、过程、处理人、结果，而且可以有效协同不同岗位、不同人的工作。

通过内部平台提供信息的沟通和反馈，整个内部的处理流程一目了然，例如，一个售后事件的始末，由客服 01 于×年×月×日×点×分登记售后问题，指派给订单 01，订单组 01 于×年×月×日×点×分正式接受处理，售后事件状态转为处理中，事件处理完毕之后由订单组 01 将状态更改为处理完成，最后是客服 01 给予客户处理结果反馈。整个处理过程中涉及的负责人、时间点、总用时等都可以直观地进行了解，保证了部门之间的有效沟通和对售后事件的高效处理，使内部工作流程得以规范和优化。

售后问题沟通和反馈流程如图 B-5 所示。

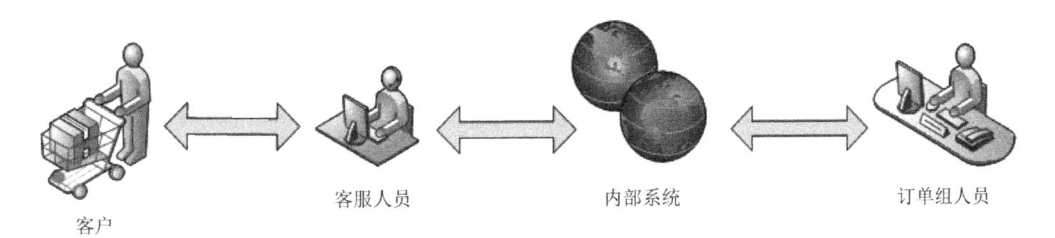

图 B-5　售后问题沟通和反馈流程

其次，针对售后问题中涉及的各项单据问题，流程化信息管理平台则通过自动创建售后包功能得以优化。最初，客服人员将售后问题反馈给订单组人员，订单组人员需要针对客服反馈的信息做好内部登记，同时要通过 Excel 表格进行各种售后单据的汇总，所有涉及信息都需要通过手工进行登记，每一个售后单据都要建立一个Excel表提供记录，随着数据量的增大以及处理的进度各有不同，订单组人员不能进行及时梳理和处理，不仅大大增加了工作量，也影响了正常处理进度，还会因数据信息过多造成混乱。

针对上面的问题，当前最需要解决的就是订单组人员进行售后单据登记时的工作量问题，这一情况也可通过流程化信息管理中的售后包功能得以缓解。流程化管理提出自动创建售后包的思路，客服人员只需要在系统售后事件登记客户诉求，系统就会自动根据诉求创建售后包，其中包含售后事件涉及的退款单、退货单、补发单等所有相关单据，不需要再进行人工登记；针对客户在平台申请退款的问题，管理平台也自动抓取并同时创建退款单，特别是将未发货的订单转到问题单，提醒订单人员及时核查处理；售后事件也按不同的情况进行分类，方便订单人员及时查询，以保证处理时间得以保证。

售后诉求是顾客反映的针对售后服务的要求和主张，是钱流和物流的一种组合。钱流包括：无、退款、补款；物流包括：无、退货、补发、换货。

售后包是顾客集中反映的涉及钱流和物流组合的一次售后诉求，是一组售后单据的集合。每一个售后单据都不是孤立存在的，除了和所属订单的必然联系外，往往还与其他售后单据有千丝万缕的联系，如退款单与退货单，退款单的完成必须建立在退货单完成的基础之上，否则就有可能产生损失。售后包的主要作用之一就是使有联系的售后单据成为一个有机整体，赋予了售后单据更实际的意义。

（3）仓储发货流程化

订单处理环节的结束不代表订单处理流程的完结，后期还需要进行仓储发货等一系列实物发货的操作，聚划算的订单量对于仓库来说同样是庞大的压力，按照聚划算本身活动预估的订单量，基本可以达到5000单以上，通过店铺一些内部活动的配合，订单量基本可以实现八九千单，并且涉及赠品的订单以及购买单品、购买多款商品的订单都会比较多，在配货打包中都需要做好充足的准备，一旦货品不能及时发出，将会给前端带来极为严重的售后压力，同时也有可能造成货品未及时发出引发的客户维权和投诉，进而使店铺遭受处罚扣分，引发关店的危险。

仓库发货环节涉及的流程和岗位比较多，一项操作的效率过低就会影响整个发货环节，例如，初期按顺序打单遇到的问题，订单量开始增加，订单信息各有不同，有的客户购买单款商品，有的客户购买多款商品，不同客户需要派发的快递也不一样。

初期如果在订单量小和正常销售的情况下，审单员可以按序打单，因为不涉及活动促销，订单量以及订单属性相对来说不会那么复杂，但是一旦进行大型活动，在订单量激增的情况下，这种订单处理方法则会大大降低处理进度，严重影响后续发货的正常流程，不仅提供的单据各有不一，而且也因为反复更换单据耗费了大量的时间和操作成本，同时，也给配货发货人员带来了操作难度，影响了整个发货效率。

针对这一问题，通过流程化管理提出的订单筛选功能也进行了相应的优化和改善。通过订单组处理之后的订单在平台传输到库房发货环节都是分散的订单，有购买单品的订单，有购买多款商品的订单，有选用不同快递运送方式的订单等。如果打单员不进行任何操作，直接按序打单，不仅自己在工作中需要反复更换不同的快递模板，而且还会给后续的配货人员造成压力，增加很多重复性的工作。

针对不同订单的特点，流程化管理在订单处理前提供了打单前的筛选功能，为提升打单配货的效率，在打单环节由打单员对订单进行综合筛选，如"购买单品的订单"、"购买两个以上宝贝的订单"、"发××快递的订单"等多种方便操作的条件进行筛选，之后对订单进行批量打印，再交由后续配货发货环节人员进行批量操作，打单人员可以清晰有序的保证订单及时打印，后续的仓储配货人员也不需要反复重复配货增加工作量，不仅保证了整个发货流程的通畅，而且使整个发货环节的效率得到了大大的提升，返单核对和平台发货也同时受益。

通过管理平台对整个流程的优化，库房的发单量从最初每天最多三四千单提升到了日处理万单的效率，卖家动态评分也在原数据上提升了30%。

库房订单处理流程如图 B-6 所示。

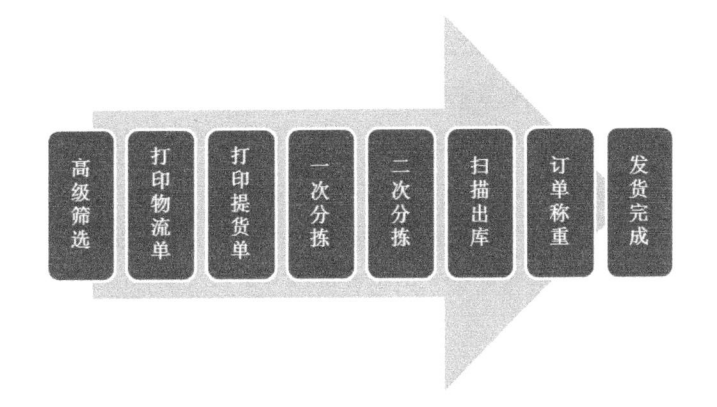

图 B-6　库房的订单处理流程

3. 店铺成熟阶段

店铺在运营一段时期之后，基本转入成熟阶段，客户量和订单量相对来说比较稳定，但这一阶段面临的问题是积累了大量的客户信息，却没有及时进行维护，老客户二次访问量严重偏低；运营了这么长时间，能反映店铺运营状况的很多数据无从查询；在店铺促销或者产品上新时没有好的营销工具对老客户进行宣传。这些问题在本次聚划算活动中更是急于解决的，因为大型活动普遍是浏览量以及客户量高峰汇集时期，活动中以及活动后的所有信息数据必须要进行合理的收集和汇总，以保证后期运营中得以应用。

流程化管理的应用也在CRM管理、店铺数据分析、二次营销三个方面提供了相应的支持。

（1）CRM管理角度

店铺从销售阶段开始，直到成熟阶段，随着客户量的不断积累，对客户需要有一个综合分析的过程，最初对客户相关数据不能做到详细的分析和汇总，在扩充产品线、活动策划以及店铺装修设计中都没有依据可循。

针对这一情况，流程化管理方案中提出管理平台通过CRM管理功能实时对客户数据进行相关分析，例如，对客户的喜好、访问过的宝贝、停留页面时间、购买的频次、访问周期、购买商品、购买数量等所有信息进行综合性的分析，通过以上数据的实时获取，产品经理在扩充产品线时就有了查询的依据，能够很明确地推出符合客户喜好的产品，活动策划人员也根据客户的喜好进行相关产品的推广活动，赢得了良好的推广效果，同时，店铺装修设计人员也根据客户访问停留页面的时间、深度、跳转率等不断对店铺页面、宝贝页面进行完善和优化，大大提高了店铺的综合转化率。

店铺在一次首页焦点图的活动策划中就充分应用了CRM基于数据分析的功能，通过对历史数据的分析，最终确定客户人群范围在25~35岁的办公室白领女性人士，销量最高的产品基本为办公室零食类产品，最终活动策划案确定以单品促销的方式，针对办公室白领推出热销的混合果仁，在广告图设计中也是以办公室美女+单品的形式进行展示，实现了产品以及客户群体的精准定位，最终实现了历史首页焦点图三倍销量的效果，充分验证了客户数据分析的重要性。

（2）二次营销角度

最初因两个问题影响不能得以实现，一是店铺运营到一定阶段，积累了大量的客户信息，所有历史积累的客户信息都没有做到很好的利用，甚至也没有做到以完整的数据信息提供支持，特别是店铺活动或者产品上新时，如果客户不能及时关注，那么，这部分已有的客户数据就浪费了，如果能够第一时间将活动信息传达给这些客户，也能增加一定的订单量；二是考虑到利用这部分客户数据进行二次营销，但是苦于没有很好的营销工具，不仅工作量较大，还不能得到很好的营销效果，最初有新的活动和新品时，只能通过旺旺或站内信的方式给客户发促销信息，旺旺发同一消息过于频繁会被淘宝系统默认为滥发信息，并且被客户投诉恶意骚扰等，站内信的方式又不能批量操作，浪费过多的时间和人力成本。

针对客户数据的问题，流程化管理方案的提出可以通过内部管理平台，依据订单信息获取客户数据，并及时继续收集和汇总，建立店铺的客户数据库，并且可以进行实时同步更新，保证客户信息的完整性和准确性，方便在店铺进行活动促销以及产品上新时的随时调用，同时也可以根据不同客户情况进行有针对性的筛选。

针对营销工具的问题，最初店铺在活动前向老客户进行二次营销的工具单纯依靠旺旺聊天工具和站内信，但是两者也都有一定的弊端，旺旺聊天工具如果重复发大量相同信息，淘宝系统会自动默认滥发垃圾信息，旺旺号就会有被封号的危险，并且也在一定程度上影响客户体验，很多客户会认为是恶意骚扰，引发客户向官方发起投诉，导致店铺有被处罚的危险；站内信的的弊端在于不能做到群发功能，给每一个客户发促销信息时都需要进行逐条编辑发送，操作成本过高。

鉴于以上两种方式的不足和弊端，营销方式转为短信进行，但是单纯依靠人工操作也会有很大的工作量，过多的浪费时间和人力成本，因此，针对这一问题流程化管理通过信息化的方式提供相应的解决办法，在管理平台中可以预设所有信息需求的模板，如活动促销相关、节日问候相关、产品上新相关，需要向客户传递任何店铺动态信息都可以在管理平台中自由预设，并且管理平台提供营销信息发送时间设置以及发送模式的设置，比如店铺即将举行促销活动，就可以在管理平台中设置信息自动发送或者手动发送，时间上也可以设置成于"×年×月×日×时×分"发送等，短信需要的所有客户信息则可以通过管理平台的客户数据库直接调取，为二次营销提供了很大的方便性和可操作性。

另外，二次营销模式也是多样化选择，不仅提供短信营销，同时也增加了 EDM 营销等多种方式，EDM 营销也就是通过电子邮件作为营销渠道，把活动信息、电子广告、产品信息、销售信息、市场调查、市场推广活动信息向客户进行传输的过程。EDM 营销通过图片等更多丰富的信息可以实现更好的转化率，同时，管理平台还可以做到对客户信息是否有效进行随时监控，包括客户点击率、形成的购买率、退订率等，不仅可以方便进行二次营销，还能对营销效果进行综合性的评估和分析。

EDM 营销如图 B-7 所示。

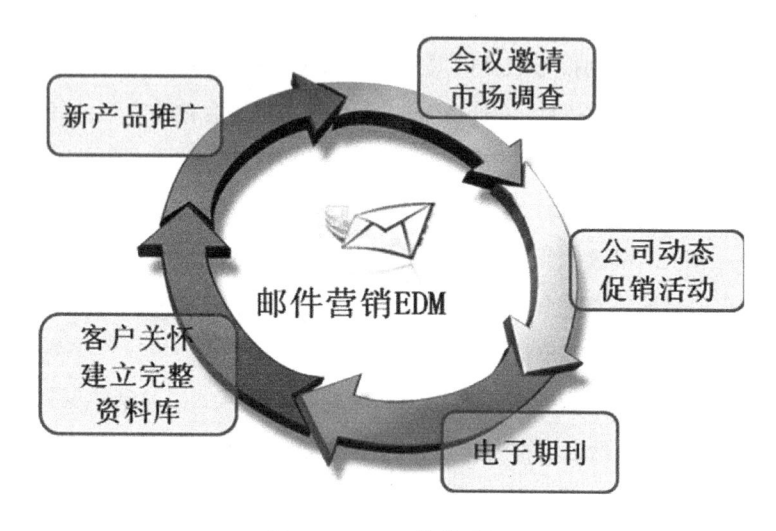

图 B-7　EDM 营销图例

管理平台通过短信、EDM 等营销功能对流程和操作加以优化，例如，可以根据店铺定期或者临时性的活动进行短信、EDM 营销，所有营销推广信息内容都可以在管理平台的模板进行设置，并且直接获取客户信息，有选择性地按时段自动为客户发送相关的营销信息，减少了大量人工成本。通过管理平台以短信方式和 EDM 营销等多种方式的实现，店铺可以随时向客户表达节日问候以及对长时间未访问的客户进行提醒等，都在店铺运营中起到了不错的效果，客户满意度提高了，也增加了老客户回访的频率，培养了大量忠诚客户。

（3）店铺数据分析角度

店铺从运营初期直到发展成熟阶段，运营状况需要有一个综合性的统计分析，最初项目运营一段时间之后，反映店铺运营状况的数据没能得到很好的统计和分析，管理者在运营中进行工作总结时发现很多数据无从获取，无法评估店铺运营的效果，例如，同一时间段不同商品的销量状况、不同时间段客户量的增长幅度等。

最初店铺相关数据只能通过订单进行获取，但是数据信息的有效性以及全面性不是很好，并且最关键的是不能提供分析的功能，很多数据需要进行匹配处理之后才能得出真正想要获取的信息，过多的浪费了时间和人力成本，并且通过人工分析的数据，其准确性也会有一定的影响。

针对以上的数据分析需求，管理平台通过数据分析功能提供了相应的支持，管理平台可以依据平台以及系统内部信息进行综合性的整理和汇总，包括对产品相关数据、财务相关、客户相关等所有包含在店铺整体运营中的数据做进一步的详细分析，让项目管理人员很直观地了解一定时期内店铺运营的综合状况，并且及时根据反映的运营数据在不同阶段对店铺各个运营环节进行改良。

二、总结

附录 B 从订单处理相关的基本概念和思想入手，并结合具体案例，整体介绍了目前中国电子商务实践中，部分最先进的订单及售后自动化处理的理论、方法和实践。

通过以上食品项目案例的详细介绍，综合阐明了流程化管理在整个项目运营各个阶段所起到的衔接优化作用，店铺的整个运营要涉及不同的部门、不同的岗位，各部门各岗位直接的沟通又需要通过规范的流程来衔接，但流程的规范和优化就必须通过信息化的管理平台来支撑。

通过详细的案例介绍，对一个店铺从上线阶段、转入正式销售阶段、成熟阶段每一环节涉及的问题进行了综合的汇总，同时通过流程化管理的应用也对业务各环节进行了对比说明，明确说明了流程化管理在整个店铺运营中起到的关键作用。

随着电子商务的不断发展，越来越多的人将会通过网购的形式来满足日常的衣、食、住、行等需求，电子商务的市场会日趋扩大，另外，企业的促销手段也会更加频繁和有效，因此，店铺的订单量将是高速成比增长的，面对未来强大的订单压力，单纯地依靠人工处理已远远不能满足运营需求，必须通过流程化管理的手段加以缓解，流程化管理的应用不单为了减少工作量，更重要的意义在于如何提升整个店铺的运营效率，规范运营中各环节的操作流程，降低不必要的时间和人力成本，进而提升客户满意度，实现整个店铺运转的良性循环。